어른을 위한 고급 어휘력

가로세로 날말퍼즐

스프링북
어른을 위한 고급 어휘력
가로세로 낱말퍼즐

지은이 박찬영
발행처 시간과공간사
발행인 최훈일
표지디자인 김윤남
본문디자인 신미연

등록번호 제2015-000085호
등록연월일 2009년 11월 27일

초판 1쇄 발행 2022년 09월 30일
초판 6쇄 발행 2024년 03월 28일

주소 (10594) 경기도 고양시 덕양구 통일로 140 삼송테크노밸리 A351
전화번호 (02) 325-8144(代)
팩스번호 (02) 325-8143
이메일 pyongdan@daum.net

ISBN 979-11-90818-16-2 13690

어른을 위한 고급 어휘력

가로세로 낱말퍼즐

스프링북

박찬영 지음

시간과공간사

일러두기

1. Round당 10개의 가로세로 낱말퍼즐(9×9)로 총 5Round 구성입니다.
2. Round당 10개의 문제와 답이 한 덩이로 묶여 있습니다. 총 50회 문제와 답을 제공했습니다.
3. 답지 마지막에는 해당 Round의 고사성어 중 하나를 자세히 풀어서 설명합니다.
4. 자주 쓰이는 사자성어(고사성어 포함) 368개를 엄선했으며, 본문 문제에서 한자어 직역을 먼저 소개하고, 이어서 풀이 및 활용을 추가했습니다.
5. 사자성어 포함 총 1,649개 어휘를 제공하고 있습니다.
6. 비슷한 말은 비 반대말은 반 예문은 예 참조는 참으로 표시했습니다.
7. 2자, 3자 단어는 학력, 나이, 성별에 무관하게 풀 수 있는 어휘, 시사적이고 실용적인 어휘 위주로 엄선했습니다.
8. [부록]에서 본문에 수록된 368개 사자성어를 좀 더 자세히 해설합니다. 한자와 해설 및 고사, 출전 등을 간략히 정리했습니다.
9. 이지 스프링 제본으로 편하게 글씨를 쓸 수 있도록 했습니다.

차례

Round 1 문제

20 년 월 일 요일

가로열쇠

① 좋은 일에는 마가 많이 낌. 좋은 일이 있을 때 늘 조심하라는 뜻. 예 ○○○○라고 시즌 첫 홈런을 친 날 부상을 당했다.

③ 간과 쓸개를 서로 비추어 봄. 서로 속마음을 드러내는 친한 사이.

⑤ 상대편 말이나 행동에 응함. 비 응대, 대응. 예 조롱의 말에 재치 있는 말로 ○○했다.

⑥ 건물이나 도로 청소를 직업으로 하는 사람. 예 우리 아파트 ○○○은 매달 바뀝니다.

⑦ 원고를 쓰고 받는 보수. 예 웹툰 회당 ○○가 얼마나 되나요?

⑧ 뛰어나고 훌륭한 사람. 예 한국을 빛낸 100명의 ○○들.

⑩ 단 한 사람 혹은 단 하나. 예 지방선거에서 ○○ 출마로 투표 없이 당선되었다.

⑫ 호흡에 필수적인 흉곽 안에 있는 기관. 좌우 한쌍이 있다. 비 폐 예 ○○에 바람 들었다.

⑬ 서울을 중심으로 형성된 대도시권. 인천광역시와 경기도가 포함됨.

⑭ 개인이 살림하는 집. 비 가정집 예 인현왕후는 폐서인되어 ○○로 쫓겨난다.

⑮ 소설이나 드라마에서 사건의 중심이 되는 인물. 비 주연

⑰ 공사를 다 마침. 반 기공 비 완공 예 복지센터 ○○식에 참석해 축사를 했다.

⑱ 제 어미의 젖. 예 ○○ 수유는 언제까지가 좋나요?

⑲ 거짓 증거를 댐. 예 청문회장에서 ○○ 사실이 드러났다.

⑳ 야구에서 타자가 세 번의 스트라이크로 아웃됨.

㉒ 얼고 녹기를 반복하면서 건조된 명태. 누런 빛깔 때문에 붙인 이름.

㉓ 아무런 탈 없이 오래 삶. 예 어르신, ○○○○하세요!

세로열쇠

① 여우가 호랑이의 위세를 빌림. 남의 권세를 빌려 허세를 부린다는 뜻.

② 열 또는 스팀으로 옷의 주름을 펴는 기구.

③ 두부 만들 때 콩물을 응고시키기 위해 넣는 소금물.

④ 음식의 맛을 내기 위해 넣는 재료. 비 양념 예 MSG는 화학○○○, 다시마는 천연○○○이다.

⑤ 스포츠 선수들의 사기를 북돋우기 위해 노래나 안무로 격려하는 집단. 비 치어리더 예 축구대표팀 ○○○ 이름은 '붉은 악마'다.

⑦ 큰 액수의 지폐. 예 ○○○을 소액권으로 교

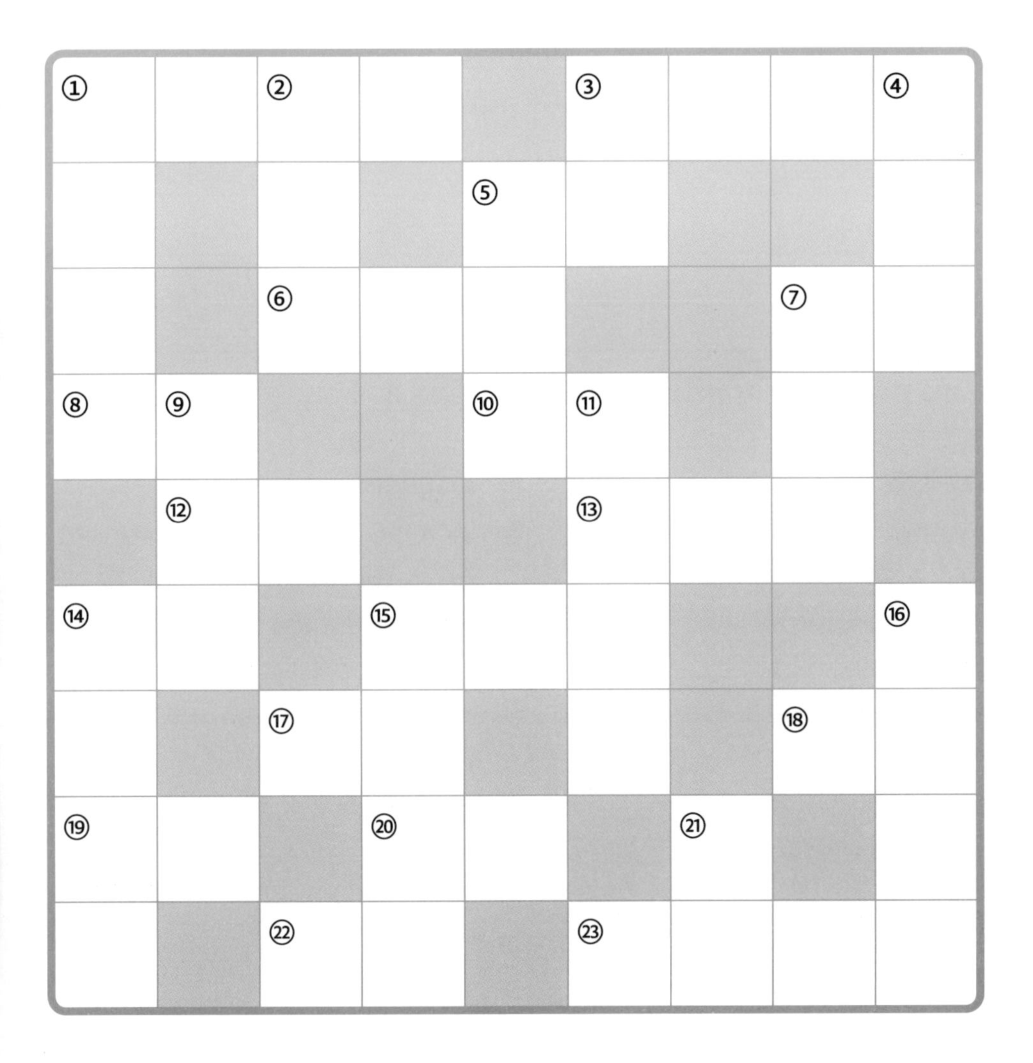

환해주는 한도가 은행마다 다릅니다.

⑨ 인가와 허가를 아우른 말. 예 카페 창업 시 ○○○ 절차를 안내해주세요.

⑪ 혼자 빈방에서 잠을 잠. 아내가 남편 없이 혼자 지내는 것을 가리킴. 예 남편이 미국 출장을 떠나서 ○○○○입니다.

⑭ 돌을 호랑이인 줄 알고 쏘았더니 돌에 화살이 꽂힘. 어떤 일이든 최선을 다하면 이룰 수 있다는 뜻.

⑮ 주공이 세 차례 매질을 함. 자식을 엄하게 교육한다는 뜻.

⑯ 겉은 부드러우나 안은 강인하고 심지가 곧은 사람을 가리킴.

㉑ 보답으로 혹은 일의 대가로 지급하는 돈. 예 창작물에 대한 정당한 ○○ 지급.

정답은 29쪽

20 년 월 일 요일

가로열쇠

① 비단 위에 꽃을 더함. 좋은 것 위에 더 좋은 게 추가되었음. 반 설상가상 예 값도 싼데 품질도 최고니 ○○○○네.

③ 흥하고 망하고 융성하고 쇠퇴함. 예 로마 제국의 ○○○○.

⑥ 남자 형제 사이에서 동생의 아내를 높여 부르는 말.

⑧ 논밭의 두둑과 두둑 사이 움푹 들어간 부분. 참 이랑

⑨ 한쪽 면엔 그림이, 다른 쪽엔 글을 쓰는 카드. 비 카드 예 해외여행 중에 산 그림○○.

⑫ 좋은 운수. 비 복 예 ○○의 편지를 받으면 4일 안에 7통을 보내야 합니다.

⑭ 그림의 떡. 아무리 마음에 들어도 차지할 수 없는 것을 뜻함.

⑱ 조개껍데기 문양을 박아 옻칠을 한 장롱.

⑲ 야구에서 투구의 진행 방향이 갑자기 바뀌는 구종. 커브볼, 슬라이더 등을 일컬음. 반 직구

㉑ 원본을 본떠서 똑같이 만드는 기술. 예 중국은 ○○○이 세계 최고인 것 같다.

㉒ 상장 따위를 줌. 비 교부 예 손흥민 선수에게 청룡장을 ○○했다.

㉓ 적을 알고 나를 알다. 예 ○○○○면 백전백승이다.

㉔ '심청전'에서 심청이 공양미 300석을 받고 빠진 바다.

세로열쇠

① 금으로 된 가지와 옥으로 된 잎. 귀한 자손을 가리킴. 예 ○○○○으로 귀한 자식처럼 기른 딸기입니다.

② 어떤 소재에 첨가된 성분. 예 엔진오일 ○○○는 엔진 때를 제거하고 엔진을 보호해준다.

④ 어깨에 걸치는 소매 없는 상의. 예 해리포터는 투명 ○○를 입는다.

⑤ 땅을 파헤치고 고르는 갈퀴 모양의 농기구. 나무 자루에 쇠로 된 발이 서너 개 달렸다.

⑦ 청각장애인들이 손으로 표현하는 언어. 비 수어

⑧ 오랫동안 앓고 있는 병. 비 만성병 예 허리 디스크는 장시간 앉아 업무를 보는 사무직원들의 ○○○이다.

⑩ 사람이나 차량이 천천히 감. 반 급행 예 좁은 골목길에서 차량은 ○○ 또는 일시 정지해야 한다.

⑪ 몸무게를 이르는 다른 말. 예 다이어트로 ○○ 감량에 성공했다.

⑬ 화물을 보낼 때 수취인의 연락처 등이 적힌 통지서. 예 택배 조회할 때 ○○○ 번호가 필요하다.

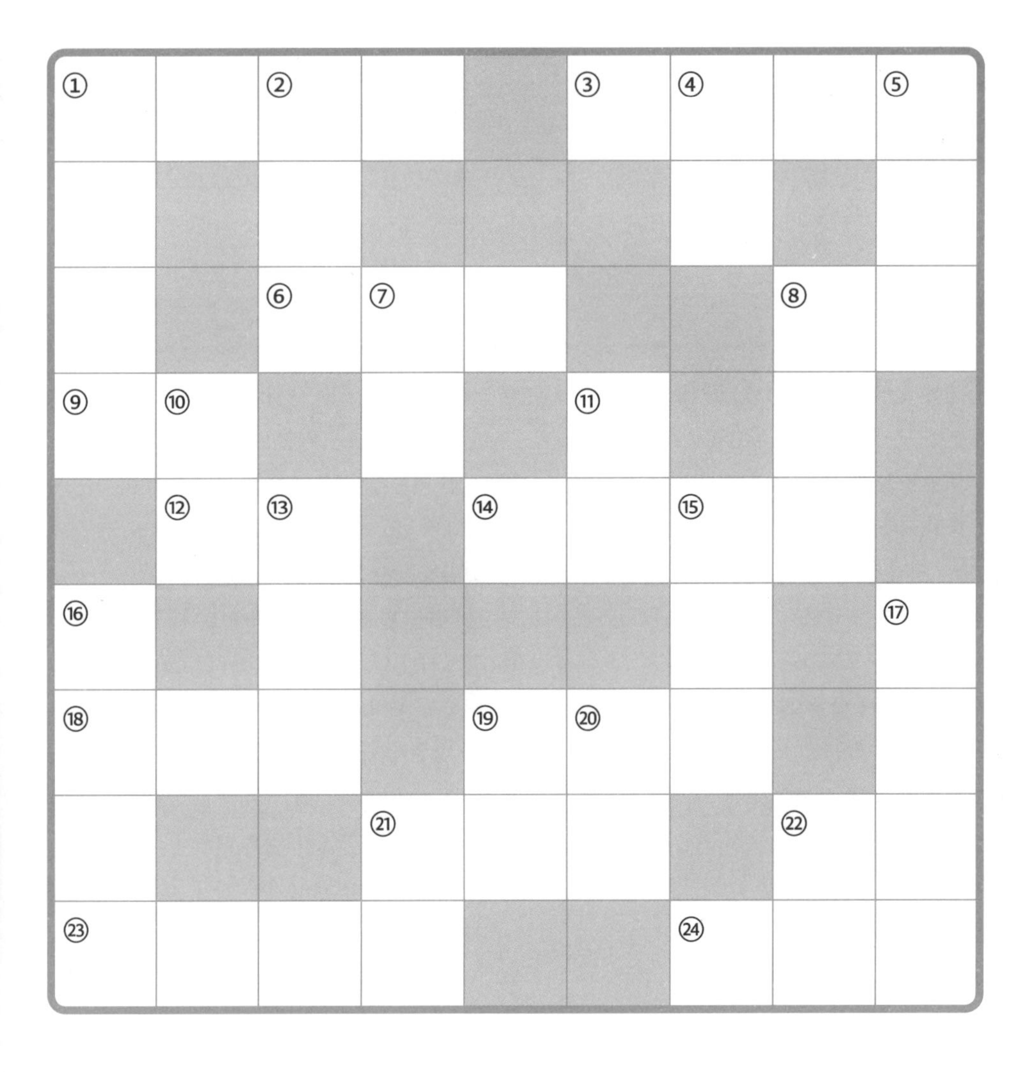

⑮ 일정한 지역을 단위로 한 선거구. 예 국회의원은 ○○○ 대표이다.

⑯ 매듭을 묶은 자가 풀다. 일을 저지른 사람이 해결해야 한다는 뜻.

⑰ 건강하게 오래 살려면 흐르는 물처럼, 낮은 곳에서 겸손하게 이치대로 살라는 뜻.

⑲ 남에게 진 빚을 갚음. 비 변상, 상환.

⑳ 말 잘하는 기술. 비 말재주 예 유대인을 ○○의 달인이라고 한다.

㉑ 바둑 대국 종료 후 처음부터 끝까지 순서대로 다시 두어보는 행위.

㉒ 봉급 외에 따로 주는 보수. 예 야근 ○○, 주말 근무 ○○.

정답은 29쪽

20 년 월 일 요일

가로열쇠

① 개와 원숭이 사이. 매우 나쁜 관계를 뜻함.

③ 달리는 말 위에서 산천을 구경함. 대충 훑어보고 지나침을 뜻함. 참 "수박 겉핥기"

⑤ 한국을 대표하는 술. 녹색병으로 대표됨. 예 오늘 저녁 ○○ 한 잔 어때?

⑥ 석유를 생산하는 국가. 예 주요 ○○○으로 미국, 러시아, 사우디아라비아가 있다.

⑦ 등에 질 수 있게 만든 가방. 비 색 예 미국 ○○여행 다녀왔어요.

⑨ 어떤 문제에 대해 옳고 그름을 판정하는 일. 예 ○○의 편파 판정.

⑪ 절반이 넘는 수. 예 법안은 ○○○ 찬성으로 가결되었다.

⑬ 회사 이름이나 브랜드를 상징적으로 나타내는 시각디자인. 예 애플사의 ○○는 한입 베어 먹은 사과.

⑮ 차를 일정한 곳에 세워둠. 예 이곳은 ○○ 위반 단속 구간이다.

⑱ 어떤 기관에 부속된 시설. 예 우리 아이는 사범대학 ○○ 유치원 출신입니다.

㉑ 그림이나 사진을 끼우는 틀. 예 선물 받은 ○○를 벽에 걸다.

㉓ 물고기를 넣어 기르는 항아리. 보통 유리로 됨.

㉔ 허물도 꾸미고 잘못도 변명하다. 자신의 잘못을 뉘우치기는커녕 도리어 남 탓을 한다는 뜻.

㉕ 싸우고자 하는 의지. 비 투혼 예 실력은 조금 못하지만 ○○가 높은 팀이다.

㉖ 낚시 끝에 꿰는 물고기의 먹이. 보통 지렁이를 사용한다.

㉗ 방향을 표시하는 이런 부호들. →←

㉘ 책이나 신문을 세는 단위. 예 베스트셀러의 판매 ○○는 몇 권?

세로열쇠

① 물건을 보면 마음이 생김. 인간의 끝없는 욕심을 가리키는 말.

② 경상남도, 전라북도, 전라남도에 걸친 산. 최고봉은 천왕봉이다.

③ 주식을 소유한 사람. 예 삼성전자 ○○로서 ○○ 총회에 참석했다.

④ 간사한 신하의 무리. 예 국왕 주위에는 온통 ○○○들뿐이었다.

⑤ 작은 나라 적은 백성. 작은 땅에 적은 백성이 모여 사는 소박한 사회를 뜻함. 노자가 말한 이상 국가.

⑧ 글을 소리 내어 읽음.

⑩ 상품이 팔리는 길. 예 온라인 시장의 새로운 ○○ 개척이 절실하다.

⑫ 주문을 받음. 생산업자가 제품 주문을 받을 때 주로 사용함.

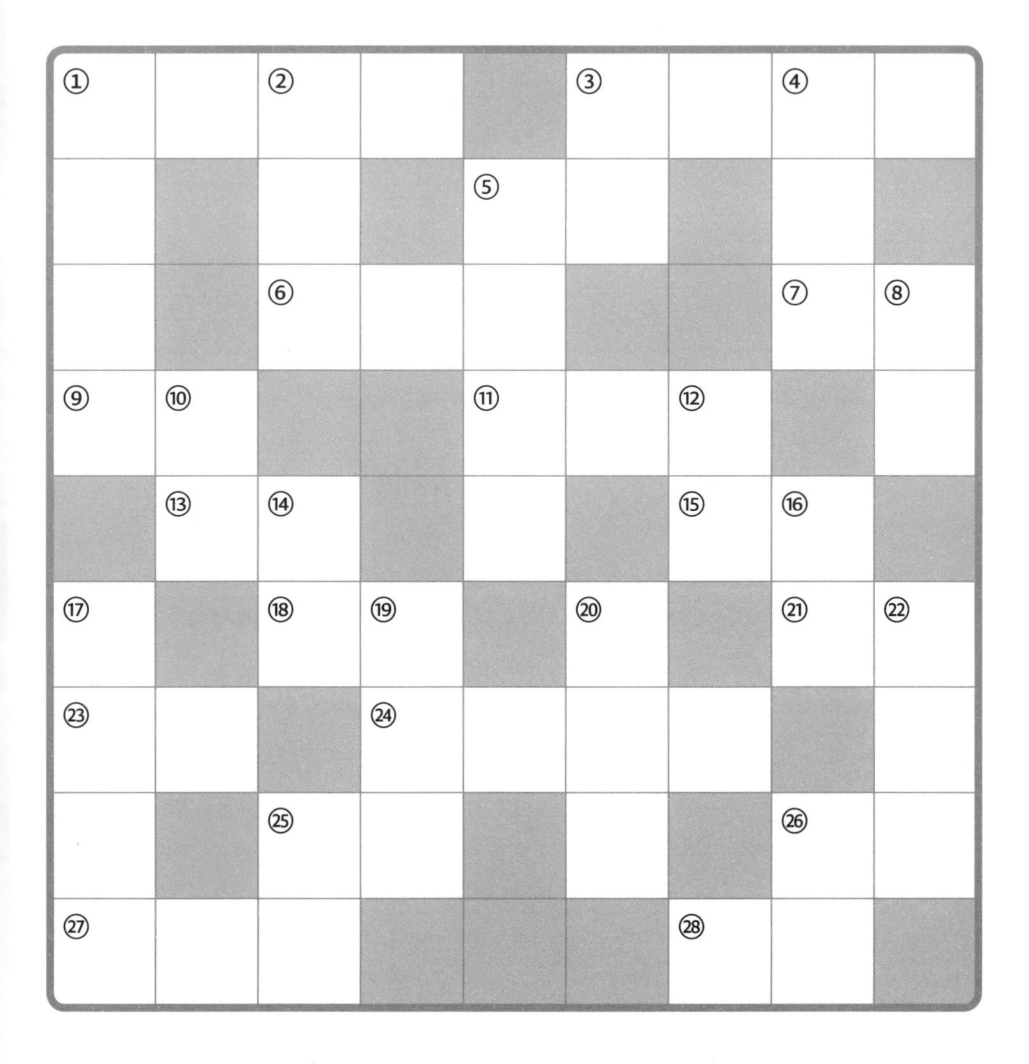

⑭ 시어머니와 며느리를 이르는 말. 예 다문화 ○○ 갈등 해소를 위한 프로그램.

⑯ 차이가 나는 액수. 예 항공권 일정 변경에 따라 ○○이 발생함.

⑰ 말을 이해하는 꽃. 미인을 가리키는 말.

⑲ 통계 조사를 위해 작성하는 질문지.
예 고객 만족도 조사를 위해 ○○○를 돌렸다.

⑳ 보통 사람보다 한꺼번에 음식을 많이 먹는 사람.

㉒ 자다가 마시기 위해 머리맡에 두는 물.
예 할아버지 방에 ○○○ 놔드려라.

㉕ 선거나 무언가를 결정하기 위해 용지에 의사를 표시하는 일. 예 대통령 선거일에 ○○ 후 출구조사에 참여했다.

㉖ 88세를 이르는 한자어. 참 희수, 백수.

정답은 29쪽

20 년 월 일 요일

가로열쇠

① 얼굴이 찢어질 정도로 크게 웃음. 예 국가 재난 중에 ○○○○하는 사진이 찍힘.

④ 우물 속에 앉아 하늘을 본다.
참 우물 안 개구리.

⑦ 썩어 문드러짐. 특히 금속에 녹이 스는 현상.
예 ○○ 방지를 위해 도금 처리를 했다.

⑧ 깊은 밤. 비 야밤 예 "○○○에 목이 말라 냉장고를 열어 보니…."

⑨ 겨울철을 이르는 말. 예 야구팀은 제주도에서 ○○ 훈련을 했다.

⑩ 이불, 요, 베개 등 잠잘 때 쓰는 이부자리.

⑪ 기관이나 가게의 이름 등 홍보문구를 적어서 문에 부착하거나 세워놓는 광고판.

⑬ 유치장이나 교도소에 갇힌 사람에게 개인적으로 보내는 음식.

⑮ 지휘자가 쓰는 막대기. 어떤 무리의 우두머리가 되는 것을 "○○○을 잡다."라고 한다.

⑰ 뜻밖에 일어난 불행한 사건. 예 부모님이 자동차 ○○를 당하셨어요.

⑲ 땅 위에 쌓여 있는 눈의 양. 예 대설 경보로 울릉도 ○○○이 30㎝를 기록했다.

⑳ 한 해의 여섯 번째 달.

㉒ 강연, 설교 등을 듣기 위해 모인 사람들.
비 관중

㉔ 특정인에 대해 차등을 두는 구별.
예 성○○, 인종 ○○, 종교 ○○.

㉖ 파마나 커트 등 머리 스타일을 가꿔주는 일을 전문으로 하는 가게.

㉘ 결혼하지 않은 상태에서 아이를 낳은 여자.

㉚ 두 사람이 글로브를 끼고 상대방의 상체를 쳐서 승부를 겨루는 경기.

㉛ 전쟁에서 승리를 얻기 위해 세우는 방책. 전술보다 상위 개념.

세로열쇠

① 솥을 깨뜨리고 배를 가라앉힘. 살아서 돌아오지 않을 각오로 싸운다는 뜻.

② 자기 아내를 겸손히 이르는 말. 비 집사람

③ 동지와 대한 사이 양력 1월 5일경의 절기.
예 "○○ 추위는 꾸어다가라도 한다."

④ 야구에서 좌익수와 중견수 사이.
예 ○○○ 깊이 타구를 날렸습니다!

⑤ 대관령 동쪽을 이르는 말. 대체로 강원도 일대를 가리킴. 비 영동 참 관서

⑥ 닭 천 마리 중에 봉황 한 마리. 어떤 집단이 시시해 보여도 숨은 실력자가 있다는 뜻.

⑫ 널빤지처럼 두껍고 단단한 종이. 비 보드지

⑭ 요리할 때 쓰는 기름. 콩기름, 참기름, 올리브유 따위.

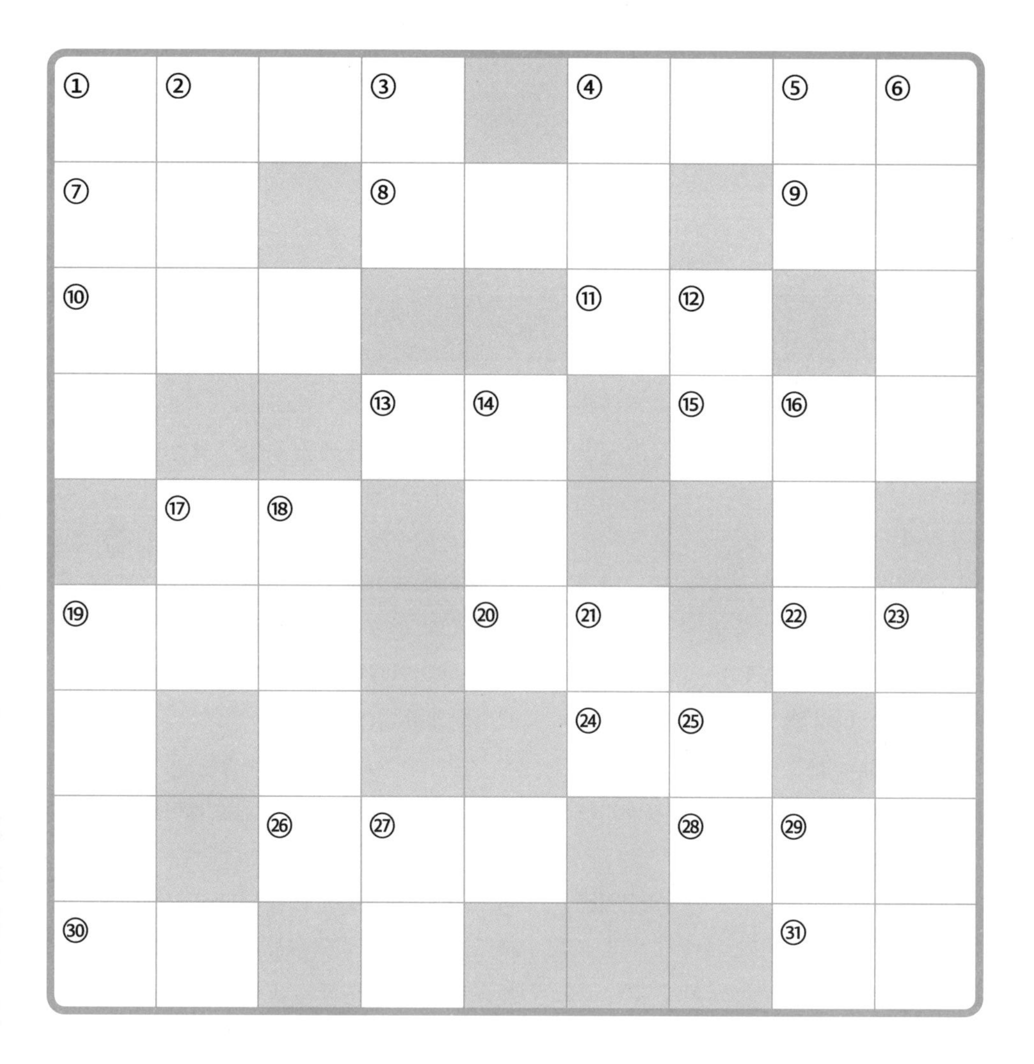

⑯ 달빛 따위가 매우 밝은 모양. 예 ○○○ 달 밝은 밤에 경복궁을 거닐다.

⑰ 시사 문제에 대해 신문 등에 기고하는 특정인의 논설. 신문마다 ○○ 코너가 따로 있다. 비 논설

⑱ 기름진 고기와 좋은 곡식으로 된 맛있는 음식. 자기 혼자 잘먹고 잘사는 사람의 생활을 비유하는 말. 비 산해진미

⑲ 맨손과 맨주먹. 재산이나 의지할 데가 아무것도 없는 상태를 뜻함.

㉑ 달마다 차례로 주어지는 휴가. 참 연차

예 근로기준법상 ○○ 유급 휴가가 있다.

㉓ 근거 없는 말로 남을 헐뜯고 사실을 왜곡해 남을 해롭게 함. 비 해코지

㉕ 특별한 맛의 좋은 음식. 예 콩국수는 한국의 여름철 ○○입니다.

㉗ 특정 분야에서만 사용하는 말. 예 경제 ○○가 많아서 이해하기 어렵습니다.

㉙ 결혼하기 전. 예 ○○ 임신, ○○ 동거.

정답은 29쪽

20 년 월 일 요일

가로열쇠

① 평안할 때 위태로움을 생각하라. 지금 잘나간다고 교만하지 말고 앞으로 닥칠 위험에 대비하라는 뜻.

④ 은혜가 뼈에 새겨져 잊기 어려움.
반 배은망덕 비 백골난망

⑥ 탄광에서 갱도의 막다른 작업장.
예 욕하면서 보는 ○○ 드라마.

⑦ 세상의 마지막. 타락한 세대를 가리켜 흔히 "세상 ○○다."라고 한다.

⑨ 야구에서 2명의 주자를 한꺼번에 아웃시키는 것. 비 더블 플레이

⑩ 전기 배터리의 일종으로 '마른 전지'라는 뜻. AA, AAA, 9V, 코인 등 다양한 종류가 있다.

⑫ 법률을 제정함. 예 ○○권은 국회에 있다.

⑬ 은혜를 갚음. 비 보답 반 배은

⑭ 순백색의 도자기. 조선○○가 유명하다.
참 청자

⑯ 눈썹에 떨어진 액운. 뜻밖에 닥친 다급한 재앙을 이르는 말.

⑲ 세금 액수를 줄이거나 세율을 낮춤. 반 증세

㉑ 일이나 말의 첫머리. 예 ○○에도 말했지만 음식은 일단 맛있어야 합니다.

㉓ 금이 가거나 뚫어진 데를 때우는 일.
비 용접, 수선

㉕ 자손들이 꼭 지키기를 바라는 한 집안만의 가르침. 예 학교에서 ○○을 적어오라는 숙제를 내다.

㉗ 탈이 나지 않도록 문을 단단히 걸어 잠금.

㉙ 갑과 을이 서로 약속하며 서명한 문서.

㉚ 어떤 일이나 현상의 맨 끝. 비 최후
예 지구 ○○을 다룬 영화.

세로열쇠

① 사실이 아닌 것을 사실인 것처럼 꾸미는 말.

② 모래로 뒤덮인 불모지. 건조해서 식물이 자라기 힘들다. 예 오아시스는 ○○에서 사람이 기댈 수 있는 유일한 곳이다.

③ 위에서 발생하는 병의 총칭. 위궤양, 위염 등이 있다.

④ 글 본문 하단에 작은 활자로 쓴 글. 본문 내용을 추가로 설명하는 보조글이다.

⑤ 끝없이 베풀어주는 은혜.

⑧ 세를 내고 남의 집을 빌려서 사는 사람.
반 집주인

⑪ 전류나 전파를 이용해 보내는 문자. 인터넷 통신이 발달하기 이전에 편지보다 더 빨리 전달된 문서.

⑭ 가수 뒤에서 춤추는 사람.

⑮ 하체에 입는 옷. 두 다리를 꿰는 가랑이가 있다.

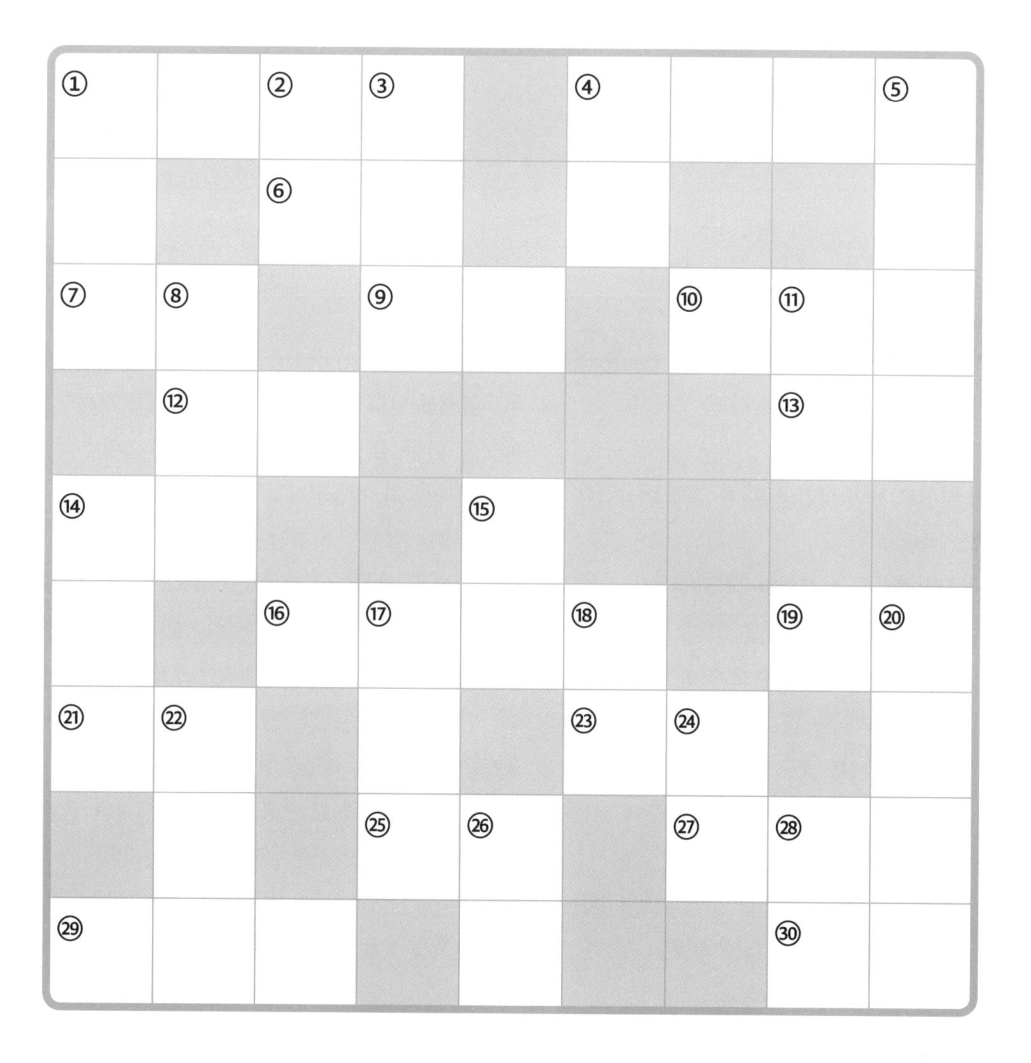

⑰ 회화, 조각, 판화 등 미술을 전문으로 하는 사람.

⑱ 앞으로 닥쳐올 액을 가벼운 사건으로 미리 막음. 예 정초부터 ○○ 했다고 생각하고 잊어버리세요.

⑳ 세대가 내려갈수록 풍속이 끝장임. 예 나라꼴이 어찌 이 모양인지. ○○○○일세.

㉒ 머리 아플 때 먹는 약.

㉔ 알고자 하는 바를 얻기 위해 물음. 반 대답

㉖ 바둑이나 장기 따위를 둘 때 구경하던 사람이 끼어들어 방법을 가르쳐줌. 예 내 일이니 이러쿵저러쿵 ○○ 두지 마라.

㉘ 특정 제품이 더는 생산되지 않음. 예 그 모델은 ○○되어 부품이 없습니다.

정답은 30쪽

20 년 월 일 요일

가로열쇠

① 주인과 손님의 위치가 서로 바뀜.
비 적반하장, 객반위주.

③ 산이 막히고 물이 끊김. 막다른 길에 이르렀다는 뜻.

⑤ 농구에서 자유투를 제외한 2점, 3점 슛.

⑦ 사람들 입에 맞는 회와 구운 고기. 맛있는 음식처럼 사람들의 입에 자주 오르내리는 이야기를 뜻함. 예 올해 ○○○○된 10대 뉴스는?

⑪ 시장 점유율이 압도적으로 높아서 경쟁 상대가 거의 없는 상태. 예 ○○○ 논란이 있는 기업.

⑫ 공사장 일이나 택배 배달 등 육체노동을 일컫는 말. 예 요즘 ○○○ 일당은 최저 15만 원.

⑭ 개인이 소유함. 반 국유
예 민주주의는 ○○재산을 인정한다.

⑮ 현세를 달리 이르는 말. 비 이승 반 저세상

⑯ 산, 나무, 강 등 자연의 경치를 그린 그림.
참 인물화, 정물화. 비 산수화

⑱ 직장을 얻음. 비 취업 반 실직
예 ○○하셨다니 진심으로 축하드려요.

⑳ 환자의 침상. 비 병석 예 코로나19 치료 중에 ○○에서 팬들에게 편지를 보냈다.

㉒ 딸의 남편. 예 ○○는 백년손님이다.

㉔ 손과 발로 침. 태권도를 달리 이르는 말.

㉖ 아름다운 말과 착한 행실.

㉘ 산에 가파르게 기울어진 곳. 참 산기슭

㉙ 인성을 베는 도끼. 여색이나 요행을 뜻하며, 그것은 목숨을 끊는 도끼와 같다는 의미.

세로열쇠

① 낮에는 농사짓고 밤에는 글을 읽음. 일과 공부를 병행하는 것을 가리킴.

② 인터넷상에서 개인이 소유한 인터넷주소. http://192.30.50.88/ http://www.daum.net 등으로 표현됨.

③ 함께 등산하는 사람들로 이루어진 단체.
비 등산 카페

④ 죄수복을 달리 이르는 말. 시신에 입히는 옷도 같은 이름이다.

⑥ 오이(모과)를 던져 옥(구슬)을 얻음. 적게 주고 후하게 받음을 뜻함.

⑧ 입에서 아직 젖내가 남. 상대가 아직 어릴 때, 혹은 상대를 얕볼 때 하는 말.

⑨ TV 등 영상에 나타나는 글자.
예 사투리는 ○○으로 해설을 달았다.

⑩ 남편의 남동생을 칭하는 표현. 직접 부를 때는 도련님, 서방님이라고 한다.

⑬ 늙었으나 죽지 않음. 늘그막에 꼴사나운 일이

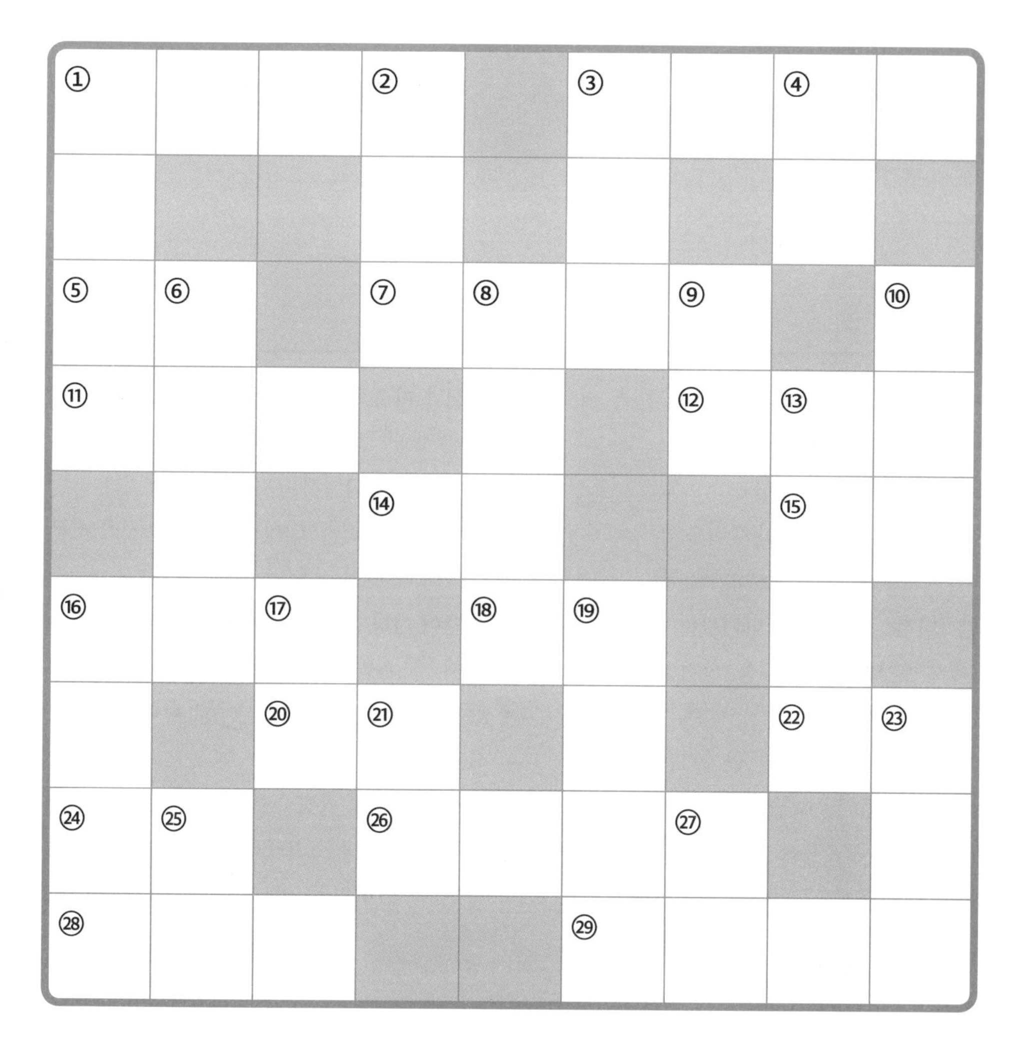

자꾸만 닥쳐 마지못해 사는 신세를 한탄하는 말. "죽지 못해 산다."는 말과 비슷함.

⑯ 바람에 날리고 우박에 흩어짐. 예 사업 실패로 집안이 ○○○○났다.

⑰ 꽃을 꽂는 병. 비 꽃병

⑲ 곧은 나무가 먼저 베임. 유능한 사람은 쓰임이 많아 혹사당해 일찍 쇠퇴한다는 뜻.

㉑ 가게가 죽 늘어진 길. 예 1층 ○○ 임대료.

㉓ 일제강점기 때 일본군에 끌려가 성노예 생활을 강요당한 여성.

㉕ 기쁨과 슬픔. 예 올림픽에 참여한 선수들의 ○○가 엇갈렸다.

㉗ 중심별의 주위를 도는 천체. 태양계에는 수성, 금성, 지구 등 8개 ○○이 있다.

비 혹성, 떠돌이별.

정답은 30쪽

20 년 월 일 요일

가로열쇠

① 대나무로 만든 말을 타고 함께 놀던 친구. 어려서부터 친하게 지낸 친구를 뜻함.

③ 이익은 적게 보고 많이 팖다.

⑥ 야구에서 2루와 3루 사이의 수비수.

⑦ 뫼를 높여 부르는 말. 비 묘
예 할아버지 ○○에 성묘 다녀왔다.

⑧ 나무에도 돌에도 붙기 어려움. 의지할 곳 없는 처지를 이르는 말.

⑪ 눈 덮인 경치. 예 한라산의 환상적인 ○○.

⑫ 음력 5월 5일에 해당하는 명절. 여자는 창포물에 머리를 감고 남자는 씨름을 한다.

⑭ 크게 썬 무를 주재료로 하며 맑은 국물이 흥건한 겨울용 김치.

⑰ 의식과 마음의 상태. 예 여자와 사귀고 싶다면 여자의 ○○를 알 필요가 있다.

⑲ 교육 행정을 담당하는 지방교육행정기관.

⑳ 소금밭을 이르는 말. 바닷물을 농축시켜 소금을 만드는 시설.

㉒ 기운이 다하고 맥이 다 빠짐. 예 살인적인 더위에 ○○○○한 축구대표팀.

㉔ 몹시 나쁜 날씨. 예 ○○○로 항공기 운항이 중단되었다.

㉕ 성적이 우수한 학생.

㉖ 녹화된 화면에 소리나 음향을 입히는 작업. 예 성우들이 외국 영화 ○○을 했다.

세로열쇠

① 대나무 끄트머리(머리)와 나무 부스러기. 하찮은 것이지만 유용한 물건을 비유함.

② 너무 유해서 맺고 끊지 못함. 결단을 내리지 못하고 망설이는 성격을 가리킴.

③ 환영이나 축하의 뜻으로 두 손뼉을 마주침.

④ 정약용의 호.

⑤ 웃음을 팔고 아양을 바침. 아첨하는 태도를 이르는 말.

⑨ 저녁때의 경치. 비 만경

⑩ 재주나 실력이 특출한 아이. 예 피아노 ○○으로 어릴 때부터 소문이 자자했다.

⑬ 잘못된 판정. 예 야구는 심판들의 ○○ 논란이 많은 스포츠다.

⑮ 잇몸 깊이 치조골까지 염증이 생긴 질환.
참 치은염

⑯ 전화 통화나 남의 이야기를 몰래 엿듣기 위해 설치하는 녹음 기기.

⑱ 차체 중간을 길게 뺀 호화로운 자동차. 공항의 여객을 나르는 버스를 일컫기도 한다.

⑲ 쇠뿔을 바로잡으려다가 소를 죽임. 작은 일에 신경 쓰다가 큰일을 그르친다는 뜻.

㉑ 앞문에서 호랑이를 막으니 뒷문으로 이리가

①			②	■	③		④	⑤
	■	■	⑥			■	⑦	
⑧	⑨			■	■	⑩	■	
⑪		■	⑫	⑬	■	⑭	⑮	
■	■	⑯	■	⑰	⑱	■		■
⑲			■	■		■	⑳	㉑
	■	㉒		㉓		■	■	
	■	■	■		■	㉔		
㉕			■	㉖		■	■	

들어옴. 재앙이 끊임없이 닥친다는 뜻.

㉓ 한국전쟁 때 인천상륙작전을 지휘한 미군 최고사령관.

정답은 30쪽

20 년 월 일 요일

가로열쇠

① 내 코가 석 자. 자기 사정이 급해 남을 돌볼 여유가 없다는 뜻.

③ 눈 위에 서리가 내림. 계속해서 좋지 않은 일이 일어날 때 많이 쓰는 표현.
참 "엎친 데 덮친 격."

⑥ 죽은 사람을 추억하고 기념함. 예 한국전쟁 민간인 희생자 ○○ 사업.

⑦ 얼굴 앞. 예 ○○에서 대놓고 욕하다.

⑧ 당분이 들어가지 않음. 예 ○○○ 주스로 건강을 챙기다.

⑩ 속이 훤히 들여다보는 꾀. 비 얕은꾀
예 ○○ 부리다 된통 당했다.

⑫ 고속도로와 일반 도로가 만나는 교차로.
비 인터체인지, IC.

⑭ 농작물이 병과 해충으로 입은 피해. 예 올해 과수 농가에 ○○○가 심각했다.

⑯ 드물어서 특이함. 예 멸종 위기에 처한 ○○ 동물.

⑰ 잠을 자는 방. 예 신혼부부 ○○ 인테리어에 신경을 많이 썼다.

⑲ 동식물의 유해가 돌처럼 굳은 것. 예 우리나라에서도 공룡 ○○이 발견되었다.

⑳ 사업이나 노름판 따위에서 돈을 대는 사람.
비 돈줄

㉓ 특별히 선택받은 백성.
예 유대인은 ○○의식이 강하다.

㉔ 사용량, 배출량에 의해 요금을 물리는 제도.
예 쓰레기 ○○○ 봉투.

㉕ 축하해주기 참석해준 손님. 비 하객

㉖ 일제강점기 때 일본이 징집한 한국 여성 근로자와 위안부를 일컬음.

㉗ 오래되었거나 희귀한 옛 물품. 비 고물 예 다이얼 전화기는 이제 ○○○이 되어버렸다.

세로열쇠

① 5리나 되는 안개 속. 일의 진행에 대해 예측할 수 없음을 뜻하는 말. 예 공개 수배된 용의자의 자취는 ○○○○이다.

② 머리뼈부터 엉덩이까지 등에 있는 뼈.
비 척주, 등골.

④ 얼굴을 감추기 위해 쓰는 물건.
예 ○○ 무도회.

⑤ 뽕나무밭이 푸른 바다가 됨. 세상이 몰라보게 달라졌다는 뜻. 예 어릴 때 살던 동네가 번화가가 되었군. ○○○○일세!

⑨ 말과 비슷하나 몸은 작고 이마에 털이 없으며 귀가 긴 동물. 비 나귀

⑪ 거짓으로 앓는 체하는 병. 예 학교 가기 싫어서 ○○을 부렸다.

①			②		③		④	⑤
			⑥				⑦	
⑧		⑨			⑩	⑪		
		⑫		⑬		⑭	⑮	
	⑯			⑰	⑱			
⑲							⑳	㉑
		㉒		㉓				
		㉔				㉕		
㉖				㉗				

⑬ 나무토막으로 만든 베개.

⑮ 강물이나 호수 등 흐르는 물에 운반되어 쌓인 퇴적물.

⑯ 물을 부어 용액의 농도를 낮춤. 예 식초를 물에 ○○해서 드시면 건강에 좋아요.

⑱ 고향을 잃고 타향살이하는 사람. 예 탈북민과 ○○○들이 추억하는 북한의 설 풍경.

⑲ 용 그림에 마지막으로 눈동자를 찍음. 가장 중요한 부분을 마쳐 작업을 완성했음을 뜻함.

㉑ 주인은 술을, 손님은 밥을. 술은 주인이 먼저 맛보고 손님에게 권해야 한다는 뜻.

㉒ 부산 영도에 있는 명승지로 해발 고도 200m 이하의 구릉지. 바위 절벽과 남해 바다가 어우러진 풍경으로 유명함.

㉓ 축구 등 구기 경기에서 최초로 터진 골. 예 축구대표팀은 상대팀에게 ○○○을 허용했지만, 곧 만회골을 넣었다.

㉕ 피곤할 때 절로 입이 벌어지면서 내쉬는 숨. 예 ○○할 때는 손을 입으로 가리세요.

정답은 30쪽

20 년 월 일 요일

가로열쇠

① 늦가을의 아름다운 경치. 비교적 늦게 큰 결실을 맺을 때 비유적으로 사용함.

③ 여유를 가지고 얽매인 데 없이 자유롭게 사는 방식. 예 은퇴 후 ○○○○ 전국 팔도 여행을 다닌다.

⑥ 외국 여행 시 필요한 신분증명서. 비 패스포트

⑦ 목소리 연기자. 예 그는 ○○ 출신 배우다.

⑧ 알지 못하는 바가 없음. 혹은 이르지 못하는 곳이 없음. 만능인 사람을 일컬음.

⑪ 밤 12시를 달리 이르는 말.

⑬ 법에 의해 구속했던 사람을 풀어줌.
예 전직 대통령의 ○○ 여부가 곧 결정된다.

⑭ 깨끗이 씻음. 비 세정 예 약물 과다 복용으로 위를 씻어내는 것을 위○○이라고 한다.

⑯ 영화 촬영 시 특정 장면을 모방함으로써 존경을 표하는 행위. 프랑스어로 '경의'를 의미하는 외래어. 참 패러디, 표절.

⑱ 뼈와 뼈가 연결되는 부위.
예 무릎에 통증이 있는 ○○염.

⑳ 딱 필요할 때 내리는 비.
예 재난지원금은 가뭄에 ○○ 같은 존재.

㉒ 판잣집들이 늘어선 동네.

㉔ 갑작스럽게 소란스러워지거나 화를 내는 모양.
예 나라를 ○○ 뒤집어놓은 연쇄살인.

㉖ 왕건이 후삼국을 통일하고 세운 나라. '코리아' 명칭의 기원이 되는 국명.

㉗ 사물에 금으로 치장함, 또는 그런 물건.

㉙ 병 증세가 갑자기 나타나고 빠르게 진행됨.
반 만성

㉚ 얼굴을 가리거나 장식하기 위해 머리에 쓰는 망사 같은 천.
예 드디어 ○○을 벗은 BTS의 신곡.

㉛ 일제강점기 때 일본을 지지하고 그들에게 협조한 무리. 예 고위직 공무원 중 ○○○ 후손들의 명단이 공개되었다.

㉜ 바느질하는 기계. 비 미싱

세로열쇠

① 만 번 죽어도 아까울 것이 없음. 자신의 죄가 무겁다는 것을 고백할 때 쓰는 말. 예 "내 죄는 ○○○○이나 원수를 갚고 돌아오니 죽어도 여한이 없습니다."

② 집안 살림의 수입과 지출을 적는 장부.

③ 선거권을 가진 사람.

④ 자기 행동을 반성함. 예 교육계 내부에서 ○○의 목소리가 나오고 있다.

⑤ 새털도 쌓이고 쌓이면 배를 침몰시킴. 작은 힘도 합치면 큰 힘이 된다는 뜻. 비 진합태산, 적소성다. 참 십시일반

⑨ 소방공무원을 흔히 일컫는 명칭.

①		②			③		④	⑤
				⑥			⑦	
⑧	⑨		⑩		⑪	⑫		
⑬			⑭	⑮		⑯	⑰	
	⑱	⑲		⑳				
㉑		㉒	㉓				㉔	㉕
㉖			㉗		㉘			
		㉙					㉚	
㉛					㉜			

⑩ 토지의 경사 정도, 경사 방향, 경사 각도, 조망의 정도 등 토지의 생김새. 비 지형

⑫ 낮 12시를 달리 이르는 말.

⑮ 척도 짧을 때가 있고, 촌도 길 때가 있음. 누구에게나 장점도 있고 단점도 있다는 뜻.

⑰ 평퍼짐한 발. 인맥이 폭넓은 사람을 가리킴.

⑲ 책이 더는 출판되지 않거나 유통되지 않음. 예 ○○된 지 오랜 책들을 찾는 독자가 있다.

㉑ 사방을 둘러봐도 친한 사람이 없음. 의지할 데 없는 외로운 신세.

㉓ 중국 북경에 있는 명, 청 시대의 궁전. '금지된 도시'라는 뜻을 지님.

㉕ 독한 술에 음료나 향료를 섞은 혼합주. '수탉의 꼬리'라는 뜻을 지님.

㉘ 음식을 만드는 재료를 통틀어 이르는 말. 비 식재료

㉙ 급히 파견함.

㉚ 실을 엮어 천을 짜는 기기. 비 직조기, 방직기.

정답은 31쪽

20 년 월 일 요일

가로열쇠

① 밝은 눈동자에 흰 치아. 양귀비를 가리키는 말로 미인을 뜻함.

④ 기운이 만장이나 뻗쳤음. 자만심에 차서 불필요하게 당당한 태도를 말함.

⑦ 어떤 상품을 사고 싶은 욕구. 예 소비자의 ○○○을 불러일으키는 마케팅에 성공했다.

⑨ 무언가의 맨 앞. 비 선봉 예 1라운드에서 우리 선수가 ○○에 나섰다.

⑩ 과장이 심해서 믿기 어려운 말. 예 ○○이 너무 심해서 그에겐 신뢰가 안 간다.

⑪ 한양 도성에 세워진 네 개의 대문. 동대문, 서대문, 남대문, 북대문을 통칭하는 표현.

⑬ 함께 일하는 동무. 친근감이 묻어나는 표현. 비 동료

⑭ 찹쌀 반죽에 콩고물 따위를 입힌 떡.

⑯ 손자의 아들. 또는 아들의 손자.

⑰ 지구상에 있는 모든 위치를 정확히 나타낸 그림. 이것을 보고 길을 찾는다.

⑲ 어떤 모임이나 단체를 이루는 인원.

⑳ 마음의 고통에서 벗어나 이루 말할 수 없이 시원함. 참 유쾌, 상쾌.

㉓ 아름답고 건강한 자연환경을 조성하는 기술. 공원에 숲을 만들고 산책로와 호수를 만드는 것 등이 포함된다.

㉔ 이름을 적지 않음. 예 ○○○투표.

㉕ 노동력이 부족해서 겪는 어려움. 예 ○○○이 심해서 외국인노동자들을 고용한다.

㉖ 유럽, 아메리카 등 서양의 역사. 반 동양사

㉗ 탄광에서 일하는 노동자들이 모여 사는 동네.

세로열쇠

① 이름은 헛되이 전해지지 않음. 명성을 떨치는 데는 다 이유가 있고 이름값을 한다는 뜻.

② 어수룩해 이용당하기 쉬운 사람. 예 착하게 살되 ○○는 되지 말라.

③ 뇌세포가 손상되어 지능과 기억이 상실되는 병. 주로 노인에게 나타난다. 예 ○○ 시모를 10년째 모시고 있는 며느리.

⑤ 물고기를 많이 잡아 배에 가득히 실음. 예 ○○의 꿈을 안고 출항한 바다낚시 체험.

⑥ 머리를 감추고 꼬리를 숨김. 일의 전말을 분명하게 밝히지 않는다는 뜻.

⑧ 죽으려고 해도 죽을 만한 땅이 없다. 매우 분하고 원통한 상황을 하소연하는 말.

⑫ 문학가 또는 문필에 종사하는 사람을 통칭하는 표현. 참 무인

⑬ 일하는 손. 비 인력, 노동력. 예 ○○이 부족한 농번기에 해병대가 나섰다.

⑮ 절구에서 방망이가 아닌 내용물이 담기는 곳.

①		②	③		④		⑤	⑥
		⑦		⑧			⑨	
⑩				⑪		⑫		
		⑬				⑭	⑮	
	⑯			⑰	⑱			
⑲							⑳	㉑
		㉒		㉓				
		㉔				㉕		
㉖				㉗				

⑯ 사람 수를 더 늘림. 예 서울대 등 기술 분야 석, 박사 정원을 대거 ○○했다.

⑱ 중국 사상가 노자의 저서로 알려진 책명. '도'와 '덕'을 설파한다.

⑲ 동쪽에서 소리를 지르고 서쪽을 공격함. 속임수로 상대를 혼란에 빠트리는 공격 전술.

㉑ 잘 드는 칼로 헝클어진 삼베 실을 자름. 얽히고설킨 문제를 단번에 처리하는 모습.

㉒ 납세자를 대신해 세금 관련 업무를 할 수 있는 국가 전문 자격.

㉓ 밤에 주변을 밝히기 위해 터트리는 포탄. 예 밤 바다를 환히 밝히는 ○○○.

㉕ 이웃 마을. 비 인향

정답은 31쪽

Round 1 정답

정답 1-4회

1회

①호	사	②다	마		③간	담	상	④조
가		리		⑤응	수			미
호		⑥미	화	원			⑦고	료
⑧위	⑨인			⑩단	⑪독		액	
	⑫허	파			⑬수	도	권	
⑭사	가		⑮주	인	공			⑯외
석		⑰준	공		방		⑱모	유
⑲위	증		⑳삼	진		㉑보		내
호		㉒황	태		㉓만	수	무	강

3회

①견	원	②지	간		③주	마	④간	산
물		리		⑤소	주		신	
생		⑥산	유	국			⑦배	⑧낭
⑨심	⑩판			⑪과	반	⑫수		독
	⑬로	⑭고		민		⑮주	⑯차	
⑰해		⑱부	⑲설		⑳대		㉑액	㉒자
㉓어	항		㉔문	과	식	비		리
지		㉕투	지		가		㉖미	끼
㉗화	살	표				㉘부	수	

2회

①금	상	②첨	화		③홍	④망	성	⑤쇠
지		가				토		스
옥		⑥제	⑦수	씨			⑧고	랑
⑨엽	⑩서		화		⑪체		질	
	⑫행	⑬운		⑭화	중	⑮지	병	
⑯결		송				역		⑰상
⑱자	개	장		⑲변	⑳화	구		수
해			㉑복	제	술		㉒수	여
㉓지	피	지	기			㉔인	당	수

4회

①파	②안	대	③소		④좌	정	⑤관	⑥천
⑦부	식		⑧한	밤	중		⑨동	계
⑩침	구	류			⑪간	⑫판		일
선			⑬사	⑭식		⑮지	⑯휘	봉
	⑰사	⑱고		용			영	
⑲적	설	량		⑳유	㉑월		㉒청	㉓중
수		진			㉔차	㉕별		상
공		㉖미	㉗용	실		㉘미	㉙혼	모
㉚권	투		어				㉛전	략

5회

①거	안	②사	③위		④각	골	난	⑤망
짓		⑥막	장		주			극
⑦말	⑧세		⑨병	살		⑩건	⑪전	지
	⑫입	법					⑬보	은
⑭백	자			⑮바				
댄		⑯낙	⑰미	지	⑱액		⑲감	⑳세
㉑서	㉒두		술		㉓맴	㉔질		강
	통		㉕가	㉖훈		㉗문	㉘단	속
㉙계	약	서		수			㉚종	말

7회

①죽	마	고	②우		③박	리	④다	⑤매
두			⑥유	격	수		⑦산	소
⑧목	⑨석	난	부			⑩신		헌
⑪설	경		⑫단	⑬오		⑭동	⑮치	미
		⑯도		⑰심	⑱리		주	
⑲교	육	청			무		⑳염	㉑전
각		㉒기	진	㉓맥	진			호
살				아		㉔악	천	후
㉕우	등	생		㉖더	빙			랑

6회

①주	객	전	②도		③산	궁	④수	진
경			메		악		의	
⑤야	⑥투		⑦인	⑧구	회	⑨자		⑩시
⑪독	과	점		상		⑫막	⑬노	동
	득		⑭사	유			⑮이	생
⑯풍	경	⑰화		⑱취	⑲직		불	
비		⑳병	㉑상		목		㉒사	㉓위
㉔박	㉕희		㉖가	언	선	㉗행		안
㉘산	비	탈			㉙별	성	지	부

8회

①오	비	삼	②척		③설	상	④가	⑤상
리			⑥추	모			⑦면	전
⑧무	가	⑨당			⑩잔	⑪꾀		벽
중		⑫나	들	⑬목		⑭병	⑮충	해
	⑯희	귀		⑰침	⑱실		적	
⑲화	석				향		⑳물	㉑주
룡		㉒태		㉓선	민			주
점		㉔종	량	제		㉕하	례	객
㉖정	신	대		㉗골	동	품		반

정답 9-10회

9회

①만	추	②가	경		③유	유	④자	⑤적
사		계		⑥여	권		⑦성	우
⑧무	⑨소	부	⑩지		⑪자	⑫정		침
⑬석	방		⑭세	⑮척		⑯오	⑰마	주
	⑱관	⑲절		⑳단	비		당	
㉑사		㉒판	㉓자	촌			㉔발	㉕칵
㉖고	려		㉗금	장	㉘식			테
무		㉙급	성		자		㉚베	일
㉛친	일	파			㉜재	봉	틀	

10회

①명	모	②호	③치		④기	고	⑤만	⑥장
불		⑦구	매	⑧욕			⑨선	두
⑩허	풍			⑪사	대	⑫문		은
전		⑬일	동	무		⑭인	⑮절	미
	⑯증	손		⑰지	⑱도		구	
⑲성	원				덕		⑳통	㉑쾌
동		㉒세		㉓조	경			도
격		㉔무	기	명		㉕인	력	난
㉖서	양	사		㉗탄	광	촌		마

알수록 재미있는 고사성어

Round 1

- **사석위호:** 쏠 사(射) 돌 석(石) 할 위(爲) 호랑이 호(虎)로 구성된 고사성어입니다. 직역하면 "돌을 호랑이로 알고 화살을 쏘았다는 뜻"이죠. 한 곳에 오래도록 집중해서 노력하면 못 할 일이 없다는 의미입니다.

《사기(史記)》의 '이장군열전'에 나오는 이광 이야기입니다. 한나라의 장수 이광은 활 쏘는 솜씨가 탁월했습니다. 하루는 이광이 사냥하러 갔다가 풀숲에 호랑이가 잠자고 있는 것을 보고 화살을 맞혔는데 호랑이가 꿈쩍도 하지 않았습니다.

이상하게 여겨 가까이 가보니 화살을 맞은 것은 호랑이가 아니라 호랑이처럼 생긴 바위였죠. 너무 놀라 다시 화살을 쏘았는데 이번엔 화살이 박히지 않고 튕겨 나왔습니다. 호랑이가 아님을 이미 안 뒤 쏘았기에 활시위에 절박함이 담기지 않았던 것입니다.

Round 2 문제

20 년 월 일 요일

가로열쇠

① 물건값이 오를 것을 예상해 한꺼번에 많이 사 둠. 비 사재기

③ 온 세상에 가득 찬 넓고 큰 기운. 맹자가 말한 인격의 기상. 흔들리지 않는 바르고 넓은 마음을 가리킴.

⑦ 음식을 먹지 않아 위가 빈 상태. 예 이 약은 ○○ 상태에서 복용하면 안 됩니다.

⑧ 누이동생의 남편을 이르거나 부르는 말. 참 매형

⑩ 정식 계약 전에 임시로 맺는 계약.

⑫ 상대와 비교해 세력이 강함. 예 오늘 경기에서 우리 팀 승리 전망이 ○○하다.

⑬ 새가 알을 낳고 품는 곳. 비 보금자리

⑭ 안장에 앉아 두 발로 페달을 밟아 바퀴를 돌리는 탈 것. 원래 이동수단이었으나 운동용 실내 ○○○도 있다.

⑯ 출신 지역에 따라 연결된 인연. 참 학연

⑰ 예전부터 알고 있는 관계. 반 초면 예 우리 ○○ 아닌가요?

⑲ 재주와 지혜가 뒤떨어짐. 비 둔재 반 준재

⑳ 어떤 주제에 관해 모여서 토의함. 비 회견 예 한미 두 정상이 ○○을 가졌습니다.

㉓ 길가에 벌여놓고 하는 장사. 또는 그런 상인.

㉕ 배우 윤여정 씨가 아카데미 시상식에서 여우주연상을 받은 영화 제목. 독특한 향을 내는 녹색 건강 채소.

㉖ 위험으로부터 자기 몸을 보호하는 용도의 물건. 예 범죄 예방을 위한 ○○○ 스프레이, ○○○ 전기 충격기 등이 있다.

㉗ 천 리 밖을 내다보는 눈. 뛰어난 통찰력과 관찰력을 비유하는 말.

㉘ 특별한 맥락 없이 어수선하게 흘러간 꿈. 예 그게 돼지꿈인지 ○○인지 헷갈리네요.

세로열쇠

① 검을 팔아 소를 사다. 전쟁을 그만두고 고향으로 돌아간다는 뜻. 평화로운 세상이 되었음.

② 우묵한 곳을 돌이나 흙 따위로 채움. 예 하천에 폐기물을 ○○한 일당이 체포되었다.

④ 구기 경기에서 공격자가 시간을 끌며 느리게 공격함. 반 속공

⑤ 천리마가 소금 수레를 끈다. 유능한 사람이 천한 일에 종사하는 안타까운 상황을 이르는 말.

⑥ 동쪽 집에 사는 구. '구'는 공자의 이름. 가까이에 걸출한 인물이 있는 데도 알아보지 못함.

⑨ 세상을 구제할 재목. 비 구세주

⑪ 힘이나 세력이 약한 사람. 반 강자

⑮ 예술품들을 진열해놓고 여러 사람에게 보이는 모임. 예 2년마다 대규모 국제 미술 ○○○

①		②			③		④	⑤
				⑥			⑦	
⑧	⑨			⑩		⑪		
⑫			⑬			⑭	⑮	
	⑯			⑰	⑱			
⑲							⑳	㉑
		㉒		㉓		㉔		
		㉕				㉖		
㉗				㉘				

가 이탈리아 베네치아에서 열린다.

⑱ 여행객들을 위해 세금을 면제한 상품을 판매하는 상점.

⑲ 노한 기운이 하늘을 찌를 듯함. 잔뜩 화가 난 상태.

㉑ 말하는 것이야 어찌 쉽지 않겠느냐! 말이 쉽지 실천하기는 어렵다는 뜻. 비 심사숙고

㉒ 헤르만 헤세의 대표 소설. 주인공은 에밀 싱클레어. "새는 알을 깨고 나온다."라는 유명한 구절이 있음.

㉓ 여자의 한복 저고리 고름이나 치마허리 등에 다는 장식물. 장난삼아 데리고 노는 여자를 낮잡아 이르기도 함.

㉔ 상대가 되는 이쪽과 저쪽. 비 서로, 피차.

정답은 55쪽

20 년 월 일 요일

가로열쇠

① 늙은 말의 지혜. 연륜과 경험이 중요하다는 뜻.

④ 마음의 틀이 한 번 변함. 어떤 계기로 인해 자세를 완전히 바꾼다는 뜻. 예 이 실패를 계기로 ○○○○합시다!

⑥ 위와 아래.

⑦ 물에 빠져 죽음.

⑨ 쇠로 만든 가는 줄. 비 철사

⑪ 자기 자신을 구하기 위한 방책. 예 잇단 적자에 ○○○을 마련했다.

⑫ 어떤 일을 일으킨 바로 그 사람. 예 이 모든 문제를 일으킨 ○○○은 바로 접니다.

⑭ 먹으면 늙지 않는다는 풀.

⑮ 기한까지 내지 못해 밀린 돈. 비 체불금

⑲ 겉으로는 숙이는 듯하고 뱃속으로는 배신함. 겉과 속이 다른 사람을 가리키는 말.

⑳ 올림픽에서 사용하는 깃발. 5개의 원으로 되어 있다.

㉒ 여행할 때 일반 가정집에서 숙박함. 또는 그런 집.

㉓ 자기도 모르는 사이에 잃어버린 물건. 비 유실물 반 습득물

㉕ 피해자나 그 유가족이 직접 고소해야 처벌이 가능한 범죄. 모욕죄와 사자 명예훼손죄가 해당된다.

㉗ 심심함을 달래기 위해 어떤 일을 함. 또는 그런 일. 비 심심풀이

세로열쇠

① 늙을수록 더욱 기백이 넘침. 비 노익장

② 땅의 위. 비 지면 반 지하

③ 땅 밑으로 다니는 철도라는 뜻. 대도시의 대중교통 수단.

④ 마음의 상태. 비 심사, 심정. 예 지금 ○○이 어떠신지 한 말씀 해주세요.

⑤ 모바일이나 태블릿으로 읽는 책. 비 이북 반 종이책 참 오디오북

⑧ 원본을 베낀 판본.

⑩ 거래가 완료되기 전 미리 값을 치르는 돈. 비 선금

⑪ 처음부터 끝까지의 과정. 비 전후수말, 자초지말, 자두지미. 예 이 일의 ○○○○을 설명해 보아라.

⑬ 사람의 몸. 예 사람 몸을 해부학적으로 연구하는 학문을 ○○ 해부학이라고 한다.

⑯ 강제로 누군가를 끌고 가는 행위. 예 아들을 ○○했다며 돈을 보내라고 함.

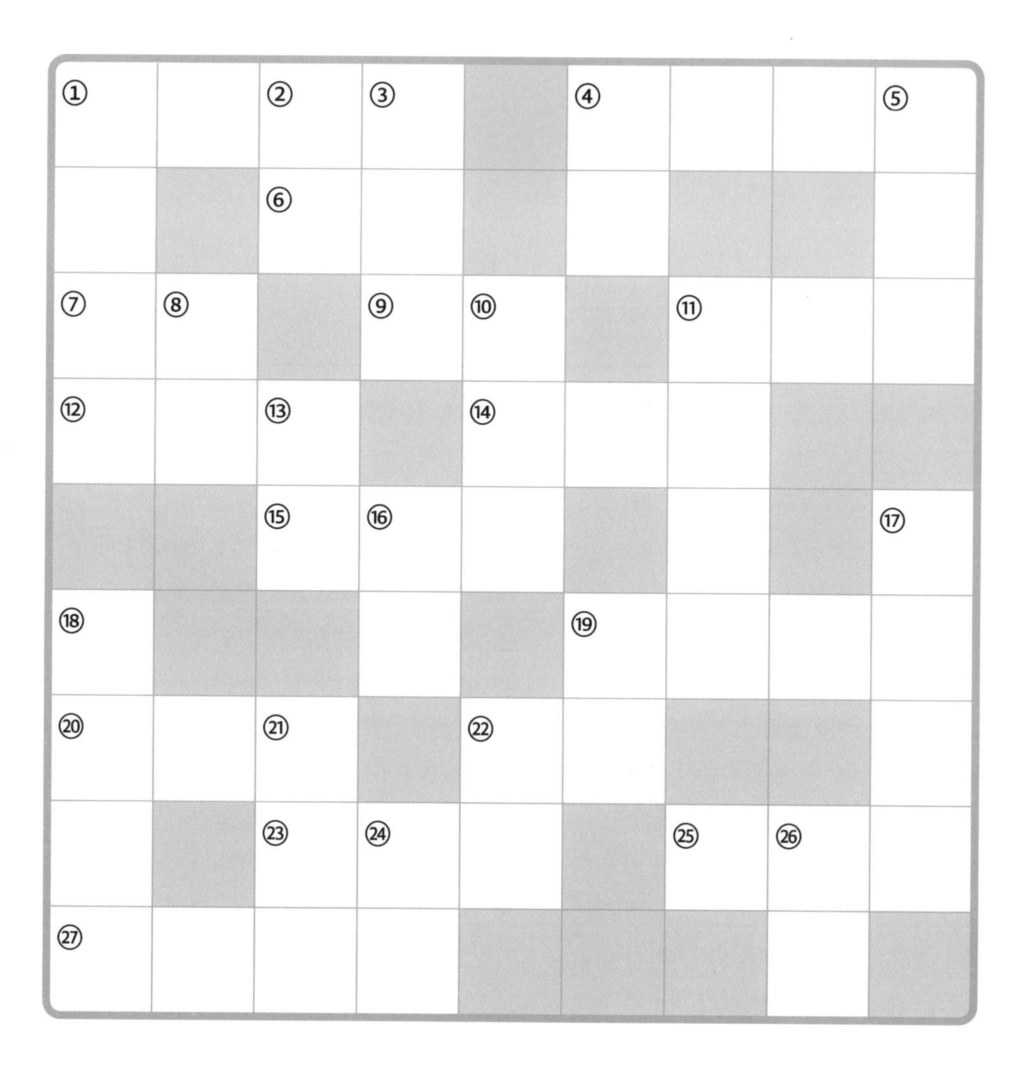

⑰ 백번 절하며 잘못에 대해 용서를 빌다.

⑱ 잘못을 부끄러워하고 악을 미워하는 마음.

⑲ 면전에서 꾸짖거나 나무라는 것. 예 남들 앞에서 자녀에게 그렇게 ○○을 주면 안 됩니다.

㉑ 순간적인 기분에 따라 움직이는 유형. 예 ○○○인 아빠, 모든 술값을 본인이 내신다.

㉒ 강이나 호수 등 염분이 거의 없는 물. 비 담수 반 바닷물 예 자연산 ○○ 장어는 값비싼 보양식이다.

㉔ 실제로 이룬 업적이나 공적. 비 성과 예 삼성전자가 2분기 ○○을 발표했다.

㉖ 할아버지의 할아버지. 참 증조

정답은 55쪽

20 년 월 일 요일

가로열쇠

① 열 숟가락이 한 그릇 됨. 작은 힘을 합하면 큰 힘이 된다. 참 "백지장도 맞들면 낫다."

③ 자신의 밧줄로 자신을 묶음. 비 자업자득

⑥ 나라의 품격. 또는 나라의 위상.
예 한국의 ○○을 높인 스포츠 선수들.

⑦ 닭이나 날짐승의 먹이. 예 공원 비둘기에게 ○○를 주지 마세요.

⑧ 파리류의 유충. 희고 물렁거리며 머리나 발이 분명하지 않음. 보통 부패물 속에서 생성됨.

⑩ 아주 가까운 거리. 비 코앞, 눈앞, 목전.

⑪ 일을 할 때 쓰는 연장. 목적을 이루기 위한 수단. 예 청소 ○○.

⑫ 시력이 부실해서 밝은 빛을 잘 보지 못하는 증상. 예 선글라스를 끼면 ○○○이 덜하다.

⑭ 정자와 난자가 결합함. 예 ○○되고 착상되면 이를 임신이라고 합니다.

⑮ 고양이를 달리 이르는 말.

⑱ 손님을 초대한 저녁 식사 모임.

⑳ 무언가의 맨 위.
예 엄마는 늘 내 머리 ○○○에 있다.

㉒ 나무로 만든 조각상.

㉔ 흙과 모래를 아울러 이르는 말.

㉕ 남을 많이 부러워하는 마음. 비 투기심

㉗ 농구나 핸드볼에서 아무런 방해 없이 슛을 던져 1점을 얻을 기회를 주는 것. 비 프리드로우

㉙ 사진을 찍을 때 나타나는 효과.
예 실물보다 ○○○이 좋다.

㉚ 가족을 떠나 손수 밥을 해 먹으면서 사는 학생. 예 ○○○을 위한 초간단 요리법.

세로열쇠

① 열 번 넘어지고 아홉 번 거꾸러짐. 수없이 실패하며 온갖 고생을 다했다는 뜻.

② 일생의 일을 적은 기록. 예 파란만장했던 천재 화가의 ○○○가 출간되었다.

③ 자신에 대해 부딪치는 마음. 비 열등감
예 학력 때문에 생긴 ○○○○이다.

④ 자식에 대한 모정이라는 뜻으로 '어머니'를 이르는 말.

⑤ 널리 알지만 자세하지는 않음. 두루두루 알지만 능숙한 것은 없음을 뜻함.

⑨ 앞의 사실도 그런데 하물며. 그뿐만 아니라.
비 더욱이, 게다가.

⑬ 아내가 된 여자들의 모임. 아파트나 종교 단체에서 흔히 볼 수 있다. 예 아파트 ○○○.

⑭ 나무 그루터기에서 토끼를 기다림. 낡은 생각에 얽매여 말이 안 되는 일을 고집한다는 뜻.

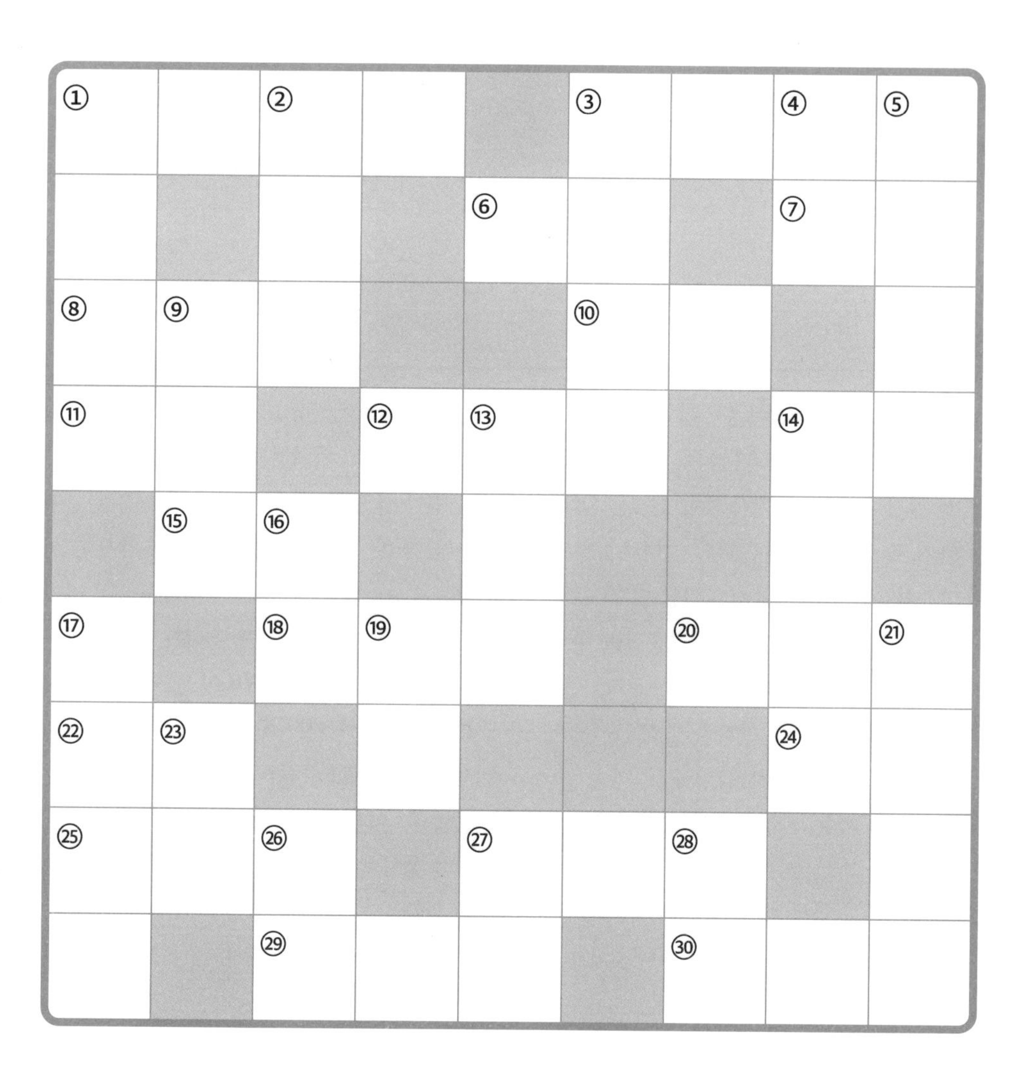

⑯ 살이 쪄서 몸이 뚱뚱함. 비 비대

⑰ 서로 미워하고 질투하는 눈으로 봄. 예 같은 민족끼리 ○○○○하게 만들고 있다.

⑲ 식기류, 양념류 따위를 보관하는 수납장.

㉑ 죽은 사람이 다시 살아남. 죽을 뻔한 순간에 기적처럼 살아났다는 뜻.

㉓ 과거 성인 남자가 머리털을 모두 올려 빗어 정수리 위에 감아 맨 모양.

㉖ 경연대회 등에서 당락이나 등급을 결정하는 일. 예 요리 경연대회에서 ○○ 위원 만장일치로 1등을 차지했다.

㉗ 남이 시키지 않아도 스스로 함. 비 자율 반 강제

㉘ 이익을 얻기 위해 자본을 댐. 예 주식 ○○, 코인 ○○, 부동산 ○○.

정답은 55쪽

20 년 월 일 요일

가로열쇠

① 아는 글자가 도리어 근심이 됨. 너무 많이 알면 쓸데없는 걱정도 많아진다는 뜻.

③ 그 수를 알지 못함. 매우 많은 것을 이르는 말. 예 전쟁으로 죽은 사람이 ○○○○다.

⑥ 감정이나 심리 상태가 얼굴에 나타난 것. 예 ○○ 관리가 잘 안 돼 싫은 티를 감출 수 없어요.

⑧ 곡물 가루를 뜨거운 물로 반죽하는 것. 예 송편은 ○○○해야 맛있습니다.

⑩ 가꾸지 않아도 저절로 자라서 다른 농작물에 해가 되는 풀.

⑪ 한 가문의 계통과 혈통 관계를 기록한 책.

⑫ 물이 가득 참. 예 홍수로 저수지가 ○○가 되었다.

⑬ 농지를 빌려 농사를 짓고 그 대가로 사용료를 지급하는 사람. 비 소작농 반 지주

⑮ 옛날과 지금을 아울러 이르는 말. 예 동서○○을 막론하고 정치인들의 생리는 한결같다.

⑯ 한 명이 백 명을 상대함. 또는 백 명을 감당할 수 있는 한 사람. 매우 용감하거나 유능한 사람을 뜻함.

⑱ 결혼 등 좋은 일에 보내는 초대장.

⑲ 몹시 어리석은 사람, 덜떨어진 사람을 뜻함. '팔삭둥이'에서 비롯된 말. 보통 아내나 자식 자랑을 늘어놓는 사람을 가리킨다.

㉑ 섭씨 0℃ 이하의 온도.

㉒ 어떤 행사에 참여한 사람들의 이름을 적어놓은 기록.

㉓ 못 쓰게 된 종이. 비 휴지

세로열쇠

① 일정한 기간 동안 먹을 음식에 대한 계획표. 예 구내식당에 한 달 ○○○가 걸려 있다.

② 환율 변동에 따라 이익이 발생한 경우. 예 비싸진 달러를 팔면 ○○○을 볼 수 있다.

④ 땅속에 파묻어 접촉하면 터지도록 하는 폭탄.

⑤ 여우는 죽을 때 구릉을 향해 머리를 두고 초심으로 돌아감. 근본을 잊지 않는 마음, 또는 죽어서라도 고향 땅에 묻히고 싶어 하는 마음.

⑦ 의사 결정에 필요한 최소한의 출석수. 예 총회가 ○○○ 미달로 개최되지 못함.

⑨ 대나무로 둥글게 짜서 만든 여름 침구. 베개나 쿠션을 대신한다.

⑫ 사방이 겹겹이 둘러싸인 푸른 산. '춘향가' 판소리에 삽입된 곡 제목이다.

⑬ 짠맛을 내는 백색 결정체의 조미료.

⑭ 현재 정권을 잡지 않은 당. 반 여당

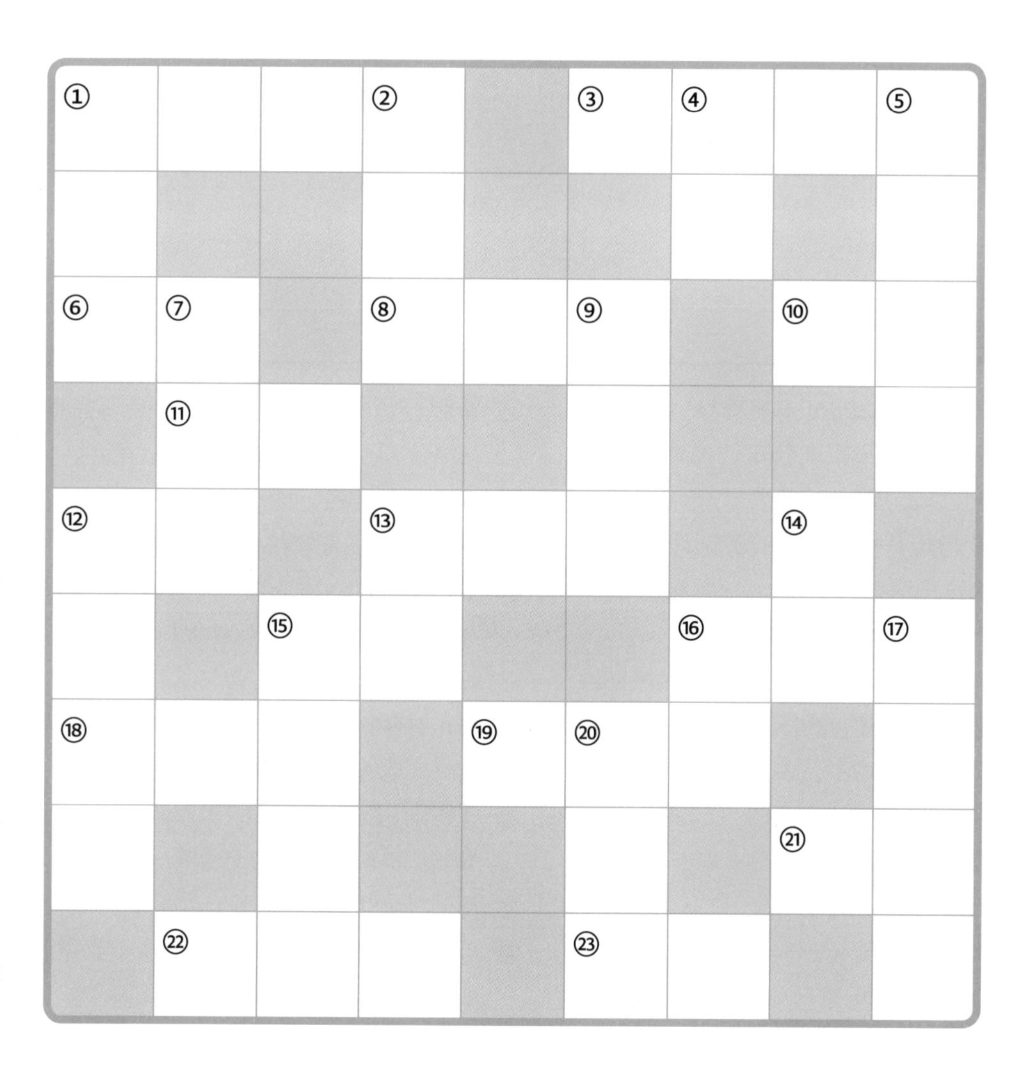

⑮ 한 손으로는 소리를 내기 어려움. 손뼉도 부딪쳐야 소리가 난다는 뜻. 비 독장불명

⑯ 해가 뜸. 비 해돋이 반 일몰

⑰ 황허강이 맑아지려면 백 년이 걸림. 아무리 바라고 기다려도 이뤄질 수 없는 일도 있다는 뜻.

⑳ 바둑에서 질 게 뻔하다고 판단했을 때 끝까지 가지 않고 도중에 기권하는 것. 집수를 계산하지 않은 패배라는 뜻. 예 이세돌은 알파고에게 3연속 ○○○를 당했다.

정답은 55쪽

20 년 월 일 요일

가로열쇠

① 왼쪽으로 돌아보면서 오른쪽으로 곁눈질함. 좌우를 살펴 빈틈없게 함. 또는 결정하지 못하고 망설이는 태도를 뜻함.

③ 바람 앞의 등불. 매우 위태로운 처지에 놓여 있다는 뜻.
예 국가의 운명이 ○○○○와 같다.

⑥ 월급 외의 수입. 예 직장인 ○○○ 수단으로 유튜브나 배달 알바가 뜨고 있다.

⑦ 출산 휴가의 준말.

⑨ 맥이 뜀. 비 맥동 예 심장 ○○ 확인했으니 살아있습니다.

⑩ 수건을 이르는 외래어.

⑪ 국가기관이나 공공단체의 직무를 맡아 일하는 사람. 비 공무원

⑬ 대중교통에서 노인들만 앉도록 마련된 좌석.

⑭ 밭에서 키우는 농작물을 지키기 위해 지은 막사. 예 ○○○에 둘러앉아 수박을 먹었다.

⑰ 회사 다니는 사람. 비 회사원
예 신입 ○○ 교육을 담당했습니다.

⑲ 주로 정치적인 이유로 자국의 위협을 피해 외국으로 피신함. 예 중국 재벌이 미국에 ○○ 신청을 했다.

⑳ 지구 전체가 한 마을 같다는 의미의 말.
예 ○○○을 덮친 코로나 팬데믹.

㉒ 율동적인 춤, 비트를 타는 것 같은 유연한 동작으로 상대를 공격하는 한국의 전통 무술.

㉕ 빠른 시간 안에 통증을 못 느끼게 하는 약.

㉖ 컴퓨터의 기억 장치에 들어가는 데이터 최대량을 나타내는 수치. 보통 바이트로 표시함.

세로열쇠

① 앉아서 먹기만 하면 산도 빈다. 아무리 산더미 같은 재산도 놀고먹으면 금세 없어진다는 뜻.

② 경기에서 최종적으로 1등을 차지함. 예 카타르 월드컵 ○○ 후보로 브라질이 꼽히고 있다.

③ 기후와 풍토, 물과 관계된 학설. 집이나 묏자리를 구할 때 방위나 지형의 좋고 나쁨을 이야기한다. 예 청와대 ○○에 관한 책이 날개 돋힌 듯 팔렸다.

④ 새 거주지로 옮겨 옴. 비 이사 반 전출
예 ○○ 신고는 인터넷으로도 할 수 있다.

⑤ 꽃 피는 아침과 달 밝은 밤. 경치가 좋아 나들이하기 좋은 봄과 가을을 표현하는 말.

⑥ 토지, 건물, 아파트 등 한자리에 고정되어 움직일 수 없는 재산.

⑧ 근로자가 직장을 잠시 쉬겠다고 제출하는 문서.

⑩ 점술에서 사용하는 서양 그림 카드. 78매가 한 조다.

⑫ 복숭아와 비슷하나 그보다 작고 신맛이 나는

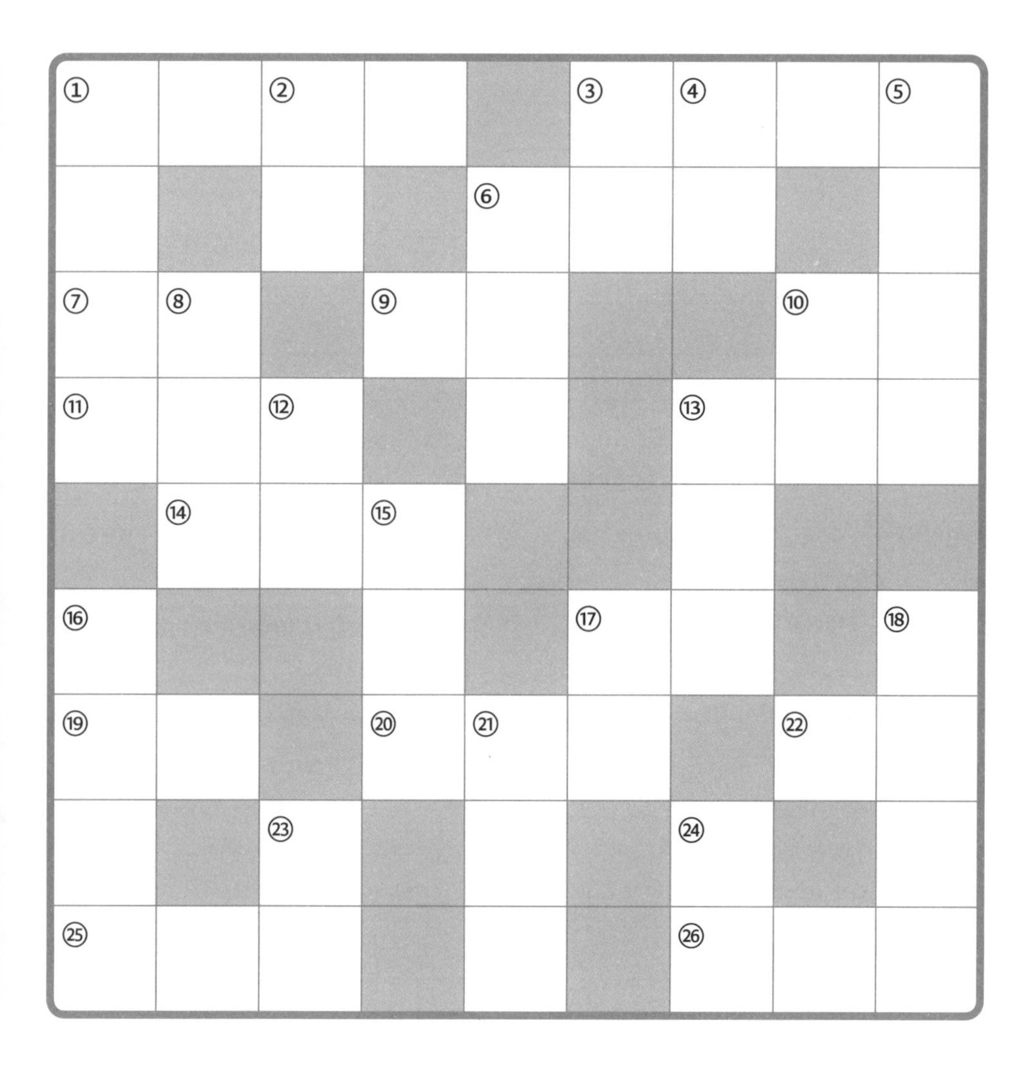

여름 과일. 말린 ○○를 프룬이라고 한다.

⑬ 위협으로부터 사람을 보호하고 안전을 지켜주는 일을 하는 전문직. 비 보디가드

⑮ 어떤 일의 마지막 단계. 예 여름 더위가 ○○○에 이르렀다.

⑯ 한 번의 그물질로 물고기를 모조리 잡음. 어떤 무리를 한꺼번에 잡는다는 뜻. 예 서울경찰청은 마약 밀매 조직을 ○○○○했다.

⑰ 아버지나 어머니의 친형제의 아들딸. 예 ○○이 땅을 사면 배가 아프다.

⑱ 만 리 앞을 내다봄. 통찰력과 예측력이 뛰어남을 가리키는 말.

㉑ 입이나 발로 그린 그림. 예 장애인의 날을 맞이해 ○○○ 체험을 했다.

㉓ 남을 높여 그 집 아들을 이르는 말. 비 아드님 예 ○○분이 몇이나 되나요?

㉔ 인절미 같은 찰떡을 만들 때 찐 쌀을 치는 메. 주로 나무망치 모양.

정답은 56쪽

20 년 월 일 요일

가로열쇠

① 달면 삼키고 쓰면 뱉음. 힘들 땐 실컷 이용하다가 불리해지면 가차 없이 버리는 행태.

④ 날이 가고 달이 깊어짐. 무언가 바라는 마음이 세월이 갈수록 더해진다는 뜻. 예 ○○○○ 당신만을 생각합니다.

⑧ 제주도, 울릉도, 하와이 등 화산 분출에 의해 생긴 섬.

⑩ 서울 신림동에서 경기 과천시에 걸쳐 있는 산. 신림동이 속한 구 이름에서 땄다.

⑪ 본래의 것과 성질이 다른 물질. 예 눈에 ○○○이 들어가서 눈물이 계속 흐르네요.

⑬ 선거에서 후보자가 자신의 공략을 선전하며 다님. 비 선전, 캠페인.

⑭ 발효시켜 시큼한 맛이 나는 우유. 요구르트도 여기에 속한다.

⑮ 주택 또는 특정 시스템의 유지, 보수를 위해 필요한 장비를 갖추는 것. 예 소방 ○○.

⑯ 해녀가 잠수해서 해산물을 따는 일.

⑱ 인터넷 홈페이지의 순우리말. '세상'을 뜻하는 말과 '집'의 조합.

⑳ 책 따위의 인쇄물을 발행하는 일을 업으로 하는 회사.

㉒ 악마 같은 수해. 예 ○○가 할퀴고 간 수해 피해 현장.

㉔ 앞뒤 안 따지고 무조건 믿음. 예 전문가 말을 ○○하지 마세요.

㉕ 손으로 뭔가 만드는 재주. 비 손재간, 솜씨.

㉖ 머리의 뒷부분. 예 여자들은 ○○○에도 눈이 달렸나 보다.

㉗ 산 중턱의 토양이 갑자기 무너져내리는 현상. 예 집중 호우로 우면산에서 ○○○가 발생했다.

㉘ 입으로 말함. 예 작가의 ○○을 받아 적다.

㉙ '특별검사'의 준말. 예 삼성 비자금 ○○, 주가조작 의혹 ○○.

세로열쇠

① 달콤한 말과 이로운 이야기. 예 왕은 신하들의 ○○○○을 주의해야 한다.

② 화면이나 그림의 선명도가 아주 높음. 예 ○○○ 무료 다운로드 가능.

③ 흙으로 된 산. 비 흙산, 민둥산.

⑤ 어떤 직책에서 예전에 있던 사람. 예 "○○이 명관이다."

⑥ 충북 제천에 있는 산. "정상 바위에 '달'이 걸리는 산"이라는 뜻.

⑦ 깊은 산 그윽한 골짜기. 사람 발길이 뜸한 산과 계곡이 어우러진 곳을 이르는 말.

⑨ 식물이나 해조류에 많고 소화되지 않고 빠져나가는 물질. 변비에 효과가 있다. 비 식이섬유

⑫ 액체로 된 비누.

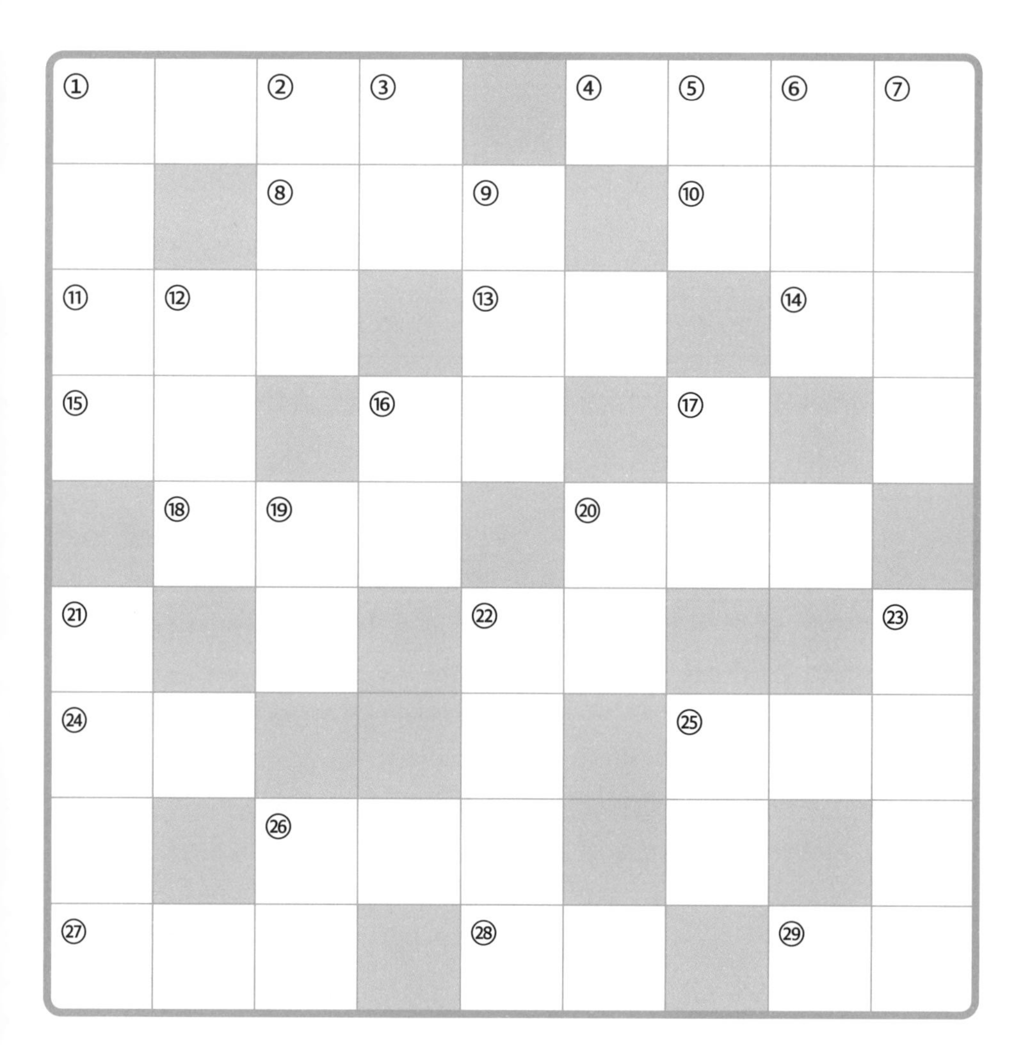

⑯ 피부층에 둥그렇게 부풀어 오르는 염증. 잘 맞지 않는 신발을 신었을 때, 화상을 입을 때 생긴다. 비 수포

⑰ 상품 홍보를 위해 특별하게 판매하는 일.
예 마트에서 농산물 ○○ 행사를 하고 있다.

⑲ 자동차 따위 값비싼 제품을 장기간 빌려서 사용하는 방식. 비 임대, 렌트.

⑳ 말을 타고 나감. 선거에 입후보한다는 뜻.
비 입후보

㉑ 사나운 개 때문에 술이 시어짐. 못된 한 사람 때문에 인재가 조직을 떠나는 현상을 일컬음.

㉒ 누구를 원망하고 누구를 탓하랴! 모두가 내 탓이라는 뜻.

㉓ 배에서 칼을 물에 빠트리고는 그 지점을 배에 표시해 칼을 찾아 나섬.

㉕ 타인의 물건을 망가뜨림. 비 기물파손
예 재물 ○○죄.

㉖ 뒤쪽에서 본 몸매. 예 ○○ 미인.

정답은 56쪽

20 년 월 일 요일

가로열쇠

① 잠시 모면하는 계책. 또는 부녀자나 아이가 꾸미는 계책. 임시방편을 취하는 태도를 이름. 참 "눈 가리고 아웅" 비 미봉책.

④ 곁에 아무도 없는 것처럼 행동함. 비 안하무인

⑦ 물이 빠져나가는 구멍. 참 하수구 예 싱크대 ○○○에서 악취가 올라온다.

⑨ 감시하는 사람.

⑩ 한국 문화가 외국에서 유행하는 현상. 예 K-팝, K-뷰티 등에서 ○○ 바람이 불고 있다.

⑪ 예로부터 민중들 사이에서 전해오는 노래. 보통 지역 이름이 붙는다. 예 경기 ○○, 강원 ○○, 제주 ○○.

⑫ 물거품을 달리 이르는 말. 비 부말

⑭ 실을 열 십(+) 자 모양으로 놓는 서양식 생활 수예.

⑯ 비정상가로 물건 매매가 이루어지는 불법 시장. 암표나 짝퉁 따위가 거래됨. 비 블랙마켓

⑱ 공중을 날아다님. 비 비상

⑳ 아내의 오빠나 남동생을 지칭하는 말. 아내의 오빠에겐 보통 '형님'이라고 부른다.

㉑ 자식된 도리를 하지 못함. 어버이를 잘 섬기지 못함.

㉒ 바다에서 나는 동식물을 이르는 말. 비 수산물

㉓ 어떤 일을 거들어주기 위해 고용되거나 봉사하는 사람. 예 가사 ○○○, 행사 ○○○.

㉔ 계급이나 지위가 낮은 사람이 규율을 무시하고 윗사람의 지위에 도전하는 행위. 예 군대 ○○○ 범죄의 대표적인 예는 상관 모욕죄다.

㉕ 나이보다 어려 보이는 얼굴. 반 노안

세로열쇠

① 쓴 것이 다하면 단 것이 온다. "고생 끝에 낙이 온다."는 뜻.

② 영업에 관해 일체의 책임을 맡은 최고 책임자. 예 호텔 ○○○, 식당 ○○○, 객실 ○○○.

③ 수를 계산함. 예 승무원은 탑승객이 총 몇 명인지 ○○했다.

⑤ 정식 명칭을 간략히 줄임. 머리글자만 따기도 함. 비 줄임말 예 코로나바이러스감염증-19는 ○○인 코로나19로 더 많이 불린다.

⑥ 어진 사람은 산을 좋아한다. 예 "자왈, 지자요수 ○○○○."

⑧ 조선 말에서 대한제국까지의 시기를 이르는 말. 구한국 + 왕조의 말기를 뜻함.

⑫ 야구에서 타자 옆에 쭈그려 앉아 투수와 공을 주고받는 사람.

⑬ 상품이 시장에 나오기 시작함. 예 그 제품은

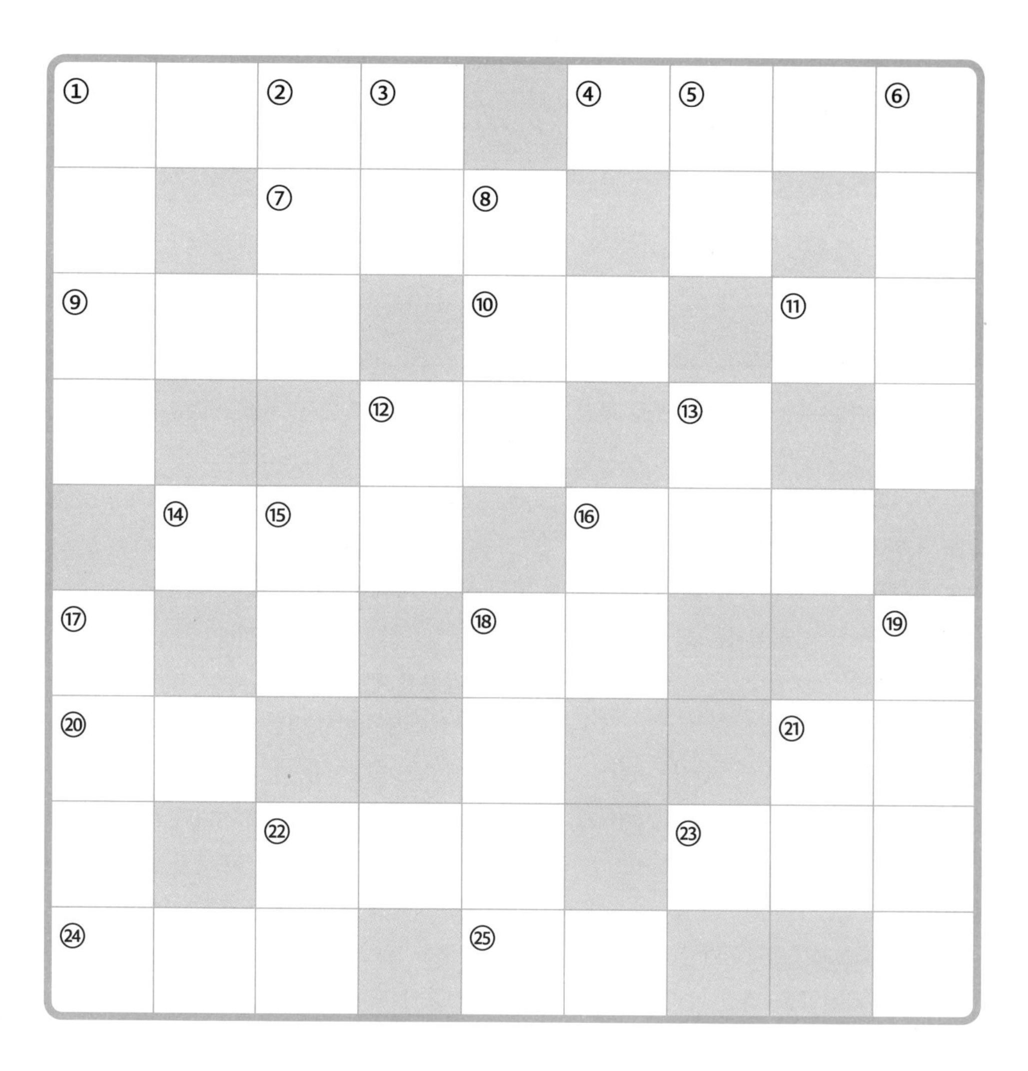

하반기에 ○○될 예정입니다.

⑮ 자기 힘으로 살아감.
예 기초생활 수급자 ○○을 돕는 사업.

⑯ 특정 목적이 있어서 자기 정체를 숨기고 돌아다님. 예 ○○어사 출두요!

⑰ 엄한 처를 모시고 삶. 아내에게 꽉 쥐여사는 남편을 이르는 말. 참 공처가

⑱ 예의에 맞지 않으면 움직이지 말라.

⑲ 범죄했으나 결과가 발생하지 않은 경우를 이르는 말. 자원을 투입해 실행했으나 성과가 없다는 뜻으로도 쓰임.

㉑ 처지가 딱하고 어려움. 예 수익금 전액을 ○○ 이웃돕기 성금으로 기부했다.

㉒ 바다의 위. 예 ○○ 경찰, ○○ 교통.

정답은 56쪽

20 년 월 일 요일

가로열쇠

① 입은 재앙을 불러들이는 문. 말을 함부로 하면 화를 입기 쉽다는 뜻.

④ 들어갈수록 경관이 더욱 아름다워짐. 하는 짓이 갈수록 꼴불견이라는 뜻으로 많이 사용됨.
비 가관 예 국회 모습이 ○○○○이다.

⑦ 물의 작은 덩이. 물이 떨어지는 모양이 방울 같다 하여 붙인 이름.

⑨ 간 기능을 주도하는 세포.

⑩ 야구에서 배트를 휘둘러 공을 때리는 사람.

⑪ 산업재해의 준말. 예 일용직도 ○○ 처리가 가능합니다.

⑫ 새 종류의 주둥이를 달리 이르는 말.
예 새○○형 마스크가 유행이다.

⑬ 하루아침에 일확천금을 얻길 바라는 마음.
예 로또는 ○○○을 조장한다는 비판이 있다.

⑮ 세금을 매기지 않음. 예 ○○○ 저축상품.

⑱ 시각장애인용 문자. 손가락으로 더듬어 읽는다.

⑲ 어떤 일을 하는 데 바탕이 되는 돈 혹은 기술.
예 장사 ○○을 마련했다.

㉑ 스포츠에서 승리한 비율.
예 팀 ○○이 5할 이상이다.

㉓ 전분으로 된 피와 각종 채소, 고기 따위를 겨자 소스에 비벼서 먹는 중국 요리.

㉕ 가죽으로 만든 신. 비 갖신

㉖ 서울 시청 앞에 있는 조선시대의 궁궐. 경운궁에서 이름이 바뀌었다. 예 ○○○ 돌담길을 연인이 함께 걸으면 헤어진다는 속설이 있다.

㉗ 쓸수록 닳아 없어지는 제품. 프린터 잉크, 볼펜, 종이, 배터리 따위.

세로열쇠

① 나라를 구하는 방패와 성. 믿음직한 군인 또는 인물을 가리킴. 예 그는 우리나라를 지킬 ○○○○ 같은 인물이다.

② 온갖 종이류를 판매하는 점포. 도배, 장판 등의 업무를 한다.

③ 학용품과 사무용품을 통틀어 하는 말.

⑤ 낚시질할 때 물고기가 미끼를 건드리는 일.
예 몇 시간째 ○○만 오고 한 마리도 못 낚았다.

⑥ 재주는 있으나 경박한 사람.

⑧ 풀이나 나무를 엮어 만든 담장 혹은 경계선.
비 담, 펜스, 울.

⑫ 운동 경기에서 주심을 보좌하는 심판.

⑭ 고정된 점포 없이, 여기저기 돌아다니며 물건을 파는 상인. 비 보부상
예 역 주변에 ○○들이 죽 늘어서 있다.

⑮ 비밀 자금의 준말. 보통 기업에서 세금 탈취 목적으로 몰래 조성한다.

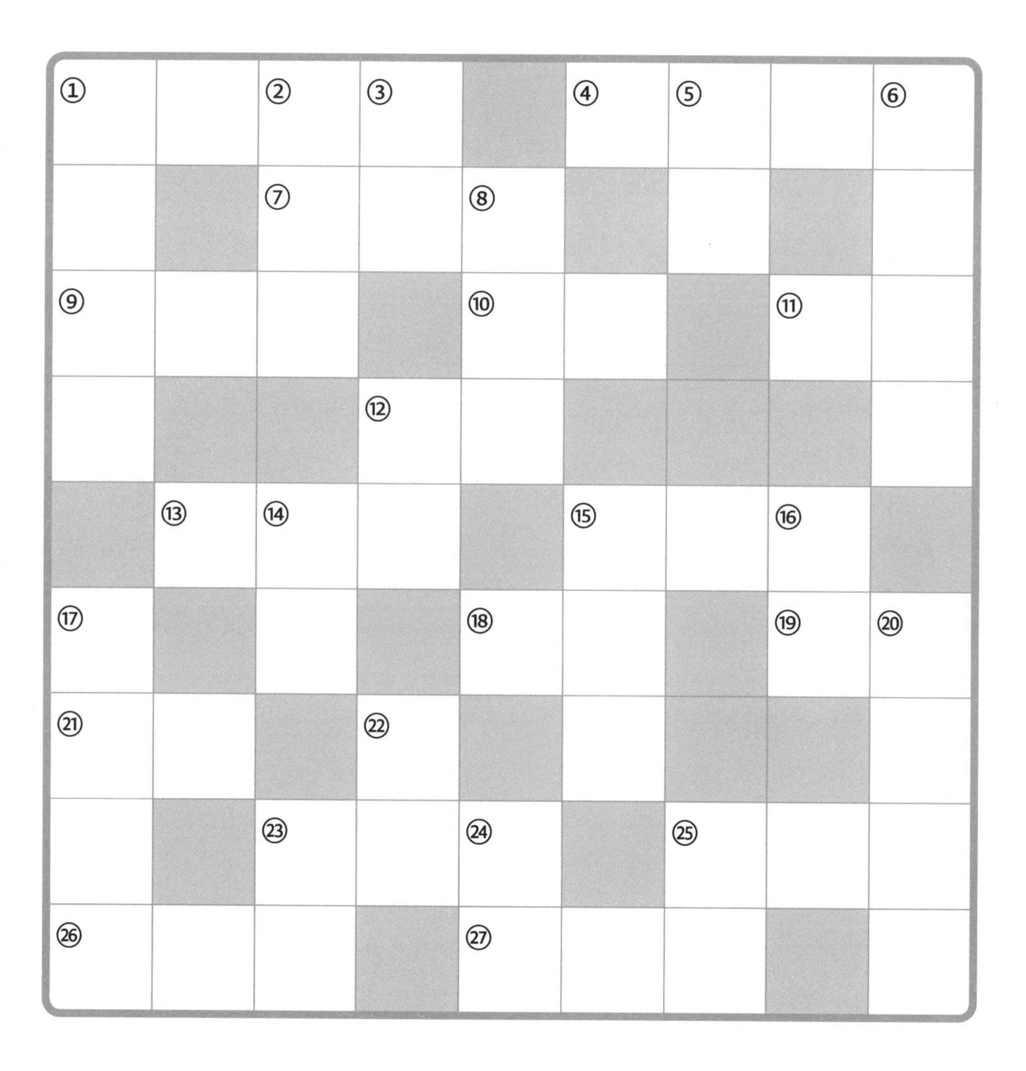

⑯ 한 해가 끝날 무렵. 보통 설을 앞둔 시점을 말한다. 비 설밑, 연말.

⑰ 재주는 뛰어나지만 덕은 부족함. 학식은 높으나 인품이 부족한 사람을 일컫는 말. 참 천재불용

⑳ 하늘이 돕고 신이 돕는다. 우연한 도움으로 위기를 벗어난다는 뜻. 비 구사일생, 기사회생.

㉒ 느릿느릿 꾸물거리는 태도. 예 ○○ 부리다 기차를 놓쳤다.

㉓ 서양식 활 경기. 우리나라가 세계 최고다. 참 국궁

㉔ 고소를 당함.
예 억울하게 사기죄로 ○○된 연예인.

㉕ 가짜인 물품. 명품의 짝퉁을 뜻함.
예 이 핸드백은 ○○으로 판명되었습니다.

정답은 56쪽

20 년 월 일 요일

가로열쇠

① 태산을 알아보지 못함. 인재를 곁에 두고도 그의 진가를 모른다는 뜻.

④ 오이밭과 오얏나무 밑. 오해를 살만한 불필요한 행동은 하지 말라는 뜻.

⑦ 도체와 부도체의 중간 정도의 물질. 컴퓨터를 비롯 거의 모든 전자기기에 들어가는 필수 재료.

⑨ 곡하는 소리. 비 곡소리

⑪ 정규직이 아닌 실습 과정의 사원. 의사 면허를 받은 후 임상 실습을 받는 전공의.

⑫ 담배를 끊음. 혹은 담배를 못 피우게 함.

⑬ 외국 상품을 중개 상인 없이 바로 수입함. 예 해외 자동차를 ○○○했다.

⑮ 근로 기간이 정해진 근로자. 비 계약직 예 ○○○ 교사로 일하고 있다.

⑯ 나라 소유의 토지. 비 공유지 반 사유지

⑱ 윗사람이 세상을 떠남. 비 작고, 서거.

⑲ 마음이 느끼고 크게 움직임. 비 감명 예 ○○적인 순간이었다.

㉑ 적게 먹음. 예 장수하는 사람들은 대부분 ○○가였다.

㉓ 녹두로 쑨 묵을 이르는 말. 예 "녹두꽃이 떨어지면 ○○ 장수 울고 간다."

㉕ 유도 기능을 탑재한 로켓 무기. 비 유도탄 예 북한이 탄도 ○○○을 8발 발사했다.

㉗ 일상생활에 필요한 온갖 물건을 파는 상인 또는 그런 가게.

㉘ 서울 종로구 동숭동 일대의 도로명. 극장들이 즐비하며 방송통신대학교가 있다.

㉙ 책을 읽은 후의 느낌. 예 전국 어린이 ○○○ 대회가 열렸다.

세로열쇠

① 굽음과 곧음을 묻지 아니함. 잘잘못을 따지지 않고 다짜고짜 행동부터 한다는 뜻. 예 ○○○○하고 화내며 욕설을 내뱉었다.

② 임신 중 자궁에 발생하는 조직으로 태아가 성장할 수 있게 보호하는 기관.

③ 용액이 지닌 산의 세기. 예 ○○가 높아서 신맛이 강하다.

⑤ 전쟁을 함께 치른 벗. 같은 부대에서 군 생활을 한 사람을 일컫기도 한다.

⑥ 억울하거나 잘못된 일을 누군가에게 이야기함. 예 억울한 누명이라며 친구에게 ○○○했다.

⑧ 동일한 메이커 제품을 여러 지점에서 경영하는 점포. 맥도널드, 피자헛, 각종 편의점들이 대개 이런 형태로 운영되고 있다. 참 프랜차이즈

⑩ 특정 상품 또는 서비스의 수요가 가장 많은 시기. 비 한철 예 여름 휴가 ○○○를 맞아 항공업계가 분주하다.

①		②	③		④	⑤		⑥
		⑦		⑧				
⑨	⑩			⑪			⑫	
⑬		⑭						
	⑮				⑯			
⑰				⑱			⑲	⑳
㉑			㉒		㉓	㉔		
		㉕		㉖		㉗		
㉘				㉙				

⑫ 지금과 옛날에 대한 감정. 예전 모습을 떠올리며 세월의 무상함을 이르는 말.

⑭ 문에 붙이는 간판 외에 가게 앞에 두는 간판. 스탠드형, 배너형 등이 있다.

⑯ 내국세 징수를 전담하는 정부 기관. 지방세와 관세는 제외.

⑰ 작은 일에도 능하고 큰일에도 능통함. 어떤 일이든 잘 풀어가는 사람을 가리킴.

⑳ 같은 병을 앓는 사람끼리 서로 불쌍히 여김.

㉒ 뜻밖의 재앙으로 죽음. 예 비명○○를 당하다.

㉔ 음식을 많이 먹어 배가 가득 찬 느낌. 예 조금 먹어도 ○○○ 있는 음식.

㉕ 한번 들어가면 빠져나오기 어려운 길. 비 미궁 예 ○○ 찾기 게임.

㉖ 한 번 읽음. 예 일주일에 ○○하는 독서 습관.

정답은 57쪽

20 년 월 일 요일

가로열쇠

① 안 좋은 점을 보면서 "나는 저렇게 되지 말아야지."라는 깨달음을 얻음. 참 타산지석

④ 주머니 속의 송곳. 인재는 아무리 숨어있어도 저절로 드러나게 마련이라는 뜻.

⑦ 바깥귀의 길에 생기는 염증. 반 내이염

⑨ 값을 나중에 치르는 제도.
예 교통카드는 기본적으로 ○○○다.

⑪ 설탕 따위 단맛 나는 고체를 끓였다가 식혀 굳힌 과자. 예 막대 ○○, 눈깔 ○○, 알 ○○.

⑫ 시부모를 잘 섬기는 며느리.

⑭ 제품의 사용법을 설명한 문서. 비 매뉴얼

⑮ 식물성 식품 위주로 섭취하는 식습관.
반 육식

⑲ 어리석은 질문에 현명한 대답.
비 "개떡같이 말해도 찰떡같이 알아듣는다."

㉑ 서울의 전 이름. 일제강점기 때 서울의 명칭.

㉓ 해발고도가 높고 한랭한 지역. 예 ○○○ 배추는 여름철에 신선한 김치 재료로 이용된다.

㉔ 회사를 그만두겠다는 뜻을 적어낸 문서.
비 사직서

㉖ 비행기 안에서 제공되는 식사 또는 간식.

㉘ 어음(수표) 금액이 지급되어야 할 지역. 시, 읍, 면 등을 말함.

㉙ 권력자의 배후에서 은밀히 실제 권한을 행사하는 자. 예 ○○ 실세가 개입했다는 의혹.

㉚ 아홉 가지 음식을 한 접시에 담아낸 전통요리. 가운데에 있는 밀전병에 둘레의 음식을 싸서 먹는다.

세로열쇠

① 까마귀 새끼가 자라서 늙은 어미에게 먹을 것을 물어다 줌. 어버이의 은혜에 보답하는 지극한 효성을 뜻함.

② 도시의 주변 지역. 비 근교 예 ○○체험학습 허점이 드러난 사건.

③ 죽은 다음에야 그만둠. 절대 그만두지 않겠다는 비장한 각오를 나타낼 때 쓴다.

⑤ 삼복더위 중 가운데 드는 복날.

⑥ 미꾸라지를 푹 고아서 우거지 따위를 넣고 된장으로 간을 한 요리.

⑧ 불경을 외는 일. 예 ○○보다 잿밥.

⑩ 쌓인 눈을 치우는 일. 예 폭설 퇴근길 ○○차는 안 왔다.

⑪ 4개의 서와 3개의 경. 성리학의 주요 경전.

⑬ 갚아야 할 빚. 대출금, 할부금 따위. 비 채무

⑯ 소를 잡아먹을 만한 기상. 어려서부터 크게 될 재목을 뜻함.

⑰ 황제나 국왕 등 지체 높은 사람을 만나는 일.

①		②	③		④	⑤		⑥
		⑦		⑧				
			⑨		⑩		⑪	
⑫	⑬				⑭			
	⑮	⑯		⑰				
⑱		⑲			⑳		㉑	㉒
㉓					㉔	㉕		
		㉖		㉗		㉘		
㉙				㉚				

예 교황님을 ○○하는 법.

⑱ 눈은 높고 손은 낮음. 이상은 높으나 실력은 비천한 사람을 일컬음. 비 안고수저

⑳ 현장에 가서 직접 보고 조사함.

㉒ 남의 아름다운 점을 도와 이루어지게 함. '군자'는 남의 장점을 발견하고 꽃피우게 하는 사람이라는 뜻.

㉕ 어떤 사실을 표시해 설치한 판.
예 공사 안내 ○○○, 주차금지 ○○○.

㉗ 밥을 같이 먹는 사람. 비유적으로 함께 일하는 직장 동료를 이르기도 함. 비 가족

정답은 57쪽

Round 2 정답

정답 11-14회

11회

①매	점	②매	석		③호	연	④지	⑤기
검		립		⑥동			⑦공	복
⑧매	⑨제			⑩가	계	⑪약		염
⑫우	세		⑬둥	지		⑭자	⑮전	거
	⑯지	연		⑰구	⑱면		람	
⑲노	재				세		⑳회	㉑담
기		㉒데		㉓노	점	㉔상		하
충		㉕미	나	리		㉖호	신	용
㉗천	리	안		㉘개	꿈			이

13회

①십	시	②일	반		③자	승	④자	⑤박
전		대		⑥국	격		⑦모	이
⑧구	⑨더	기			⑩지	척		부
⑪도	구		⑫눈	⑬부	심		⑭수	정
	⑮나	⑯비		녀			주	
⑰반		⑱만	⑲찬	회		⑳꼭	대	㉑기
㉒목	㉓상		장				㉔토	사
㉕질	투	㉖심		㉗자	유	㉘투		회
시		㉙사	진	발		㉚자	취	생

12회

①노	마	②지	③지		④심	기	일	⑤전
당		⑥상	하		경			자
⑦익	⑧사		⑨철	⑩선		⑪자	구	책
⑫장	본	⑬인		⑭불	로	초		
		⑮체	⑯납	금		지		⑰백
⑱수			치		⑲면	종	복	배
⑳오	륜	㉑기		㉒민	박			사
지		㉓분	㉔실	물		㉕친	㉖고	죄
㉗심	심	파	적				조	

14회

①식	자	우	②환		③부	④지	기	⑤수
단			차			뢰		구
⑥표	⑦정		⑧익	반	⑨죽		⑩잡	초
	⑪족	보			부			심
⑫만	수		⑬소	작	인		⑭야	
첩		⑮고	금			⑯일	당	⑰백
⑱청	첩	장		⑲팔	⑳불	출		년
산		난			계		㉑영	하
	㉒방	명	록		㉓패	지		청

15회

①좌	고	②우	면		③풍	④전	등	⑤화
식		승		⑥부	수	입		조
⑦산	⑧휴		⑨박	동			⑩타	월
⑪공	직	⑫자		산		⑬경	로	석
	⑭원	두	⑮막			호		
⑯일			바		⑰사	원		⑱명
⑲망	명		⑳지	㉑구	촌		㉒택	견
타		㉓자		족		㉔떡		만
㉕진	통	제		화		㉖메	모	리

17회

①고	식	②지	③계		④방	⑤약	무	⑥인
진		⑦배	수	⑧구		칭		자
⑨감	시	인		⑩한	류		⑪민	요
래			⑫포	말		⑬출		산
	⑭십	⑮자	수		⑯암	시	장	
⑰엄		활		⑱비	행			⑲결
⑳처	남			례			㉑불	효
시		㉒해	산	물		㉓도	우	미
㉔하	극	상		㉕동	안			수

16회

①감	탄	②고	③토		④일	⑤구	⑥월	⑦심
언		⑧화	산	⑨섬		⑩관	악	산
⑪이	⑫물	질		⑬유	세		⑭산	유
⑮설	비		⑯물	질		⑰특		곡
	⑱누	⑲리	집		⑳출	판	사	
㉑구		스		㉒수	마			㉓각
㉔맹	신			원		㉕손	재	주
주		㉖뒤	통	수		괴		구
㉗산	사	태		㉘구	술		㉙특	검

18회

①구	화	②지	③문		④점	⑤입	가	⑥경
국		⑦물	방	⑧울		질		박
⑨간	세	포		⑩타	자		⑪산	재
성			⑫부	리				자
	⑬사	⑭행	심		⑮비	과	⑯세	
⑰재		상		⑱점	자		⑲밑	⑳천
㉑승	률		㉒늑		금			우
박		㉓양	장	㉔피		㉕가	죽	신
㉖덕	수	궁		㉗소	모	품		조

19회

①불	식	②태	③산		④과	⑤전	이	⑥하
문		⑦반	도	⑧체		우		소
⑨곡	⑩성			⑪인	턴		⑫금	연
⑬직	수	⑭입		점			석	
	⑮기	간	제		⑯국	유	지	
⑰능		판		⑱별	세		⑲감	⑳동
㉑소	식		㉒횡		㉓청	㉔포		병
능		㉕미	사	㉖일		㉗만	물	상
㉘대	학	로		㉙독	후	감		련

20회

①반	면	②교	③사		④낭	⑤중	지	⑥추
포		⑦외	이	⑧염		복		어
지			⑨후	불	⑩제		⑪사	탕
⑫효	⑬부		이		⑭설	명	서	
	⑮채	⑯식		⑰알			삼	
⑱안		⑲우	문	현	⑳답		㉑경	㉒성
㉓고	랭	지			㉔사	㉕표		인
수		㉖기	내	㉗식		㉘지	급	지
㉙비	선			㉚구	절	판		미

알수록 재미있는 고사성어

- **낭중지추:** 주머니 낭(囊) 가운데 중(中) 갈 지(之) 송곳 추(錐)로 이루어진 고사성어입니다. 겉뜻은 "주머니 속의 송곳"이고, 속뜻은 "출중한 재능은 감출 수 없으며 언제든 세상에 드러난다."입니다.

중국 전국시대 조나라 모수라는 인재 이야기입니다. 초나라와의 전쟁 때 상관 평원군은 문무 양면으로 뛰어난 인재 20명을 모으려 했으나 수가 차지 않아 고민에 빠졌습니다. 모수는 평원군에게 자신을 발탁하라고 나섰지만, 평원군은 "낭중지추"라며 3년간 그를 봐왔으나 실력을 보지 못했다며 거부했죠. 그러자 모수는 "제가 일찍부터 선생의 주머니 속에 있었다면 송곳 끝뿐만 아니라 자루까지도 삐져나왔을 것입니다."라며 그를 설득했습니다.

결국 모수로 인해 조나라는 초나라와의 협상에 성공했습니다. 모수는 자신을 무시했던 평원군의 사과를 받아냈을 뿐만 아니라 나라의 인재로 인정도 받았습니다.

Round 3 문제

20 년 월 일 요일

가로열쇠

① 얼굴로써 사람을 취함. 겉모습으로 사람을 평가한다는 뜻. 예 공자 왈 "○○○○, 실지자우(자우에게 실수했다)."

④ 자기 도끼에 제 발등이 찍힘. 자기 일을 자기가 망친다는 뜻. 비 자승자박, 자부작족.

⑦ 재산에 대해 부과하는 세금. 비 자산세

⑨ 어떤 물체의 무거운 정도. 비 중량

⑩ 조상의 산소를 찾아감.
예 추석을 맞아 ○○를 갔다.

⑫ 특정 직업에 종사함으로써 생기는 병.
예 목소리 질환은 교사들의 흔한 ○○○이다.

⑭ 눈으로 직접 봄. 비 목도
예 교통사고 ○○자의 제보를 기다리고 있습니다.

⑰ 식물의 씨앗, 동물의 품종을 이르는 말.
예 버섯 ○○, 장미 ○○, 파프리카 ○○.

⑲ 달 같은 문장, 별 같은 구절. 글이 훌륭하고 아름답다는 뜻.

㉒ 이성에게 사랑을 구함. 예 끈질긴 ○○ 끝에 결혼에 골인했다.

㉔ 야외에 나가 천천히 걷는 운동. 비 산보
예 동네 한 바퀴를 ○○하다.

㉕ 잠시 중단되었던 회의를 다시 열다. 예 징계위원회가 오늘 오전 과천 청사에서 ○○되었다.

㉖ 귀금속의 순도를 측정하는 데 사용되는 암석. 어떤 역량을 알아보는 기준을 비유적으로 말함. 예 이번 선거는 미래 한국의 ○○○이다.

㉘ 주변에 끼치는 피해. 예 지하철에서 마스크를 벗고 있는 것은 ○○를 끼치는 일이다.

㉙ 어휘를 마음대로 부리는 능력. 예 가로세로 낱말퍼즐은 ○○○ 향상에 도움이 됩니다.

㉚ 두 가지의 고통이 한꺼번에 겹침. 예 그는 가난과 병마의 ○○○에 시달리고 있다.

세로열쇠

① 입은 다르나 목소리는 같음. 예 ○○○○○으로 추천하는 맛집.

② 기자가 글을 쓰는 데 필요한 재료를 취합해 얻음. 예 구름떼 같은 ○○진이 몰려오다.

③ 사람이 무수히 많이 모인 것이 마치 산과 바다 같음.

⑤ 본업 외에 따로 갖는 직업. 비 아르바이트
예 주말에 ○○으로 배달일을 하고 있다.

⑥ 잔털이나 가시를 뽑는 작은 기구. 비유적으로 사실을 정확하게 지적해 잘 알아맞히는 능력을 가진 사람을 일컬음. 예 ○○○ 과외 선생님.

⑧ 돈을 받고 벼슬을 파는 행위. 비 매관매직

⑨ 병도 없는데 스스로 뜸을 뜨다. 불필요한 노력으로 에너지를 낭비하는 것을 이르는 말.

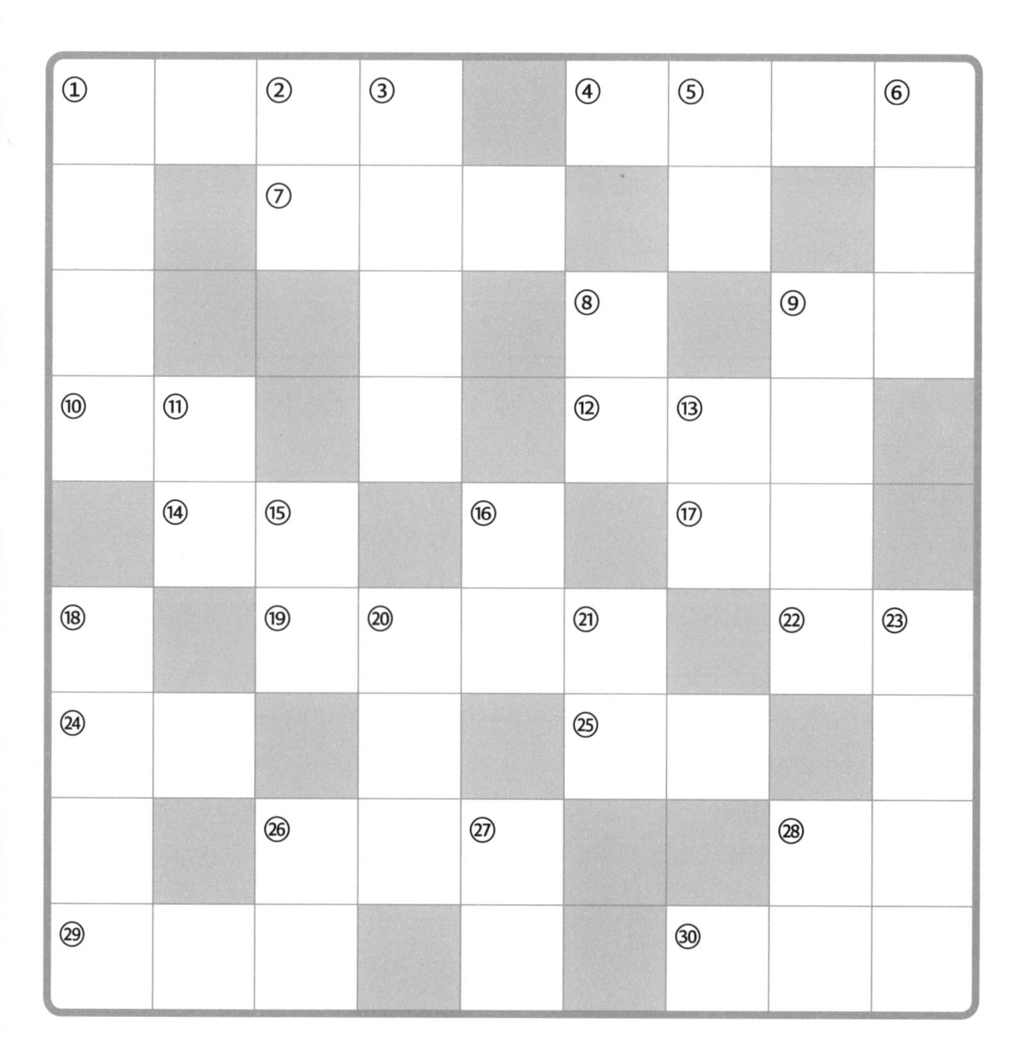

⑪ 조금 키운 어린 나무. 예 베란다에 방울토마토 ○○을 심었더니 금세 자랐다.

⑬ 직업이나 영업의 종류. 예 ○○을 변경했더니 장사가 잘된다.

⑮ 한 달을 거름. 예 여름철 도시가스 검침은 ○○로 이루어진다.

⑯ 같은 약을 오래 복용하면 약효가 떨어지는 현상. 예 진통제 자주 먹으면 ○○이 생김.

⑱ 산 위에서 물고기를 찾음. 도저히 불가능한 일을 무리하게 시도함을 이르는 말.

⑳ 학업을 장려하기 위해 학생에게 주는 돈. 예 국가○○○ 혜택.

㉑ 투수가 던지는 공의 속도. 예 그 투수의 평균 ○○은 145㎞이다.

㉓ 헌 바지도 남에게 그냥 주기를 아까워함. 작은 물건이라도 줄 만한 사람에게 줘야 한다는 뜻.

㉖ 사물을 인식하는 눈의 능력.

㉗ 돌에 핀 꽃이라는 뜻으로 굴 종류를 뜻함.

㉘ 일반 국민, 일반 대중을 뜻하는 말. 예 경찰을 "○○의 지팡이"라고 부른다.

정답은 81쪽

20 년 월 일 요일

가로열쇠

① 어부의 이득. 엉뚱한 사람에게 이득이 돌아간다는 뜻. 반 "고래 싸움에 새우 등 터진다."
예 우크라이나 전쟁으로 중국이 ○○○○ 획득.

③ 오랫동안 반복해 몸에 밴 행동. 비 습관
예 "세 살 ○○ 여든 간다."

⑤ 골프 선수의 가방을 메고 선수를 시중 드는 사람.

⑥ 부부로서의 짝. 비 배우자

⑦ 비행기 조종사를 이르는 외래어.

⑨ 무성영화 시대에 관객들 앞에서 영화 내용을 설명하는 사람. 비 연사, 해설자.

⑪ 노동자, 사용자, 정부를 아울러 이르는 말.
예 서울지하철 ○○○ 대타협.

⑫ TV나 라디오 프로그램의 특별 초대 손님.
예 예능 프로그램에 ○○○로 참석하다.

⑬ 대기하는 사람들의 순서를 알려주는 표.
예 맛집은 손님이 많아 ○○○를 준다.

⑮ 카페 안에 다양한 책을 비치해 고객이 무료로 볼 수 있도록 한 곳.

⑰ 신문, 잡지 등 정기간행물의 맨 첫 번째 호.

⑲ 자신을 가르쳐서 인도해준 사람. 예 ○○의 은혜에 감사하는 ○○의 날.

㉑ 젖을 떼는 아기에게 주는 부드러운 음식.

㉒ 특허권, 상표권, 저작권 등 산업재산권 전반에 걸친 지식을 갖춘 국가 공인 전문가.

세로열쇠

① '어'자와 '로'자를 구분하지 못함. 매우 어리석은 사람을 가리킴.

② 지상에서 송신된 전파로 방송하는 TV, 라디오 채널. 참 공중파
예 KBS, MBC, SBS를 ○○○ 3사라 한다.

③ 골프에서 기준 타수보다 한 타 적게(-1타) 홀에 공을 넣는 것. 반 보기(+1타)

④ 일은 반드시 옳은 이치대로 돌아감. 뿌린 대로 거둔다는 뜻. 비 인과응보

⑤ 보석 무게의 단위. 예 다이아몬드 1○○은 셔츠 단추 크기만 합니다.

⑧ 뭔가에 얽힌 흥미로운 이야기. 비 에피소드
예 최고상을 수상한 이후 그의 숨은 ○○들이 쏟아져 나왔다.

⑩ 물건값이 오를 것을 예상해 필요 이상으로 많이 사두는 것. 판매지수를 높이기 위해서도 사용함. 예 식료품 ○○○, 음원 ○○○.

⑪ 공책이라는 뜻의 영어. 공책 크기의 휴대용 컴퓨터를 가리킴.

⑬ 큰 부분은 같으나 작은 부분은 다름. 큰 차이

①		②			③			④
				⑤			⑥	
		⑦	⑧					
⑨	⑩					⑪		
				⑫				
⑬		⑭				⑮		⑯
		⑰		⑱				
				⑲			⑳	
㉑						㉒		

없이 거의 같다는 뜻. 참 "도토리 키 재기."

⑭ 좋은 성과에 대해 널리 알려 칭찬함. 증서나 메달을 준다. 예 구청장은 우수 자원봉사자들에게 ○○장을 수여했다.

⑯ 영국 화폐의 단위로 100분의 1파운드. 복수형은 펜스. 영어권에서는 잔돈을 뜻하기도 함.

⑱ 호텔에 비해 저렴한 숙박업소. 비 게스트하우스 예 유스○○○.

⑳ 짐승, 새, 벌레 따위를 세는 단위. 예 구제역으로 돼지 수백 ○○ 살처분.

정답은 81쪽

20 년 월 일 요일

가로열쇠

① 전에도 없었고 후에도 없음. 독보적인 것을 가리킬 때 쓰는 표현. 예 ○○○○한 기록으로 올림픽 금메달을 땄다.

③ 사실 그대로 고함. 비 실토
예 거짓말하지 말고 당장 ○○○○해라.

⑥ 골수에 균이 침입해 생긴 염증.

⑦ 글이나 상황의 정확한 의미 또는 상태를 헤아리는 것. 비 해독
예 비디오 ○○ 결과 노골이 선언되었다.

⑧ 깊은 산속 바위에서 채취한 꿀.

⑩ 영업을 시작함. 예 올여름 전국 해수욕장이 3년 만에 전면 ○○한다.

⑪ 땅속에 있는 마그마가 폭발해 생긴 지형. 제주도 한라산, 울릉도 성인봉이 예다.

⑫ 사람의 근본은 부지런함에 있음. 성실함이 가장 중요한 덕목이라는 뜻.

⑮ 임기가 만료됐음에도 그 직위에 그대로 머무는 것. 예 국방부장관 ○○이 결정되었다.

⑯ 삽으로 땅을 파다. 별 성과 없이 헛된 일을 하는 것을 이르기도 함. 예 괜히 ○○하지 말고 제 설명을 잘 들으세요.

⑰ 스포츠가 직업인 사람. 비 스포츠맨
예 마라톤 ○○, 야구 ○○, 축구 ○○.

⑲ 국제결혼을 통해 만들어진 다양한 문화.
예 어머니가 중국인, 아버지가 한국인인 ○○○ 가족입니다.

㉑ 물건을 구입하고 돈을 지불했다는 증서. 예 환경을 위해 종이 대신 전자 ○○○을 받으세요.

㉔ 개인 자신이 직접 운영하는 사업. 예 퇴직 후 ○○○ 창업을 계획하고 있다.

㉕ 땅속에 존재하는 물. 우물이나 약수 따위.

㉖ 생선을 소금에 절인 반찬. 예 고등어 ○○ 구이.

㉗ 외국과 정치, 경제 등 다방면에서 관계를 맺는 일. 예 미국이나 중국에 예속되지 않는 자주 ○○가 필요하다.

세로열쇠

① 번갯불이나 부싯돌의 빛. 아주 민첩한 동작을 가리킴. 예 법이 국회에서 ○○○○처럼 통과되었다.

② 뼈가 없이 좋은 사람. 모난 부분 없이 온순한 사람. 혹은 줏대 없는 사람.

③ 염색된 물감이 한쪽에서 다른 쪽으로 번짐. 예 흰옷은 세탁 시 ○○될 수 있으니 단독 세탁하세요.

④ 중간 상인 없이 생산자가 직접 물건을 판매하는 곳. 예 농수산물 ○○○, 한우 ○○○.

⑤ 세상에 혼자만 있는 듯 외롭고 쓸쓸함.

⑨ 푸른 산속 흐르는 물. 막힘없이 말을 잘하는

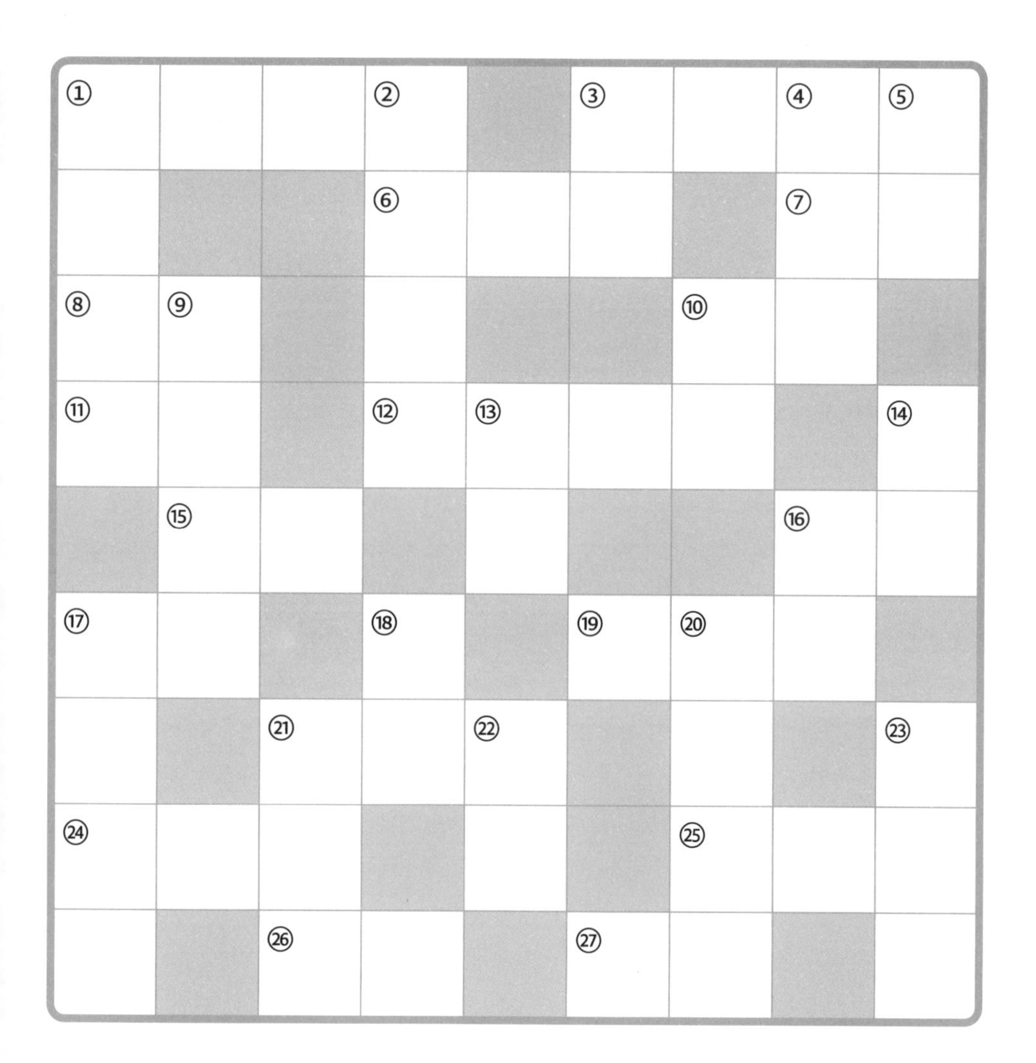

것을 이르기도 함.

⑩ 학교나 회사에 빠짐없이 출석함. 예 초등학교 6년 ○○상을 받았다.

⑬ 산 채로 잡음. 예 파리 테러 도주범을 벨기에에서 ○○했다.

⑭ 아저씨와 조카를 아우르는 표현. 예 재계에 삼촌과 조카가 경영권을 두고 '○○의 난'이 벌어졌다.

⑯ 서적이나 잡지에 삽입하는 그림. 비 일러스트 예 어린이 책에는 ○○를 꼭 넣어야 해요.

⑰ 헤엄 잘 치는 사람이 물에 빠진다. 참 "원숭이도 나무에서 떨어진다."

⑱ 77세를 이르는 표현. 첫 글자의 한자를 풀면 칠(七)+칠(七)이 된다는 데서 유래. 참 미수(88세), 백수(99세).

⑳ 목을 벨 수 있는 친구. 비 막역지우, 관포지교.

㉑ 영업을 전문으로 하는 사람. 비 영업인, 마케터.

㉒ 병을 앓을 때 나타나는 상태. 비 증세, 증상. 예 코로나 감염으로 급성 호흡기 ○○가 나타났다.

㉓ 하천에 물을 가두어두는 시설. 농업용수나 홍수 때 하천 수량 조절에 쓰인다.

정답은 81쪽

20 년 월 일 요일

가로열쇠

① 푸른색은 쪽에서 나옴. 부지런히 노력하면 스승의 실력도 넘어설 수 있다는 뜻.

③ 대나무를 쪼개는 기세. 거칠 것 없이 맹렬하게 나아가는 모습을 일컬음. 예 첫 라운드부터 ○○○○로 승리를 거머쥐었다.

⑥ 임금에게 올리는 밥상. 음식을 뜻하는 몽골어 '슐라'에서 비롯됨.

⑦ 늦은 나이에 공부를 함. 예 60세 넘어 검정고시로 고등학교를 졸업한 ○○도.

⑧ 한 가족에 딸린 성원. 비 가솔, 식구. 예 딸린 ○○들이 많아 가장의 어깨가 무겁다.

⑨ 군인이나 경찰관 등 제복의 어깨에 붙이는 장식.

⑩ 자동차 바퀴를 둘러싼 단단한 고무. 예 ○○○가 펑크 났다.

⑪ 얼어붙은 땅. 예 사시사철 얼어 있는 영구 ○○.

⑫ 향기를 조합함. 예 ○○사는 향료를 개발하는 사람이다.

⑬ 방세와 식비를 내고 숙식을 해결하는 방. 예 자취는 자신이 없어서 ○○○을 구했다.

⑭ 술에 들어간 알코올의 비율. 예 알코올 ○○가 높은 술.

⑮ 목마름을 해소함. 예 장맛비가 내렸지만 가뭄 ○○엔 여전히 부족.

⑯ 입에서 나는 나쁜 냄새. 비 입냄새

⑲ 명태를 얼린 냉동어. 예 저녁 메뉴는 얼큰한 ○○찌개입니다.

㉑ 사슴을 가리켜 말이라고 함. 사실이 아닌 것을 사실로 만듦.

㉒ 선박에 싣고 다니는 구조용 보트.

㉔ 다른 인종들의 혈통이 섞인 사람. 예 황인종과 흑인종 사이에서 태어난 ○○아.

세로열쇠

① 푸른 구름 일만 리. 성공과 출세에 대한 원대한 포부를 뜻함.

② 물고기를 잡는 곳. 이성과 교묘히 '밀당'하는 것을 ○○ 관리라고 표현한다.

③ 해수욕장이나 캠핑장에서 그늘막이 되는 커다란 양산. 예 비치 ○○○, 낚시 ○○○.

④ 곧 죽을 것 같은 얼굴.

⑤ 자동차를 깨끗이 씻는 전문 시설. 예 손 ○○○, 자동 ○○○.

⑥ 뒤에 오는 말을 꾸미는 말. 비 꾸밈말, 형용어.

⑨ 토끼를 발견한 후 사냥개를 풀다. 성급하게 대응하기보다는 사태의 추이를 보아가며 대응하는 편이 좋다는 뜻.

⑩ 자기 고향이 아닌 다른 고장. 예 "○○살이 몇 해던가 손꼽아 헤어보니…"

⑪ 한방에서 같이 잠. 참 동침

①		②			③	④		⑤
				⑥				
⑦				⑧			⑨	
		⑩				⑪		
	⑫				⑬			
⑭				⑮			⑯	⑰
		⑱			⑲	⑳		
㉑					㉒		㉓	
							㉔	

⑫ 밀물과 썰물을 통틀어 이르는 말.
예 ○○ 간만의 차로 열린 바닷길.

⑬ 여름의 칡베옷과 겨울의 가죽옷. 격이나 철에 맞는 행위를 뜻하는 말. 반 하로동선(여름의 화로와 겨울의 부채)

⑭ 도둑 '도' 자가 들어 있는 샘의 물. 아무리 궁해도 부정한 짓은 결코 할 수 없다는 뜻.

⑰ 범죄 사실을 밝히기 위해 혐의자를 조사함.
예 경찰서 ○○실에서 만난 인연.

⑱ 전기 회로를 이었다 끊었다 하는 장치.
예 전등 ○○○.

⑳ 태아 상태에 붙인 이름.
예 제 ○○은 뽀짝이었어요.

㉓ 서로 결혼하기로 정함. 참 약혼
예 태어나기도 전에 부모님끼리 ○○한 사이.

정답은 81쪽

20 년 월 일 요일

가로열쇠

① 토끼가 죽자 여우가 슬퍼함. 같은 무리의 불행을 보고 함께 아파한다는 뜻. 라이벌 관계에서 특히 많이 쓰임.

④ 작은 욕심에 눈이 멀어 큰 것을 잃음.

⑦ 물건을 소비자에게 직접 팔 때의 가격.
반 도매가

⑨ 문짝이 이중으로 된 문.

⑪ 정월 대보름 아침에 먹는 견과의 통칭. 아침 일찍 깨물면 그해에 부스럼과 종기가 나지 않는다는 민속에 따른 것.

⑫ 약간의 점수 차이로 아깝게 짐. 비 분패
예 단 1점 차로 통한의 ○○를 당했다.

⑬ 주어와 서술어를 갖춘 최소한의 글 단위.
예 오늘의 교훈을 한 ○○으로 말하라.

⑭ 감기 걸렸을 때 목에서 갑자기 터져나오는 것.
비 재채기

⑮ 부모와 조부모, 스승과 선배, 부장과 차장 등 층층이 웃어른을 모시고 사는 처지.

⑱ 다른 생물체에 붙어서 그 영양분을 빼앗으면서 살아가는 관계. 비 공생 예 사람 몸속에 ○○하는 세균들을 ○○충이라 한다.

⑲ 아랫사람에게 묻는 것을 부끄러워하지 않음.

㉑ 칭찬의 뜻으로 상을 줌.
예 군대에서 ○○ 휴가를 받다.

㉒ 빙판으로 된 경기장. 스케이팅 종목에 이용됨.
예 대한○○경기연맹.

㉓ 고등학교 졸업자, 혹은 이와 동등한 학력이 있다고 인정된 자가 입학할 수 있는 교육기관.

㉕ 아침에는 3개, 저녁에는 4개. 차이는 있지만 결과는 매한가지라는 뜻.

㉗ 최선의 다음.
예 만일을 위해 ○○책을 마련하라.

㉘ 노화에 따라 생식 기능이 저하되고 성호르몬 분비가 급감하는 시기. 여성은 폐경기 때 주로 나타남.

세로열쇠

① 한 지역에서 대대로 살아온 사람. 예 3대 이상 서울에서 죽 살아온 사람들을 서울 ○○○라고 한다.

② 원통한 사연을 호소하는 글.
예 코로나19 극복을 위한 대국민 ○○○.

③ 판매하지 않음. 예 이 전자책은 ○○용으로 누구나 다운로드 받을 수 있다.

⑤ 음식을 탐냄. 비 식탐

⑥ 운동 경기에서 규칙을 어겨서 패배하는 일.
예 쇼트트랙 에이스가 결승선을 통과하고도 석연치 않은 ○○○를 당했다.

⑧ 봉건 사회에서 가장의 권한을 가진 자.

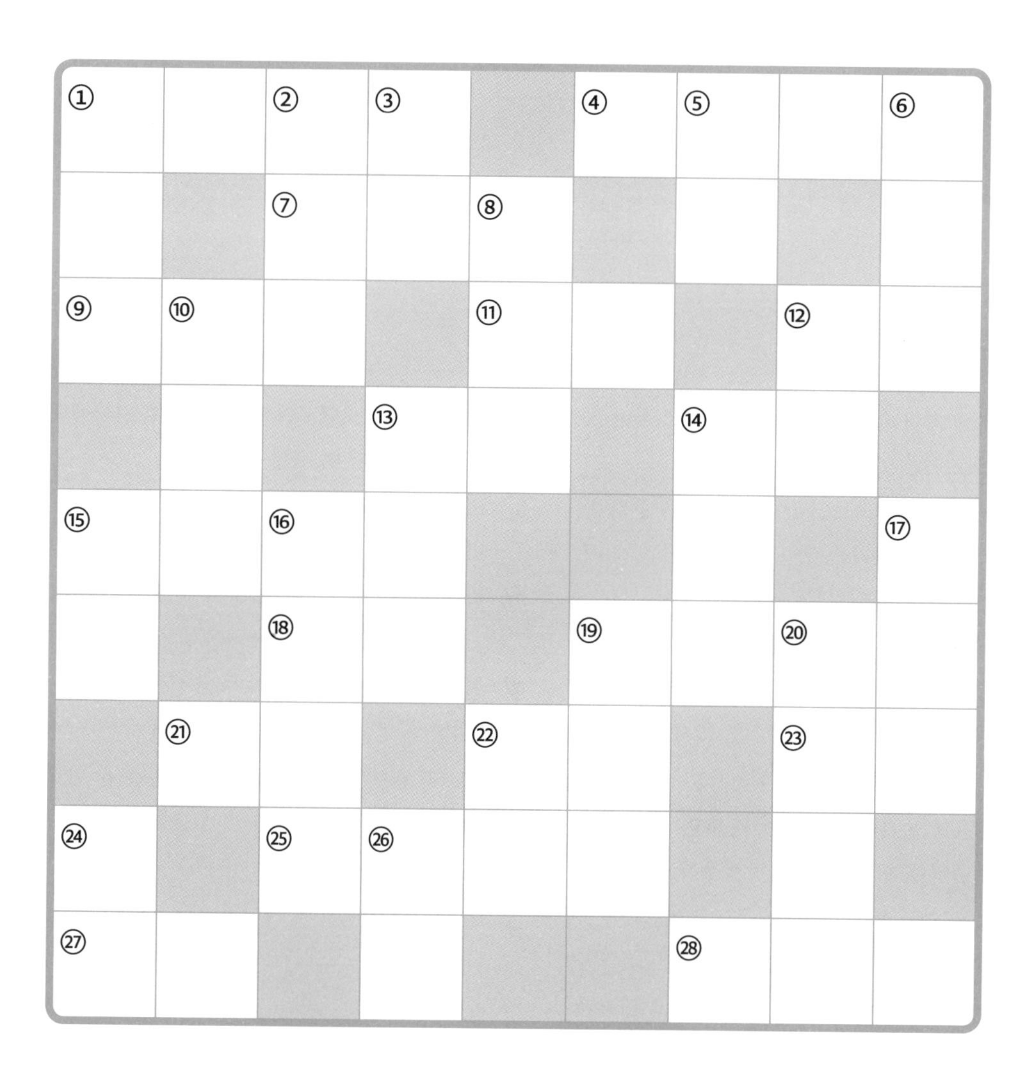

예 ○○○적이고 권위적인 남편.

⑩ 재산이 상류층과 하류층 사이 중간 정도인 계층. 예 치솟는 물가로 ○○○이 저소득층으로 이동하고 있다.

⑫ 돌로 된 베개. 또는 벌이 쏘는 침.

⑬ 스승을 모시고 그의 일을 도우면서 기술을 배우는 제자. 만화가나 소설가 등 예술계에서 흔하다.

⑭ 기대했던 목표의 정도. 예 ○○○가 너무 높았는지 실망스러운 결과다.

⑮ 층과 층 사이. 예 아파트 ○○ 소음.

⑯ 어떤 일을 시행하기에 아직 때가 이름.
예 확진자 격리 의무 해제는 ○○○○.

⑰ 인간다움, 인간의 근원 문제에 대해 탐구하는 학문. 역사, 철학, 문학, 언어 관련 학문.

⑲ 상서롭지 못한 일, 좋지 않은 일. 예 어린 생명들을 무참히 잃는 ○○○가 다시는 없어야 한다.

⑳ 어찌 명년(내년)을 기다리랴. 기다리기가 몹시 지루할 때 쓰는 말.

㉒ 다른 사람의 장모를 이르는 말. 참 빙부
예 ○○상을 당해 부재중이다.

㉔ 절에서 술을 가리키는 표현. 승려들의 은어.

㉖ 초복, 중복, 말복을 아울러 이르는 말.

정답은 82쪽

20 년 월 일 요일

가로열쇠

① 눈으로 차마 볼 수 없음. 예 대놓고 잘난 체 하는 꼴이란, 정말 ○○○○입니다.

③ 먹을 가까이하다 보면 검어짐. 사람은 주위 환경에 의해 변한다는 뜻. 참 "까마귀 노는 곳에 백로야 가지 말라."

⑤ 오직 한 조직에만 소속됨. 예 소속사 ○○ 계약 만료가 코앞인데 재계약할까?

⑥ 부름에 응답함. 참 부응 예 여성 독자들의 뜨거운 ○○에 베스트셀러가 되었다.

⑦ 배송료를 물건 받는 사람이 지불함. 반 선불

⑨ 중심을 기준으로 상하 또는 좌우가 균형을 이룸. 예 안면 비○○ 수술.

⑪ 나무를 심음. 비 식수 예 4월 5일은 ○○일.

⑬ 재산이나 물건을 남에게 넘겨줌. 예 부동산 구매로 발생한 소득에 대해 ○○소득세가 부과된다.

⑭ 추운 겨울의 소나무와 잣나무. 어떤 상황에도 변치 않는 지조와 절개를 뜻함.

⑰ 방 안의 네 귀퉁이. 방 안을 속되게 이르는 표현. 예 온종일 ○○○에만 틀어박혔다.

⑲ 한 번도 본 적이 없어서 알지 못함. 예 ○○○○ 희귀암 환자에게 보내온 온정의 손길.

㉓ 사사로운 마음. 또는 자기 욕심을 채우려는 마음. 예 ○○ 없이 그냥 드립니다.

㉔ 탄산이 들어 있는 물. 물에 이산화탄소를 첨가해 만들기도 함. 톡 쏘는 맛이 특징.

㉖ 범위가 매우 넓음.

㉗ 갓 태어난 아이. 비 갓난아이

세로열쇠

① 한몫 될 만한 비교적 큰돈. 반 푼돈 예 ○○ 마련을 위한 예금 상품.

② 원인과 결과는 서로 물리고 물림. 비 자업자득 참 "뿌린 대로 거둔다."

③ 한 일자리에서 계속 근무함. 예 장기 ○○ 직원에게 혜택 주는 기업.

④ 스스로 강해지고 쉬지 않고 연마함.

⑧ 양기만으로는 생명이 없음. 혼자서는 아이를 낳을 수 없듯 모든 것은 상대가 있어야 함.

⑨ 덕수궁 정문의 이름. "큰 하늘의 문"이라는 뜻.

⑩ 칭찬하여 일컬음. 예 한글은 세계적으로 ○○받아 마땅하다.

⑫ 나무 인형에 돌 같은 마음. 너무 차가운 사람. 또는 의지가 굳은 사람.

⑮ 백 가지 방법. 온갖 수단을 뜻함. 예 일자리를 ○○으로 알아보고 있습니다.

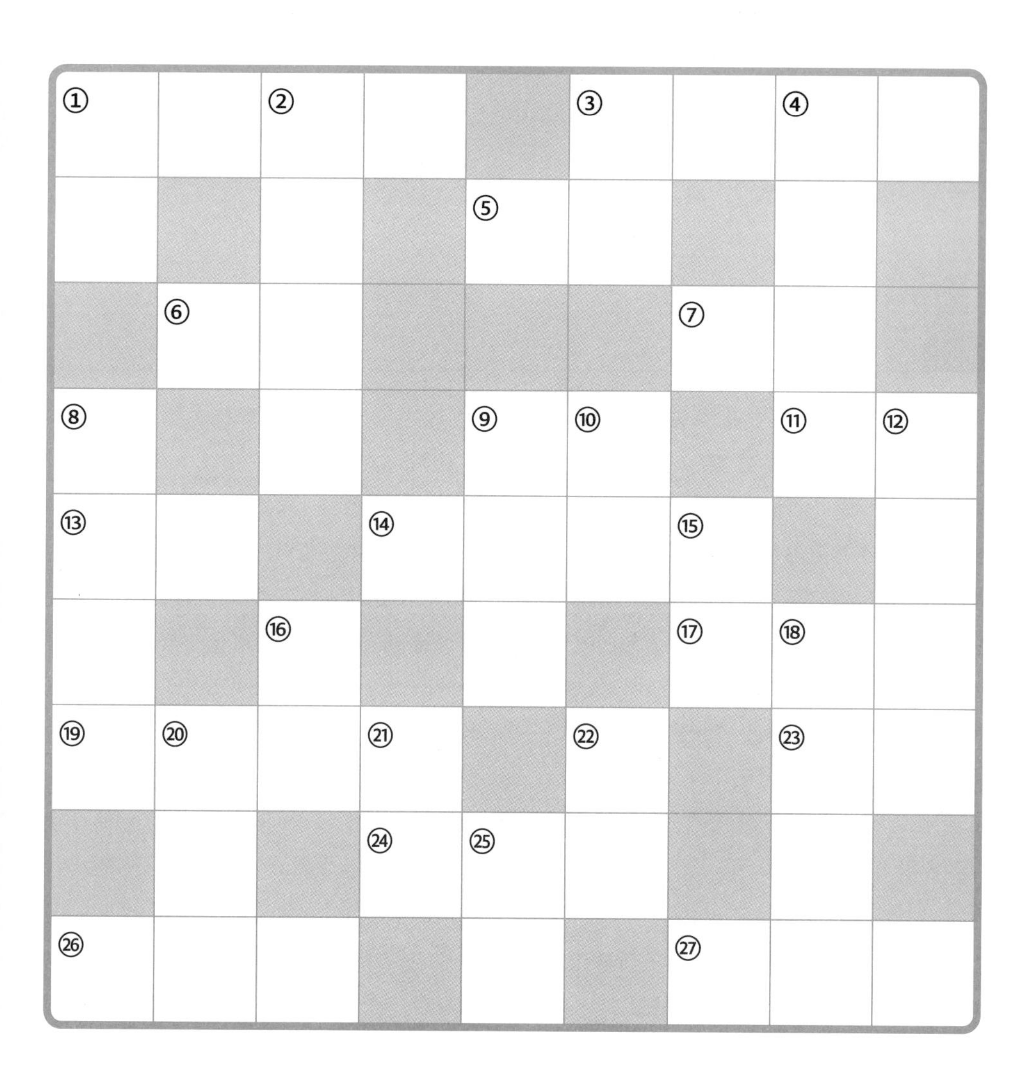

Round 3 문제

⑯ 아버지의 남동생을 이르는 말.
비 삼촌, 작은아버지.

⑱ 아홉 번 죽다 한 번 살아남. 죽을 고비를 여러 차례 넘기고 살아남았음을 뜻함.

⑳ 서로 얼굴을 아는 관계에서 벌어진 사건의 범인. 예 경찰 수사 결과 ○○○일 가능성이 높다.

㉑ 손끝으로 타격함. 순우리말은 손가락질.
예 전 국민의 ○○의 대상이 되었다.

㉒ 맨 처음으로 물건을 파는 일. 예 오후 한 시가 되어서야 ○○걸이를 했다.

㉕ 음식물이 산화되어 부패함. 예 ○○된 기름으로 튀긴 음식은 몸에 안 좋다.

정답은 82쪽

20 년 월 일 요일

가로열쇠

① 돌덩어리를 자르고 쪼고 갈아 옥을 만듦. 끊임없는 노력과 경주를 강조한 말.

③ 아침에 명령한 것을 저녁에 바꿈. 일관성 없는 정책이나 방침을 꼬집은 말.

⑥ 다음 달을 달리 말하면? 비 익월

⑦ 눈길 미끄러짐 사고를 예방하기 위해 타이어에 감는 금속 사슬. 예 자전거 ○○.

⑧ 새가 알을 깨고 밖으로 나옴. 예 달걀이 배송 도중에 병아리로 ○○했어요.

⑩ 홀로 푸르고 푸르다. 남들이 등을 돌리는 가운데 혼자만 변함이 없다는 뜻.

⑪ 심장에 생기는 모든 질환을 가리킴.

⑬ 산이나 들에서 저절로 자라남. 예 가축화가 되지 않는 동물을 ○○동물이라 한다.

⑰ 월 단위로 지급하는 급여.

⑲ 무거운 물건을 들어 올려 이동시키는 기계를 이르는 외래어. 비 기중기

⑳ + - × ÷ % 등 계산을 빠르고 정확하게 해주는 기기.

㉒ 소수점 4 이하는 버리고 5 이상의 수는 윗자리에 1을 더하는 방식. 예 100.5를 ○○○하면 101이다.

㉓ 야간에 운행하는 선박, 비행기에서 위치를 표시하는 등. 예 비행기가 ○○○을 켜고 착륙을 시도한다.

㉕ 산의 맨 꼭대기.

㉖ 작은 비둘기가 큰 붕새를 비웃음. 소인배가 위인을 알아보지 못하고 오히려 비웃는다는 뜻. 참 "참새가 어찌 봉황의 뜻을 알리오!"

㉗ 납품 계약을 체결할 때 여러 희망 업체들에게 비용을 써서 내게 해 가장 싼 비용을 제시한 업체에 일을 맡기는 것. 비 응찰 반 낙찰

세로열쇠

① 이를 갈고 마음을 썩임. 대단히 분하게 여긴다는 뜻. 예 지난 4년간 ○○○○하며 이번 올림픽을 준비했다.

② 속이 빈 작은 공을 라켓으로 쳐서 네트를 넘겨 승부를 겨루는 구기 경기. 비 핑퐁

③ 공공기관 물품(군수품 제외) 구매 및 관리를 전담하는 기획재정부 산하 총괄청.

④ 잉태한 어머니의 몸. 어떤 것이 생겨난 근본을 뜻함. 비 뿌리, 근본.
예 LG전자의 ○○는 금성사.

⑤ 개인의 특별한 기술. 운동선수의 개인적 기량을 뜻하기도 함. 예 내 ○○○는 성대모사.

⑥ 야구에서 필드 안쪽(1~3루, 유격수)을 맡은 수비수들. 반 외야수

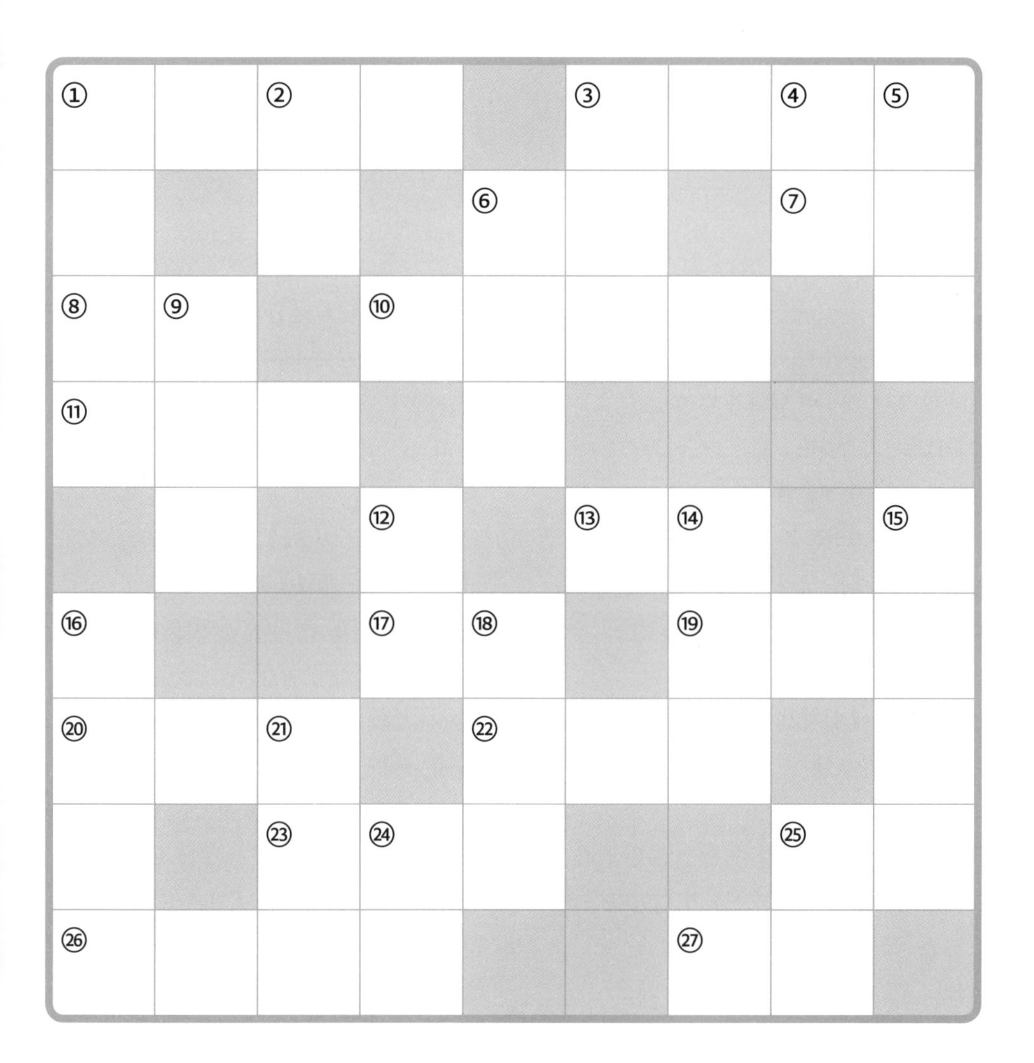

⑨ 피부 건강이나 미용을 위해 바르는 제품. 로션, 크림, 파우더 등.

⑫ 뒤의 것이 앞의 것을 따라잡아 앞지름.
예 고령 인구가 유소년 인구를 ○○했다.

⑭ 우유에서 지방을 분리해 고체화한 식품. 빵이나 케이크에 바름.

⑮ 장님이 코끼리를 만짐. 막연하게 알면서 완전히 아는 것처럼 하는 태도를 일컬음.

⑯ 닭 무리에 섞인 학 한 마리. 그저 그런 무리에서 유독 돋보이는 사람을 일컬음. 참 낭중지추

⑱ 떨어지던 가격이 갑자기 크게 상승함. 예 2분기 실적 발표 후 코스피도 ○○○했다.

㉑ 투표장에서 개별적으로 들어가 투표용지에 기입하는 장소.

㉔ 집의 맨 꼭대기를 덮는 것.
예 기와○○에 강아지풀이 자랐다.

㉕ 적의 정세나 지형을 살피는 일.
비 정탐, 염탐. 예 ○○위성, ○○기.

정답은 82쪽

20 년 월 일 요일

가로열쇠

① 자신의 말 또는 행동이 앞뒤가 맞지 않음. 비 자기모순, 자승자박. 예 스스로 틀렸음을 인정하는 ○○○○에 빠지다.

④ 낯이 두꺼워 부끄러움을 모름. 뻔뻔한 사람을 일컬음. 참 "벼룩도 낯짝이 있다."

⑦ 4개의 점과 4개의 선으로 둘러싸인 도형. 참 삼각형

⑨ 있어야 할 자리에 있지 않은 사람. 예 선거 당일 투표할 수 없는 사람을 위한 ○○○ 투표.

⑪ 도심에서 많은 사람이 모일 수 있는 넓은 열린 공간. 예 광화문 ○○에서 시위가 열렸다.

⑫ 서로 다른 국가의 화폐를 교환하는 비율. 예 엔화 ○○, 달러 ○○.

⑬ 조미료를 이르는 말. 원래는 제품명이었다.

⑭ 소의 우리. 야구에서 구원투수들이 투구 연습을 하는 공간.

⑮ 차를 시험 삼아 타봄. 예 예약 서비스를 이용해 누구나 무료 ○○을 해볼 수 있다.

⑯ 옷 따위를 입었을 때 보기 좋은 모양새. 비 스타일 예 누가 입어도 ○○가 좋은 옷.

⑰ 거꾸로 행하고 거슬러 시행함. 순리를 거슬러 편법을 택하는 행태를 뜻함.

⑳ 어떤 일에 손을 댐. 새로운 일을 시작한다는 뜻. 예 하루 만에 전격 수사 ○○.

㉒ 뒤에서 도와줌. 비 뒷받침, 원조, 기부. 예 유니세프 정기○○.

㉓ 도서관에서 도서 관리 및 분류를 하는 문헌정보 전문가.

㉔ 악보를 그리도록 5개 선을 그은 종이.

㉕ 특별 훈련의 준말. 예 박세리 선수에게 일일 골프 ○○을 받았다.

㉖ 관악기, 타악기, 현악기 따위로 함께 연주하는 음악. 예 ○○○단을 오케스트라라고 한다.

㉗ 전파가 1초 동안 진동하는 횟수. 그 단위를 헤르츠라고 한다. 예 라디오, TV ○○○.

세로열쇠

① 자로가 쌀을 져다 나르는 일로 부모를 봉양함. 가난한 가운데 부모를 극진히 봉양하는 태도를 이르는 말.

② 어떤 일에 직접 관련된 사람. 예 계약 ○○○, 이해 ○○○.

③ 실제와는 다르게 지각 또는 생각함. 예 "아내를 모자로 ○○한 남자"

⑤ 안주인이 쓰는 방. 반 사랑채

⑥ 환자가 그 병으로 사망하는 비율. 예 ○○○이 가장 높은 병은 비브리오 패혈증.

⑧ 강조하고 싶은 글에 덧칠해 눈에 잘 띄게 하는 펜. 주로 연두, 노랑, 주황색을 띤다.

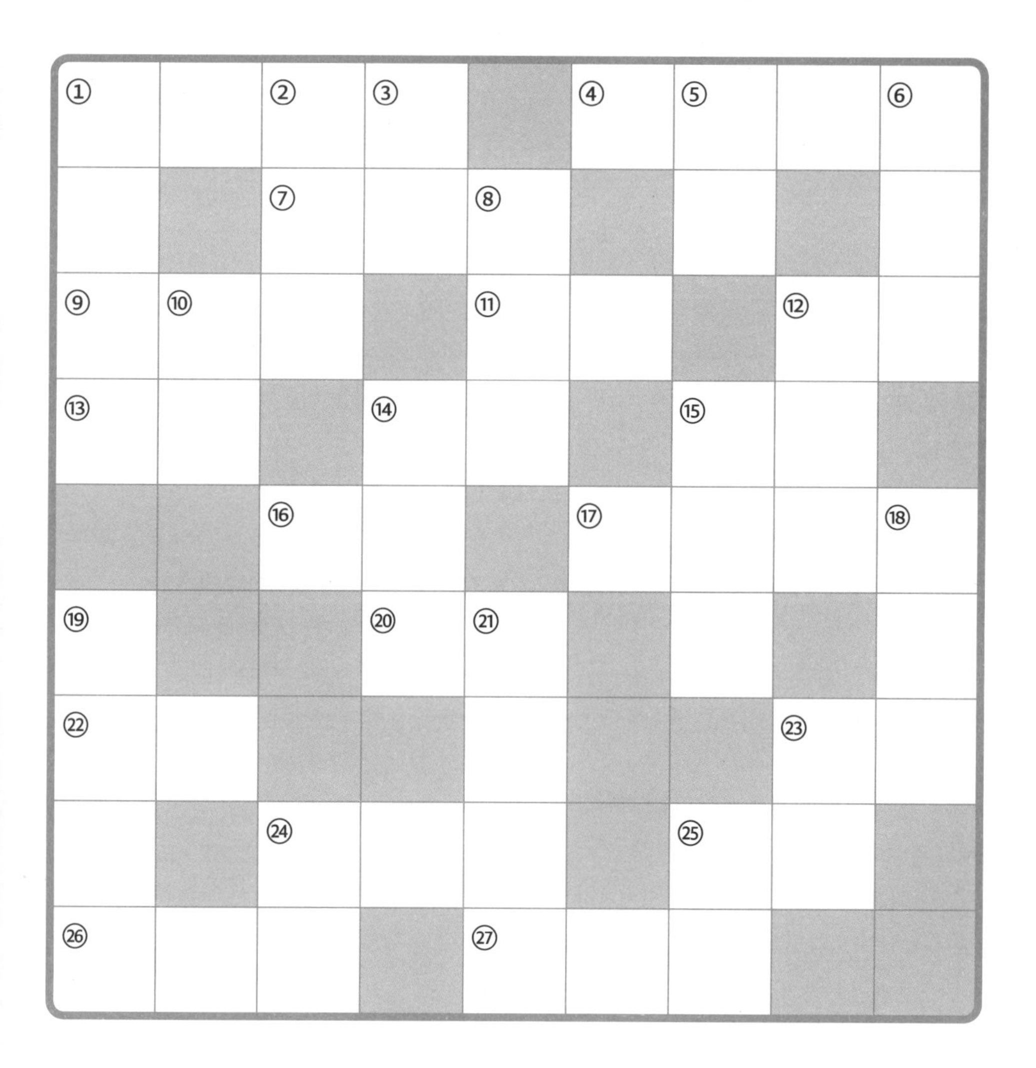

⑩ 재주나 능력이 출중한 여자. 남자라면 '재사'라고 써야 함.

⑫ 서로 다른 지하철 노선이 만나 갈아타는 역. 예 지하철 ○○○은 태극 무늬로 표시한다.

⑭ 비행기가 고장이나 기상악화 등의 이유로 예정되지 않은 장소에 착륙함. 예 현빈과 손예진을 이어준 드라마 "사랑의 ○○○".

⑮ 법의 시행을 위해 발하는 집행 명령. 법 → ○○○ → 시행규칙
예 도로 교통법 ○○○, 건축법 ○○○.

⑱ 직장에서 뭔가 잘못했을 때 그 경위를 적어 제출하는 문서. 비 경위서

⑲ 원숭이가 관을 씀. 겉모습은 멀쩡하지만 속은 천박하고 난폭한 사람을 일컫는 말.

㉑ 성을 지키는 군주. 창업 이후 그 기초를 굳게 지키는 인물을 뜻함.

㉓ 회사원이 지켜야 할 회사의 방침. "신뢰가 곧 생명이다." 따위가 있음. 참 가훈

㉔ 국내 유명한 5개의 산. 백두산, 지리산, 금강산, 묘향산, 북한산을 아울러 이르는 말.

㉕ 특별한 상황에서 발생하는 수요.
예 바이오 산업이 코로나 ○○를 누리다.

정답은 82쪽

20 년 월 일 요일

가로열쇠

① 소귀에 경 읽기. 비 마이동풍

③ 입술이 없으면 이가 시림. 서로 떨어질 수 없는 밀접한 관계를 가리킴.

⑥ 몸에 난 털을 밀거나 뽑음. 예 다리 ○○.

⑦ 눈 질환을 치료하는 의학의 분과. 그 병원을 일컫기도 함.

⑧ 술과 안주를 파는 업소. 비 주점

⑩ 신라 선덕여왕 때 세워진 천문대. 경주에 있는 돌탑으로 국보 31호.

⑪ 해산하는 방. 무언가를 생산해내는 곳.
예 벤처 창업의 ○○인 실리콘밸리.

⑬ 기기 또는 기계가 잘못 작동함. 예 화재감지기 ○○○, AI 로봇의 ○○○.

⑮ 지방 특유의 언어. 비 방언 반 표준어

⑰ 쫓고 쫓기며 서로 다투는 곳. 치열한 승부가 벌어지는 곳을 뜻함.
예 조선은 열강들의 ○○○이었다.

⑲ 고기압과 고기압 사이 기압이 낮은 골짜기.
예 ○○○의 영향으로 주말 내내 비가 내리겠습니다.

⑳ 배를 땅에 대고 기어감.
예 탈영병들이 ○○으로 철조망을 통과했다.

㉑ 자금 조달을 위해 발행하는 유가증권.
예 국가가 발행하는 ○○을 국채라고 한다.

㉒ 서로 다른 두 언어 사이에서 뜻을 풀어서 전해줌. 예 한미 정상회담 동시 ○○.

㉔ 나쁜 짓 하는 사람들의 활동 본거지.
예 SNS가 성범죄의 ○○이 되었다.

㉕ 춥지 않은데도 덜덜 떨림. 포악하고 살벌한 정치로 백성들이 두려워하는 것을 이르는 말.

㉖ 안 좋은 말로 남의 입방아에 오를 운수
예 ○○○가 들었는지 연이은 사건 사고 기사가 올라온다.

㉗ 활동 및 성장이 일시 정지한 상태. 예 네이버 ○○ 계정, 은행의 ○○ 계좌.

세로열쇠

① 어리석은 사람이 산을 옮긴다. 한 가지 일을 꾸준히 하면 마침내 큰일을 이룰 수 있다는 뜻.

② 상대방의 속마음을 읽어내는 기술. 아무 말 안 했는데도 본심을 꿰뚫어보는 능력.

③ 누구에게 물어도 답이 같음. 여러 사람의 의견이 한결같다는 뜻. 비 이구동성

④ 치안을 목적으로 조직한 부대. 예 해방 직후 청도 지역의 치안을 유지하기 위해 청도 ○○○가 조직되었다.

⑤ 명절이나 잔치에서 먹는 한국의 전통 과자. 강정, 다식, 유과 따위.

⑨ 야생의 청둥오리를 개량한 품종. 식용이나 애

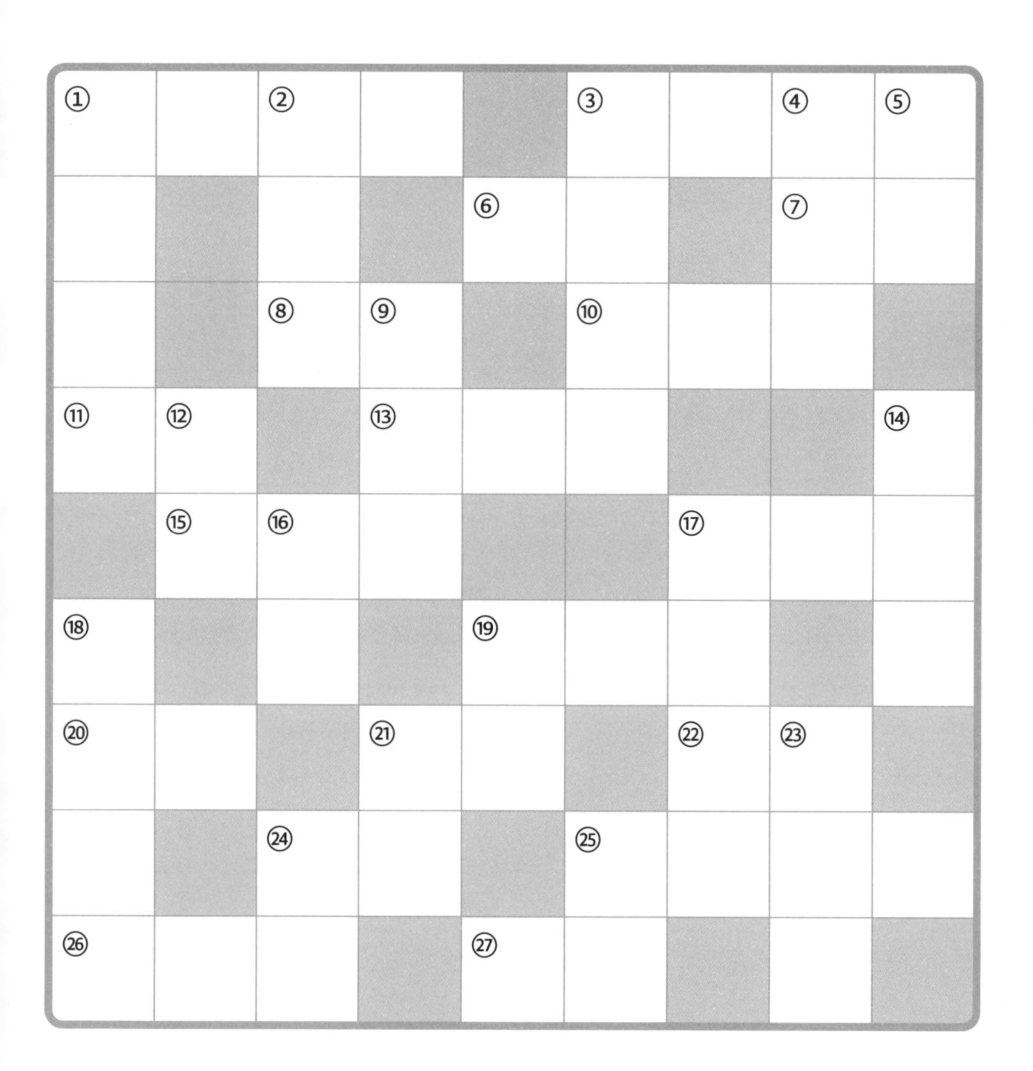

완용 오리의 통칭.

⑫ 실제 상태를 조사함. 예 전세 대출을 받으면 현장 ○○가 나온다.

⑭ 물놀이 할 때 발로 물을 마구 치는 것.

⑯ 드러나지 않은 남의 잘못을 언론이나 상부에 몰래 보내는 일. 또는 그런 글.
예 청와대 ○○로 비리가 밝혀지다.

⑰ 뼈에 새겨질 만큼 아프게 한탄함.
예 유가족들이 겪게 될 ○○○○의 아픔.

⑱ 양포의 개. 겉모습만 바뀌었지 본질은 변하지 않았다는 뜻.

⑲ 참가할 수 있는 권리를 자발적으로 포기하는 것. 예 부상으로 올림픽경기에 ○○했다.

㉑ 광물을 캐냄.
예 마치 금을 캐듯 비트코인을 ○○한다.

㉓ 외국에 이민 갔던 사람 또는 그 자녀가 다시 고국에 귀국해 장기 거주하는 것.

㉔ 작은 수. 예 그 학원은 ○○ 정예만 받아요.

㉕ 잠을 자지 못함.
예 열대야로 ○○에 시달리고 있다.

정답은 83쪽

20	년	월	일	요일

가로열쇠

① 시동이 먹는 공짜 밥. 높은 자리에 앉아 하는 일 없이 봉급만 챙기는 것을 뜻함.

④ 큰 그릇은 늦게 이뤄짐. 반 용두사미 참 "로마는 하루아침에 이뤄지지 않았다."

⑥ 빗물을 받거나 석유 따위를 저장하는 통. 예 ○○차, ○○ 시설.

⑦ 무언가를 하지 못하게 하는 표시. 예 접근 ○○○, 주차 ○○○.

⑨ 필체가 뛰어난 글씨. 예 한석봉은 ○○로 이름을 떨쳤다.

⑩ 병 진단을 잘못 내림. 예 폐렴을 코로나19로 ○○해 사망에 이르렀다.

⑫ 고기나 생선 따위를 직화로 굽는 철망. 예 ○○ 불고기.

⑬ 섭취한 음식 중 몸에서 필요가 없거나 해가 되는 물질. 비 배설물 예 몸에 쌓인 ○○○을 빼려면 물을 많이 드세요.

⑮ 여럿 가운데 하나를 고름. 예 가족이냐 회사냐 양자○○의 기로.

⑱ 더욱 심하다 못해 나중에는. 비 한술 더 떠. 예 세상 모든 새끼는 ○○○ 악어 새끼도 귀엽다.

⑳ 신체 특정 부분을 외형적으로 수정함. 예 그 배우는 ○○ 미인이다.

㉑ 차례로 방문함. 예 대통령이 유럽 ○○길에 올랐다.

㉒ 6세 미만 어린이를 돌보는 시설. 어린이집의 옛말.

㉓ 두루 다니며 현지 사정을 살핌. 예 주한 캄보디아 대사가 안산시 산업 시설을 ○○했다.

㉔ 세관을 거치지 않고 해외에서 몰래 물건을 들여옴. 예 마약 ○○.

㉕ 이미 있던 건축물을 허물고 다시 지음. 예 리모델링 말고 ○○○으로 정했다.

㉖ 적은 봉급. 비 박록 예 ○○에도 이웃을 도왔다.

㉗ 구태의연한 사고방식을 아랫사람에게 강요하는 윗사람을 이르는 은어.

세로열쇠

① 시도해보고 실패를 거듭하면서 바른길을 찾아간다는 뜻. 예 성공하려면 ○○○○를 겪어야 한다.

② 무언가를 가지고 있음. 비 보유, 소지.

③ 어떤 일에 찬성하여 도움을 주기 위해 내는 돈. 참 의연금, 기부금. 예 학교 운동부 코치에게 주는 불법 ○○○.

④ 승부를 겨루는 일에서 상대와 순서를 나타낸 표. 예 토너먼트 ○○○, 월드컵 ○○○.

⑤ 한번 성한 것은 반드시 쇠함.

⑧ 종이와 붓을 아우르는 말.

⑨ 생각이나 판단력이 분명하고 똑똑함.

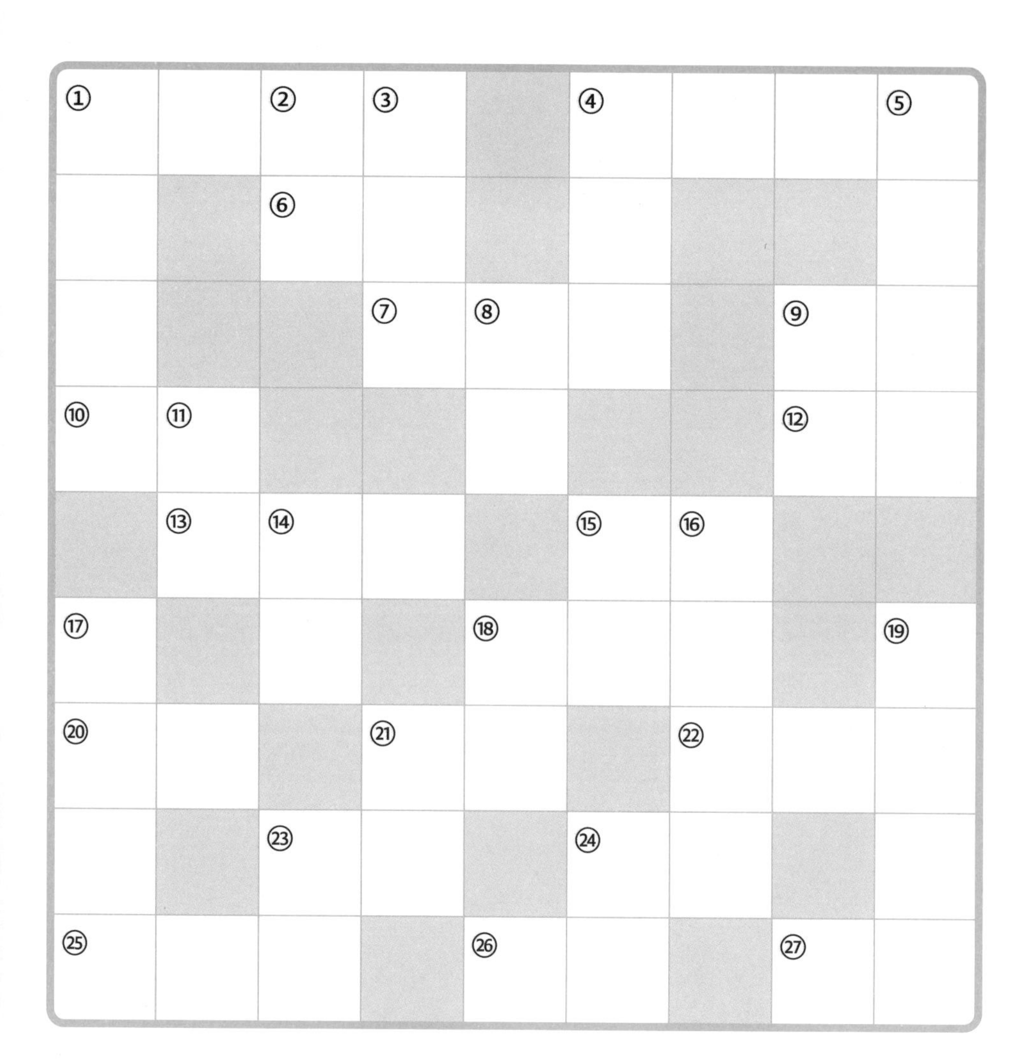

비 총명 반 우둔

⑪ 신분이 높은 사람이 성을 내며 노여워함.
비 분노, 노여움. 예 왕의 ○○, 신의 ○○.

⑭ 영업을 그만둠. 예 그 맛집 최근에 ○○했다.

⑮ 집을 지을 땅. 비 집터 예 ○○ 개발 지구가 가까이 있어서 생활권이 우수하다.

⑯ 물고기 한 마리가 물을 흐림. 한 사람의 실수 또는 악행으로 여러 사람이 해를 입는다는 뜻.

⑰ 방패와 성의 구실을 하는 재목. 나라를 지키는 믿음직한 인재를 가리킴.

⑱ 심장 좌우에 있는 두 개의 방. 참 심실

⑲ 작은 바늘을 큰 몽둥이라고 말함. 과장이 심한 것을 비꼬는 말.

㉑ 일정 구역의 치안을 살피고 점검함.
예 야간 ○○, 휴가철 해변 ○○대원.

㉓ 축구 리그가 시작될 때 보통 유명인이 처음 공을 차는 일. 비 킥오프

㉔ 내용물이 보이지 않도록 단단히 봉함.
비 밀폐

정답은 83쪽

Round 3 정답

21회

①이	모	②취	③인		④자	⑤부	월	⑥족
구		⑦재	산	세		업		집
동			인		⑧매		⑨무	게
⑩성	⑪묘		해		⑫직	⑬업	병	
	⑭목	⑮격		⑯내		⑰종	자	
⑱상		⑲월	⑳장	성	㉑구		㉒구	㉓애
㉔산	책		학		㉕속	개		석
구		㉖시	금	㉗석			㉘민	폐
㉙어	휘	력		화		㉚이	중	고

22회

①어	부	②지	리		③버	릇		④사
로		상		⑤캐	디		⑥배	필
불		⑦파	⑧일	럿				귀
⑨변	⑩사		화			⑪노	사	정
	재			⑫게	스	트		
⑬대	기	⑭표				⑮북	카	⑯페
동		⑰창	간	⑱호				니
소				⑲스	승		⑳마	
㉑이	유	식		텔		㉒변	리	사

23회

①전	무	후	②무		③이	실	④직	⑤고
광			⑥골	수	염		⑦판	독
⑧석	⑨청		호			⑩개	장	
⑪화	산		⑫인	⑬생	재	근		⑭숙
	⑮유	임		포			⑯삽	질
⑰선	수		⑱희		⑲다	⑳문	화	
유		㉑영	수	㉒증		경		㉓저
㉔자	영	업		후		㉕지	하	수
익		㉖자	반		㉗외	교		지

24회

①청	출	②어	람		③파	④죽	지	⑤세
운		장		⑥수	라	상		차
⑦만	학			⑧식	솔		⑨견	장
리		⑩타	이	어		⑪동	토	
	⑫조	향			⑬하	숙	방	
⑭도	수			⑮해	갈		⑯구	⑰취
천		⑱스			⑲동	⑳태		조
㉑지	록	위	마		㉒구	명	㉓정	
수		치					㉔혼	혈

25회

①토	사	②호	③비		④소	⑤탐	대	⑥실
박		⑦소	매	⑧가		식		격
⑨이	⑩중	문		⑪부	럼		⑫석	패
	산		⑬문	장		⑭기	침	
⑮층	층	⑯시	하			대		⑰인
간		⑱기	생		⑲불	치	⑳하	문
	㉑포	상		㉒빙	상		㉓대	학
㉔곡		㉕조	㉖삼	모	사		명	
㉗차	선		복			㉘갱	년	기

27회

①절	차	②탁	마		③조	령	④모	⑤개
치		구		⑥내	달		⑦체	인
⑧부	⑨화		⑩독	야	청	청		기
⑪심	장	병		수				
	품		⑫추		⑬야	⑭생		⑮맹
⑯군			⑰월	⑱급		⑲크	레	인
⑳계	산	㉑기		㉒반	올	림		모
일		㉓표	㉔지	등			㉕정	상
㉖학	구	소	봉			㉗입	찰	

26회

①목	불	②인	견		③근	묵	④자	흑
돈		과		⑤전	속		강	
	⑥호	응				⑦착	불	
⑧독		보		⑨대	⑩칭		⑪식	⑫목
⑬양	도		⑭세	한	송	⑮백		인
불		⑯숙		문		⑰방	⑱구	석
⑲생	⑳면	부	㉑지		㉒마		㉓사	심
	식		㉔탄	㉕산	수		일	
㉖광	범	위		패		㉗신	생	아

28회

①자	가	②당	③착		④후	⑤안	무	⑥치
로		⑦사	각	⑧형		방		사
⑨부	⑩재	자		⑪광	장		⑫환	율
⑬미	원		⑭불	펜		⑮시	승	
		⑯맵	시		⑰도	행	역	⑱시
⑲목			⑳착	㉑수		령		말
㉒후	원			성			㉓사	서
이		㉔오	선	지		㉕특	훈	
㉖관	현	악		㉗주	파	수		

29회

①우	이	②독	경		③순	망	④치	⑤한
공		심		⑥제	모		⑦안	과
이		⑧술	⑨집		⑩첨	성	대	
⑪산	⑫실		⑬오	작	동			⑭물
	⑮사	⑯투	리			⑰각	축	장
⑱양		서		⑲기	압	골		구
⑳포	복		㉑채	권		㉒통	㉓역	
지		㉔소	굴		㉕불	한	이	율
㉖구	설	수		㉗휴	면		민	

30회

①시	위	②소	③찬		④대	기	만	⑤성
행		⑥유	조		진			자
착			⑦금	⑧지	표		⑨명	필
⑩오	⑪진			필			⑫석	쇠
	⑬노	⑭폐	물		⑮택	⑯일		
⑰간		업		⑱심	지	어		⑲침
⑳성	형		㉑순	방		㉒탁	아	소
지		㉓시	찰		㉔밀	수		봉
㉕재	건	축		㉖박	봉		㉗꼰	대

알수록 재미있는 고사성어

- **맹인모상:** 장님 맹(盲) 사람 인(人) 모방 모(摸) 코끼리 상(象)으로 이루어진 고사성어. 겉뜻은 "눈먼 장님의 코끼리 만지기"이고, 속뜻은 일부만 알면서 마치 전체를 아는 듯 떠들며 거드름을 피운다는 말입니다. 자신이 보고 싶은 것만 보는 일종의 '확증편향'을 꼬집는 말이기도 합니다.

불교 경전인 '열반경'에 나오는 이야기로, 인도의 한 왕이 신하를 시켜 코끼리 한 마리를 몰고 오게 했습니다. 이어 시각장애인 6명을 불러 손으로 코끼리를 만져보게 하고는 왕은 이들 각자에게 코끼리에 대해 이야기하도록 명했습니다.

먼저, 코끼리 이빨을 만진 장애인이 "폐하, 코끼리는 무처럼 생긴 동물입니다." 했습니다. 귀를 만진 장애인은 "아닙니다. 곡식을 까불 때 사용하는 키처럼 생겼습니다."라고 했습니다. 코끼리 다리를 만진 장애인은 "커다란 절굿공이처럼 생긴 동물"이라고 했고, 등을 만진 이는 "평상 같다." 배를 만진 이는 "장독 같다." 꼬리를 만진 이는 "굵은 밧줄 같다."라며 제각각 외쳤습니다.

왕은 소란을 멈추게 한 뒤 신하들에게 이렇게 말했습니다. "코끼리는 하나이거늘, 저 여섯 사람은 각자 자기가 만져본 것만으로 코끼리를 아는 것처럼 부끄러움도 없이 이야기하고 있다. 진리를 아는 것 또한 이와 같으니라."

Round 4 문제

20 년 월 일 요일

가로열쇠

① 교묘한 말과 은근한 낯빛. 좋은 말만 하는 아첨꾼을 일컬음. 비 알랑방귀

③ 소에게 거문고를 연주해줌. 어리석은 사람에게 하는 헛된 가르침. 비 우이독경

⑥ 가수가 목소리를 내는 기법.
예 중국 경극은 ○○이 독특하다.

⑦ 정성스러운 뜻. 예 ○○ 없게 대답하는 친구.

⑧ 배꼽을 물려고 해도 입이 닿지 않음. 일이 잘못된 뒤에 후회해도 소용없다는 뜻.

⑪ 의류 등 직물 제품의 원료가 되는 천.
예 모시, 린넨은 대표적인 여름옷 ○○.

⑬ 무엇을 넣어서 보내는 큰 주머니.
예 외교 ○○, ○○ 포장.

⑭ 차도에서 정해진 방향의 반대편으로 운전하는 것. 가요 등이 뒤늦게 인기를 끄는 것을 비유적으로 말하기도 함.

⑯ 시험이나 경기에서 수험자나 선수의 능력을 점수화해 기록한 표.

⑲ 백약 가운데 으뜸. 술을 이르는 말.

㉑ 사람들이 놀라서 시끄럽게 법석거림.
비 소란, 난동. 예 자살 ○○을 벌이다.

㉓ 받을 몫에서 일정한 액수를 뺌.
비 차감 예 세금 ○○, 소득 ○○.

㉔ 매화, 난초, 국화, 대나무 네 가지 식물을 일컬음. 동양화의 주요 소재다.

㉖ 약속을 어김없이 지킴. 비 준수, 사수.
예 시간 ○○는 기본 중의 기본이다.

㉗ 이야기할 만한 재료.
예 ○○의 드라마, ○○의 인물.

㉘ 동으로 표류하고 서로 방랑함. 이리저리 정처없이 떠돌아다닌다는 뜻.

㉙ 상장 외에 받는 상금이나 상품. 예 우승 트로피와 함께 ○○으로 자동차가 주어진다.

세로열쇠

① 학생들이 교과용으로 읽는 주된 교재.
참 참고서, 문제집.

② 영화나 슬라이드에서 투영하는 이미지가 나타나는 흰색의 막. 비 스크린

③ 우리나라 최고 법원.

④ 탄식하거나 감탄하는 소리.
예 ○○이 절로 나오는 풍경.

⑤ 비단옷을 입고 밤길을 돌아다니다. 아무 가치 없고 보람 없는 무의미한 행위를 뜻함.

⑨ 빵과 과자를 만들어 파는 상점.

⑩ 매우 빠른 속도로 감. 그런 열차의 준말.
비 쾌속 반 완행

⑫ 영화나 드라마에서 조연보다는 짧게, 엑스트라보다는 존재감 있게 등장하는 역할.

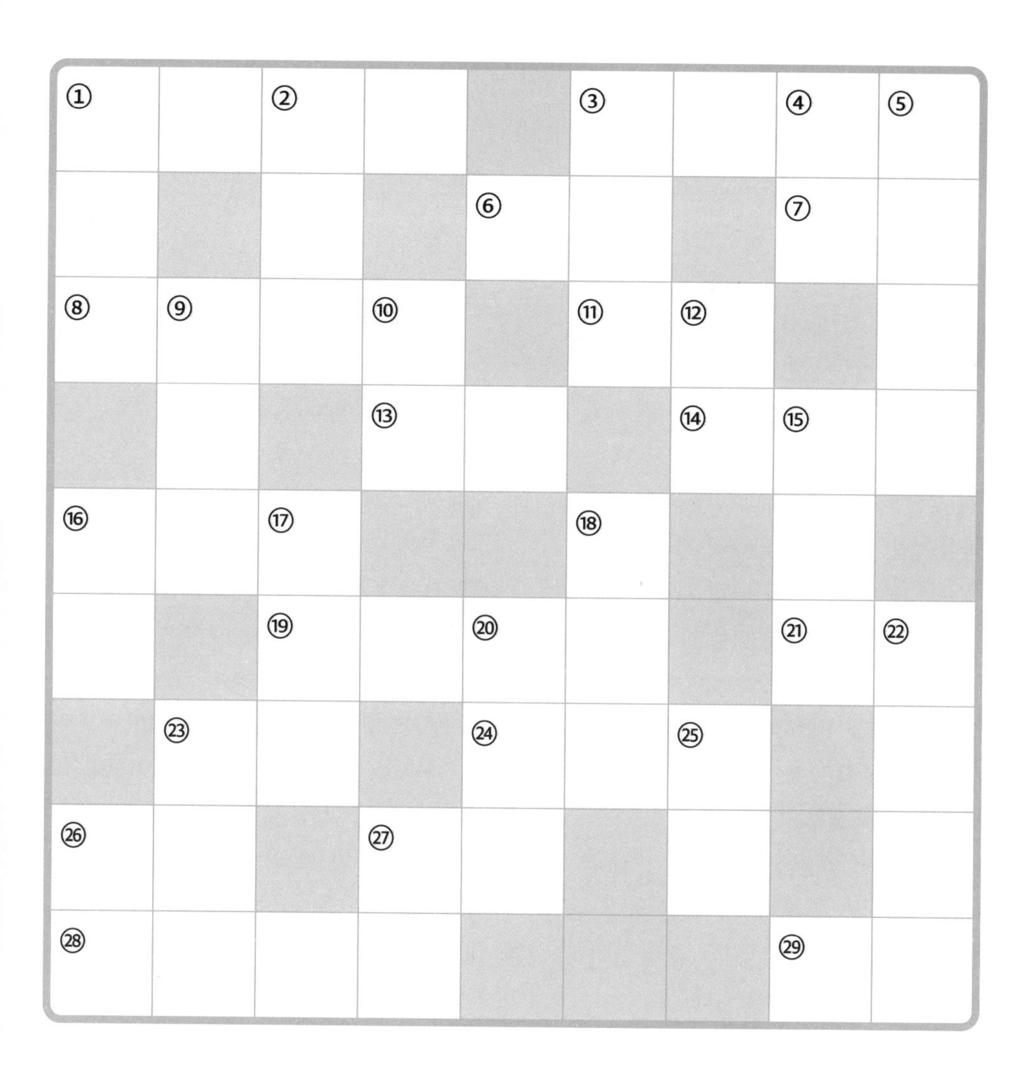

예 ○○ 배우.

⑮ 차량에 휘발유, 경유 따위를 넣는 곳.

참 전기차 충전소.

⑯ 인터넷이 연결된 기기에서 문자나 화상으로 실시간 대화하는 것.

예 화상 ○○, 그룹 ○○.

⑰ 섬유의 찌든 때나 얼룩을 깨끗이 하는 세제.

⑱ 혹한을 군사로 의인화한 표현.

예 한겨울 ○○○이 위세를 떨치다.

⑳ 설사를 멎게 하는 약.

㉒ 같은 값이면 다홍치마. 이왕이면 더 좋은 쪽을 택함.

㉓ 은행 거래가 정지된 사람이 발행한 수표. 실행할 생각도 없으며 약속하는 경우 ○○○를 남발한다고 한다.

㉕ 한자의 뜻과 음을 풀이한 사전. 비 옥편

㉖ 몹시 추운 겨울. 비 한겨울 예 ○○설한에도 꽃이 피네.

㉗ 미술품을 전시해 관람하도록 하는 방.

비 갤러리

정답은 107쪽

20 년 월 일 요일

가로열쇠

① 목숨이 경각에 달렸음. 거의 죽게 된 매우 위험한 상황을 뜻함. 비 사경

④ 물건의 생산을 혼자서 모두 차지함. 참 과점 비 독식 예 ○○ 규제 및 공정 거래에 관한 법률.

⑤ 웃음 속에 칼을 감추어둠. 적을 방심하게 한 뒤 치는 전술.

⑥ 해외에서 수입 또는 구매하는 물건에 붙는 세금.

⑦ 도량이 좁고 졸렬한 남자.
반 대장부 비 좀생원

⑨ 시간 외 근무. 비 연장근로 예 ○○ 수당.

⑩ 사람의 언어를 적는 기호 체계.
비 글자 예 ○○ 메시지.

⑫ 밥, 국, 반찬을 한꺼번에 담는 식기.

⑭ 발전기를 돌려 전기를 일으키는 곳.
예 수력 ○○○, 화력 ○○○.

⑮ 금액을 한꺼번에 내는 것. 반 할부

⑰ 만 20세 이상의 남녀를 이르는 말.

⑱ 단체 생활 시 인원 체크를 위해 한 사람씩 이름을 호명하는 일.
예 군대 ○○, 기숙사 ○○.

⑳ 백 번 꺾여도 굴하지 않음. 어떤 난관에도 포기하지 않고 이겨낸다는 뜻.

㉒ 종이만 발라 봉해서 문을 열 수 없는 창문.
예 "자다가 ○○ 두드리는 소리 하고 있네."

㉕ 환경이나 남의 말에 흔들리지 않는 굳센 마음. 미련하다 할 정도로 버티는 힘. 비 근성, 강단. 예 강한 ○○으로 버티는 자가 성공한다.

㉖ 대한민국 헌법 공포를 기념하는 국경일. 7월 17일.

세로열쇠

① 밝기가 불을 보는 것 같음. 빤히 들여다보이는 사실을 뜻함. 비 명명백백

② 물건을 사고팔 때 가격 경쟁으로 매매하는 것.
예 부동산 ○○, 미술품 ○○.

③ 겉과 속이 다름. 속마음과 다르게 말하고 행동하는 사람을 가리킴.

④ 경북 울릉군에 있는 섬으로 우리나라 동쪽 끝에 위치. 예 ○○는 우리 땅.

⑤ 소송을 제기하는 문서.

⑦ 졸업을 기념하는 행사.

⑧ 빈자가 소인이 된다. 가난하면 뜻을 굽힐 일이 많아지므로 저절로 소인배가 된다는 뜻.

⑩ 대문 앞에 시장이 만들어짐. 장사가 잘돼 방문객이 많은 가게를 가리킴. 예 백화점들은 연일 ○○○○를 이루고 있다.

⑪ 증권시장의 준말. 주식 시세를 뜻함.

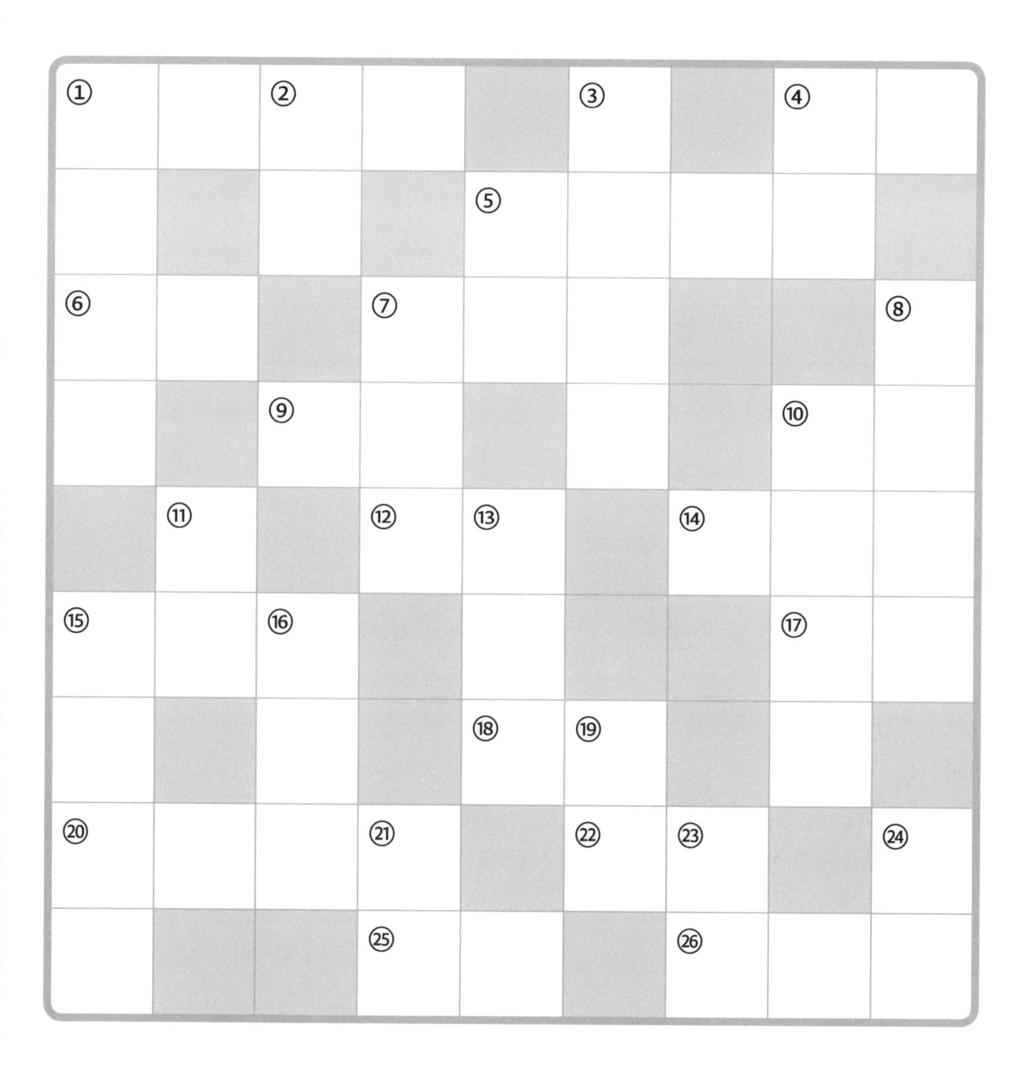

예 미국 ○○, 국내 ○○.

⑬ 남북한 군사분계선상에 있는 비무장지대.
비 공동경비구역

⑮ 한 명을 벌해 백 명을 경계함. 한 사람을 본보기로 벌을 주는 것을 뜻함. 예 공직 사회의 부패를 막기 위해 ○○○○하다.

⑯ 하지 않을 수 없음. 내키진 않으나 마지못함.
비 부득불

⑲ 급여의 등급을 나타내는 단위. 예 근속연수에 따라 ○○이 올라간다.

㉑ 벽난로나 아궁이에서 불을 땔 때 연기가 밖으로 빠져나가는 장치.

㉓ 처음으로 아이디어를 내고 제품을 만듦.
예 세종대왕이 한글을 ○○했다.

㉔ 주식 등에서 손해를 감수하고 판매하는 일.

정답은 107쪽

20 년 월 일 요일

가로열쇠

① 남편이 노래하면 아내가 따라 부름. 부부가 하는 행동이 꼭 닮았다는 뜻.

③ 달리는 말에 채찍질함. 일 잘하는 사람을 더욱 격려한다는 뜻. 현재에 안주하지 않고 더 노력하는 사람을 뜻하기도 함.

⑥ 마른 칡뿌리로 만든 차. 비 칡차

⑦ 생은 잠시 머무는 것, 죽음은 돌아가는 것. 사람은 세상에 잠시 살다가 죽음으로 영원히 돌아간다는 뜻.

⑩ 원래 가격에 얼마를 더 얹음. 반 할인 예 택시 ○○ 요금, 자차 수리 보험료 ○○.

⑪ 고기잡이에 쓰는 도구. 그물, 어망, 통발, 미끼통 등이 있다.

⑫ 귀가 안 들려 언어 장애가 있는 아이.
예 ○○들을 위한 특수 학교.

⑭ 달걀을 흰자, 노른자 분리해서 얇게 부쳐 채 썬 것.

⑮ 사채업자들이 하는 제3금융권. 반 공금융
예 불법 ○○○ 대부업 적발.

⑰ 큰 사업. 예 국가의 ○○, 통일의 ○○.

⑱ 하늘과 사람이 함께 분노함. 누가 봐도 화가 나서 도저히 용서할 수 없음.
예 ○○○○할 만한 범죄.

㉑ 이익을 거두어들임.
예 유튜브 ○○이 막대하다.

㉓ 갑자기 세차게 쏟아지는 비. 비교적 빨리 그침.

㉔ 성실, 공경. 이것이 보배.

㉗ 축구에서 공격팀이 모서리 부근에 공을 놓고 차는 것. 수비팀이 골라인 밖으로 공을 찼을 때 주어지는 기회.

세로열쇠

① 가마솥 안에 물고기가 생김. 오래 밥을 짓지 못할 정도로 매우 가난한 상태를 가리킴.
비 적빈여세

② 도지사 바로 아래의 공직. 도지사 부재 시 대리자.

③ 얼굴 곳곳에 생긴 자잘한 점들.
예 ○○○투성이 빨간머리 앤.

④ 말이 끄는 수레.

⑤ 편집성 정신장애. 과도한 자기중심주의에 빠져 피해의식과 망상에 사로잡힘. 비 과대망상증

⑧ 키와 가죽옷의 업. 키나 가죽옷은 아버지가 하던 가업은 아니지만 비슷한 점이 있으므로 쉬운 것부터 따라 하다 보면 명인이 될 수 있다는 뜻.

⑨ 도시에서 살다가 농촌으로 내려가 농사 따위를 하는 것. 반 이농

⑩ 구매 가격을 몇 개월에 걸쳐 나눠 내는 돈.
예 휴대폰 단말기 ○○○, 자동차 ○○○.

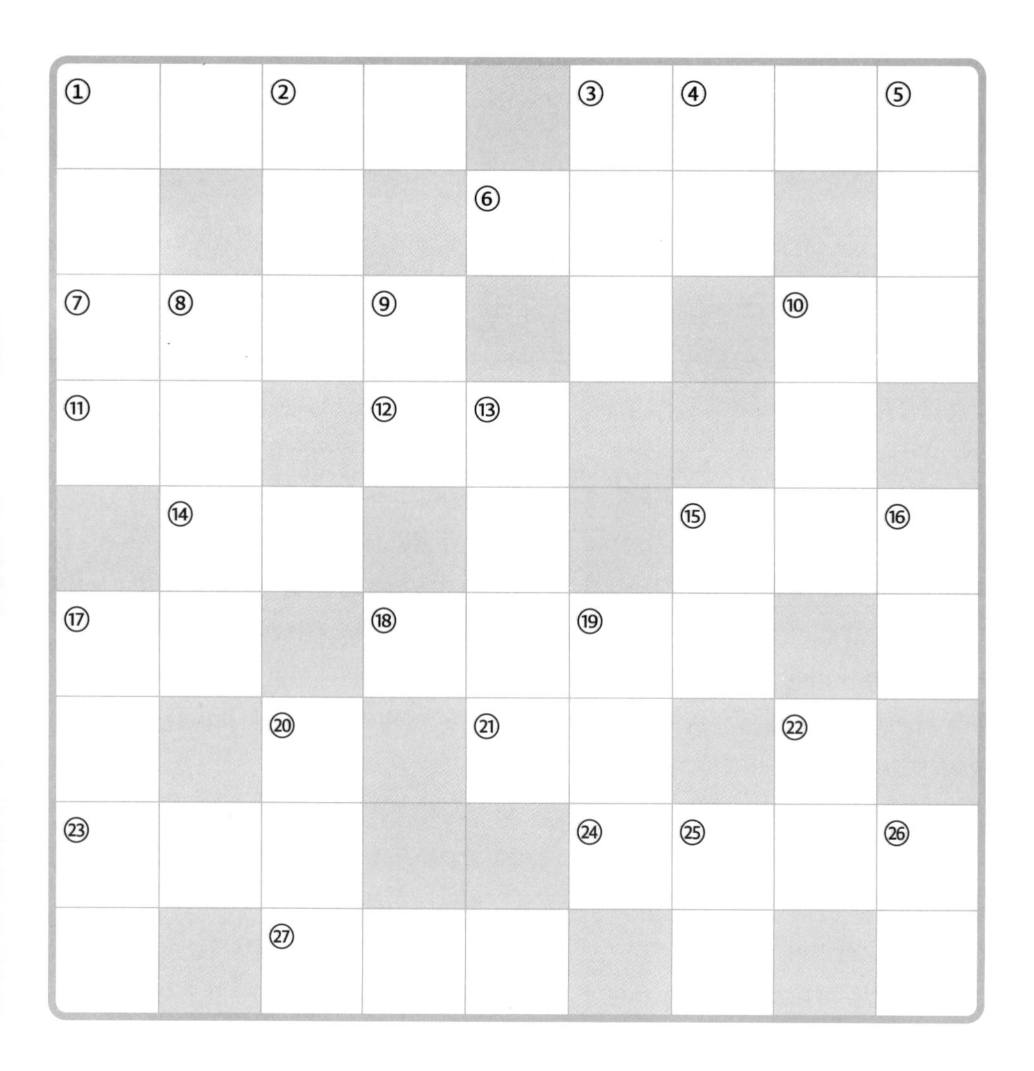

⑬ 자기 논에만 물을 준다. 자기 이익만을 생각하는 이기적인 행태를 일컬음.

⑮ 조선시대 양반집에서 사적으로 부리던 노비.
반 관노

⑯ 금전, 물품 따위를 돌려씀. 그때그때 사정과 형편에 맞게 일을 처리함.
예 당장 1천만 원만 ○○해줘라.

⑰ 큰 재목을 작게 씀. 조직에서 사람을 잘못 쓰고 있거나 사람의 역량을 제대로 발휘하지 못하게 만든다는 뜻.

⑲ 영리 목적이 아닌 공공의 이익을 도모하는 성질. 예 코로나 예방 광고는 ○○○ 광고.

⑳ 빨갛게 충혈된 코.

㉒ 붉은색으로 물렁하게 잘 익은 감.

㉕ 빨리 걷기를 겨루는 육상 경기. 두 발 중 한쪽 발이 지면에서 떨어지면 안 된다.

㉖ 담배 열 갑을 세는 단위.

정답은 107쪽

20 년 월 일 요일

가로열쇠

① 스스로 잘못을 뉘우쳐 새사람이 됨. 예 도둑이었던 그가 ○○○○해서 시장이 되었다.

③ 높은 곳에 오르려면 낮은 곳에서부터 오름. 일을 순서대로 해야 한다는 뜻.

⑥ 한 문중에서 맏이로 이어온 큰집. 비 종갓집

⑦ 일이 있는 바로 그날. 비 즉일
예 ○○치기 부산 여행.

⑧ 눈물을 머금고 마속을 베다. 아끼는 사람에게라 할지라도 법과 원칙을 엄격히 지켜야 한다는 의미.

⑩ 대나무 뿌리로 만든 도장.

⑫ 이름, 주소, 직업 따위를 거짓으로 속임.
예 검사를 ○○한 보이스 피싱.

⑬ 건설에 쓰는 재료. 시멘트, 나무, 벽돌, 철 따위.

⑭ 물건을 담보로 잡고 돈을 빌려주는 사금융.

⑯ 돈 따위 물자를 써서 없앰. 참 생산 비 소모

⑱ 조직에서 자기편끼리 일으킨 분쟁.

⑳ 말과 행동. 예 ○○일치.

㉑ 돼지가죽. 소가죽에 비해 값이 싸며 스웨이드 모자나 스키용 장갑에 활용된다.

㉒ 알을 낳을 능력이 있는 암벌. 반 일벌

㉓ 방을 합침. 성인 남녀가 잠자리를 같이 한다는 뜻.

㉔ 끼니를 거름. 예 ○○아동을 위한 정기후원.

㉕ 달걀로 돌을 침. 상대할 수 없는 강자에게 대항하는 어리석음을 이르는 말.

㉖ 두 사람이 하는 바둑 게임. 같은 색 돌을 외줄로 다섯 개 먼저 놓는 사람이 이긴다.

세로열쇠

① 문을 열어 도둑을 맞이함. 상황 판단을 못 해 제 스스로 화를 불러들인다는 뜻.

② 하루에 천 리를 달린다는 전설의 말. 매우 빠르고 날렵한 것을 비유적으로 이름.

③ 등에 붙어 있는 가죽.
예 너무 말라서 ○○○이 배에 붙었다.

④ 생존한 남의 어머니를 높여 이르는 말. 비 어머님 예 자네 ○○께서는 무탈하신가?

⑤ 한 번도 아니고 두 번도 아님. 같은 일이 아주 많다는 뜻. 예 아무리 단속해도 그런 사고는 여전히 ○○○○하다.

⑨ 빠르게 장전 완료해 빨리 사격할 수 있는 포. 많은 할 말을 빠른 속도로 쏟아내는 것을 비유적으로 이르기도 함.
예 랩을 ○○○처럼 하다.

⑪ 사람을 부리는 데 들어가는 비용. 예 ○○○를 줄일 수 있는 무인 점포가 늘고 있다.

⑮ 추첨에서 뽑힘. 예 로또 ○○.

⑯ 대량을 소량으로 나눔. 예 ○○ 용기.

⑰ 충직한 말은 귀에 거슬림. 양약고구, 즉 좋은

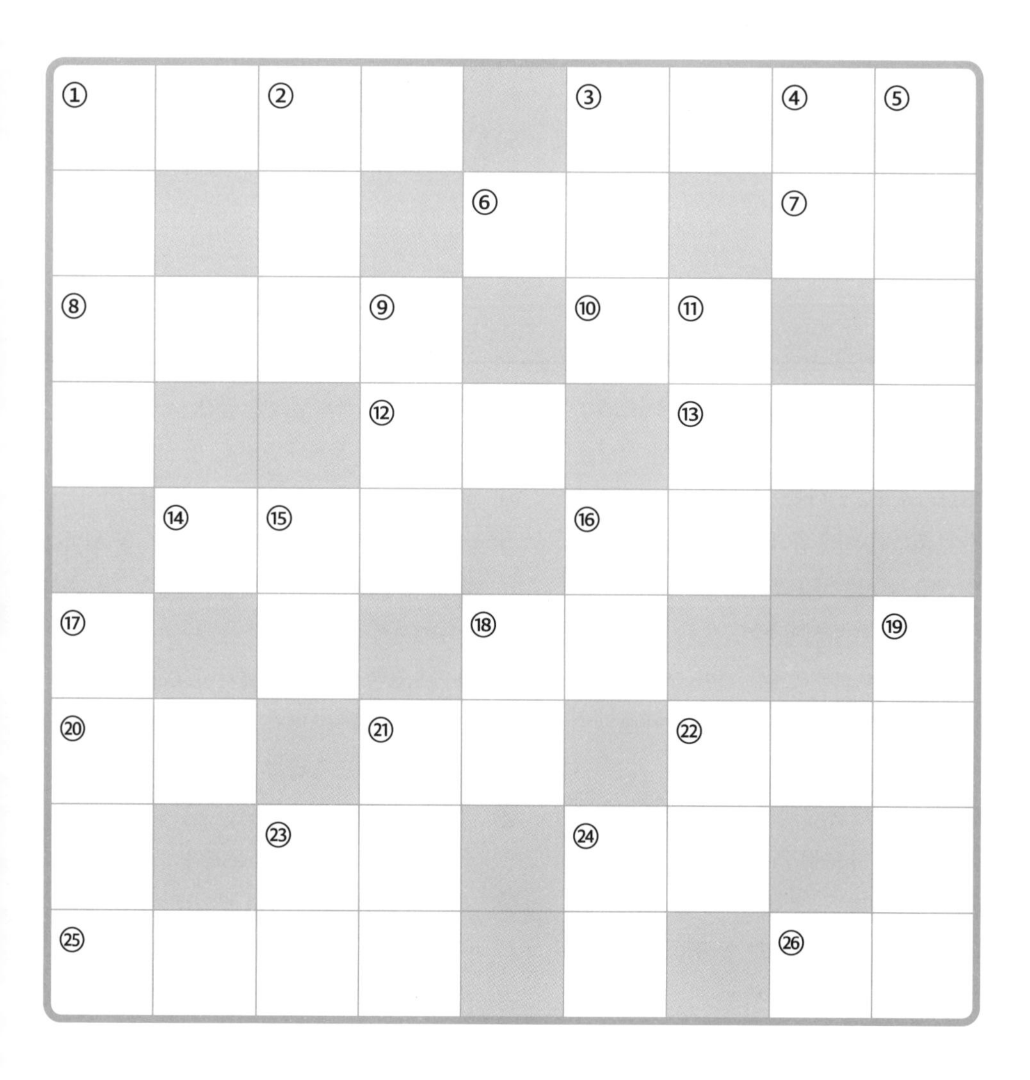

Round 4 문제

약은 입에 쓰다는 말과 짝을 이룸.

⑱ 가죽 제품에서 안쪽에 있는 가죽. 의류의 안쪽 부분.

⑲ 열 번 벤 나무. 열 번 찍어 안 넘어가는 나무 없다는 뜻.

㉑ 깔고 앉을 만큼 돈이 많음을 뜻함.

예 ○○○○에 앉다.

㉒ 자신의 딸을 낮추어 표현하는 말. 비 딸내미

예 제 ○○이 결혼을 합니다.

㉓ 시험이나 심사에 붙음.

예 신랑감으로 ○○이다.

㉔ 표면에 물방울이 서림.

예 ○○ 현상으로 인해 벽지에 곰팡이가 생기다.

정답은 107쪽

20 년 월 일 요일

가로열쇠

① 책을 펼치면 유익하다. 책 읽기를 장려하는 말.

③ 진짜 금은 도금을 하지 않음. 유능한 사람은 겉치레를 하지 않는다는 뜻.

⑤ 도서관, 체육관, 박물관 등 관의 우두머리.

⑦ '가격 대비 성능의 비율'의 준말.
예 ○○○ 좋은 무선청소기.

⑨ 신호 위반, 도로교통표지판 위반, 과속 등 부주의로 인한 사고. 가중 처벌의 대상이다.
예 12대 ○○○ 교통사고.

⑪ 찹쌀, 밀, 메밀 따위의 곡물가루를 둥글넓적하게 부친 음식. 전 또는 과자 형태. 비 센베이, 부꾸미. 예 메밀 ○○, 찹쌀 ○○.

⑫ 그림을 모아서 만든 책 또는 인쇄물.
예 연예인 ○○.

⑬ 축하하는 뜻으로 마시는 술.
예 자, ○○를 들자!

⑮ 임명 또는 발령받아 근무할 곳으로 감.
예 이번에 새로 ○○한 선생님.

⑯ 건물 맨 꼭대기에 설치한 공간.
예 ○○방의 문제아들, ○○방 고양이.

⑱ 심장 기능이 정지된 상태. 비 심장마비

㉑ 버스, 배, 비행기 등에 탑승해 사무 및 서비스를 맡아서 하는 직원. 비행기 ○○○을 흔히 스튜어디스라고 부른다.

㉓ 식구가 적은 가족. 비 핵가족 반 대가족

㉔ 쑥처럼 흐트러진 머리, 때 묻은 얼굴. 외모에 그다지 신경 쓰지 않는 털털함을 일컫는 말.

㉖ 앞으로의 생사, 존망에 관한 것. 비 운명
예 국가의 ○○이 달린 문제다.

㉗ 명절 앞두고 물건이 많이 팔리는 시기.
예 추석 ○○ 맞은 전통시장 모처럼 활기.

㉘ 꿀같이 달콤한 달. 결혼 초기 또는 신혼여행을 가리킴.

㉙ 음식을 먹고 싶은 욕망.
예 ○○이 오르는 천고마비의 계절.

세로열쇠

① 신작 영화를 처음으로 상영하는 영화관.
참 재개봉관

② 유럽연합의 공식 화폐 단위.

③ 귀하고 잘 차린 맛있는 음식. 비 산해진미

④ 초상집에 부조로 돈을 보냄.

⑥ 손에 쥔 보배로운 구슬. 매우 소중한 존재를 가리키는 표현.

⑧ 자신의 병을 이겨내려고 싸움.
예 암 ○○ 환자.

⑩ 축구에서 공을 엉뚱한 방향으로 차는 것.
예 페널티 킥 ○○, 승부차기 ○○.

⑪ 어떤 일을 전문적으로 맡음. 비 전담 예 부

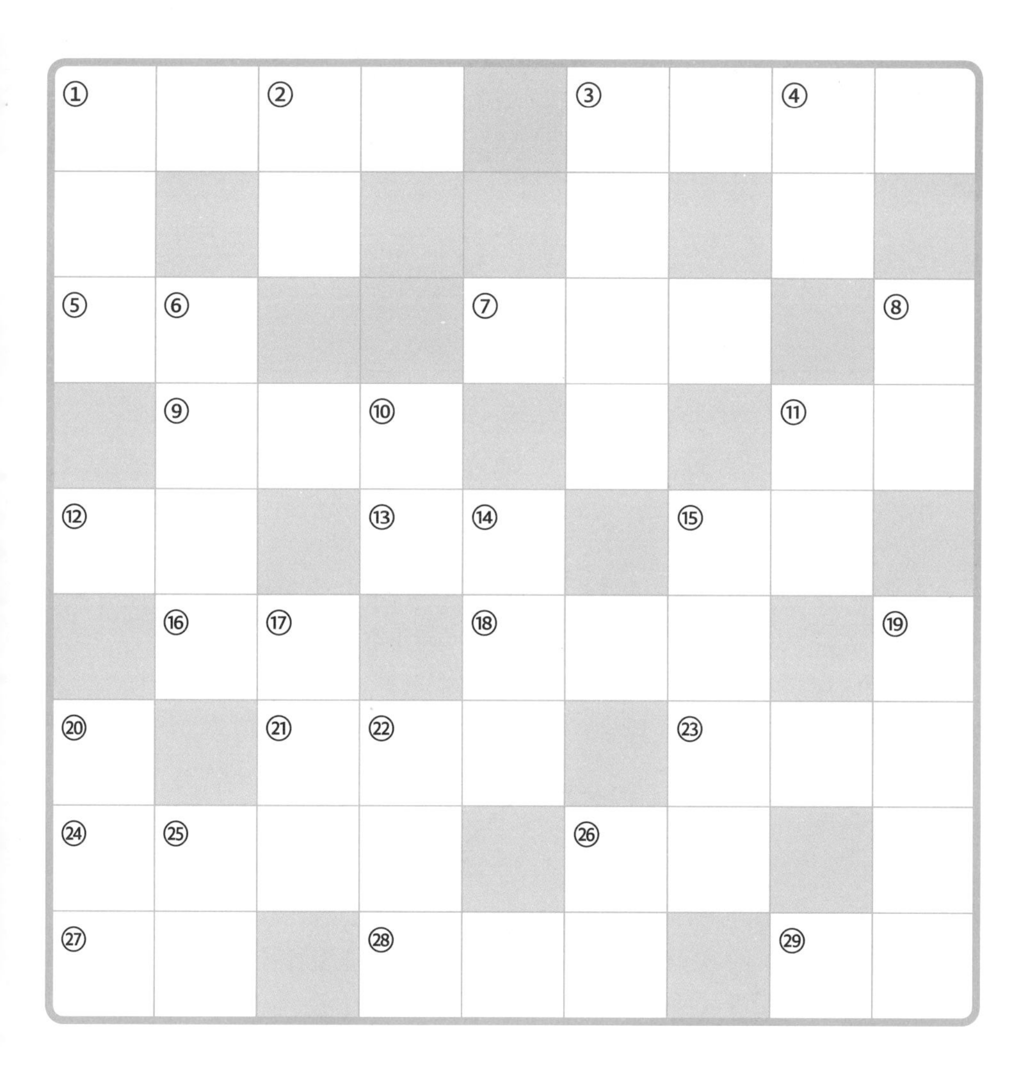

교수에서 ○○ 교수로 승진하다.

⑭ 일반 시민으로서 재판에 참여해 유죄 혹은 무죄를 결정하는 성원. 미국, 영국, 독일, 프랑스 등에 있다.

⑮ 뭐라고 말해야 좋을지 모른다는 뜻. 뜻도 모르고 마구 지껄이는 것을 가리키기도 함.

⑰ 비행기에 탑승하기 위해 들어가는 입구.
예 제주행 승객은 5번 ○○○로 가주시기 바랍니다.

⑲ 만족할 줄 아는 사람은 욕됨이 없음. 분수를 지키면 부끄러움울 일이 없다는 뜻.

⑳ 어떤 일에서 앞장서는 사람들 또는 대열.
비 선발대 예 수해 복구를 돕기 위한 ○○○가 먼저 떠났다.

㉒ 면허가 없음. 예 ○○○ 음주운전.

㉕ 머리와 눈. 보통은 조폭 등 음성적 조직의 우두머리를 뜻함.

㉖ 전통과 명성을 자랑하는 집안, 학교, 팀.
예 ○○고, ○○대, ○○팀.

정답은 108쪽

20 년 월 일 요일

가로열쇠

① 장작 위에 누워 자고 쓴 쓸개를 먹음. 복수하기 위해 칼을 갈며 때를 기다린다는 뜻.

③ 이름과 실상이 서로 맞음.
예 ○○○○한 선진국 대열에 들어가다.

⑥ 약을 먹거나 무언가 일을 했을 때 나타나는 효과. 비 효력, 효용.
예 이 약은 신경통에 ○○이 있다.

⑦ 급수나 등급이 오름. 비 승진, 승격. 예 게임에서 ○○ 퀘스트, 항공기에서 좌석 ○○.

⑧ 천둥과 번개를 동반한 비.

⑩ 돈을 빌려 쓴 대가로 주는 원금 이외의 돈.

⑪ 조선 제4대 왕. 훈민정음을 창제했음.

⑫ 영화나 드라마 등 작품 속 유명한 대사. "니가 가라 하와이." "I'll be back." 등이 예다.
참 명장면

⑭ '서유기'의 주인공. 원숭이들의 대장으로서 삼장법사에게 받은 법명.

⑰ 권장하고 도와줌. 비 권장

⑱ 두 가지 중 뒤에 있는 것. 반 전자

⑳ 누덕누덕 기운 남루한 옷.

㉒ 지리산 정상의 이름.

㉔ 서울 종로에 있는 종각. 새해가 시작되는 밤 12시에 타종 행사가 열린다.

㉖ 농구, 야구, 축구 등 구기 종목의 팀을 소유한 사람.

㉘ 어떤 사람이나 장소를 찾아가 봄.
예 모국을 ○○하다.

㉚ 대한민국 대통령을 보좌하는 제1보좌관. 정식 명칭은 국무○○.

㉛ 처음 세운 뜻을 끝까지 밀고 나감.

㉜ 밤하늘에 반짝이는 무수한 별.
예 ○○○ 같은 할리우드 톱스타들을 물리치고 아카데미상을 석권했다.

세로열쇠

① 흙으로 만든 솥이 천둥 같은 소리를 낸다. 잘 알지도 못하면서 아는 척 큰소리치는 사람.

② 몸의 윗부분. 반 하체

③ 뚜렷한 효험.

④ 위로 올라가는 기세. 비 오름세 반 하락세
예 물가 ○○○, 주가 ○○○.

⑤ 책을 지고 스승을 좇음. 먼 곳에 있는 스승을 찾아 공부하러 간다는 뜻.

⑥ 등을 긁을 때 사용하는 나무막대. 보통 대나무로 만들며 끝이 갈퀴처럼 생겼다.

⑨ 특별 대우해주는 표. 요금을 깎아주거나 우선 순위를 내준다.
예 지하철 ○○○, 장애인 ○○○.

⑬ 모래 위에 세운 누각. 기초가 약해 오래 견디

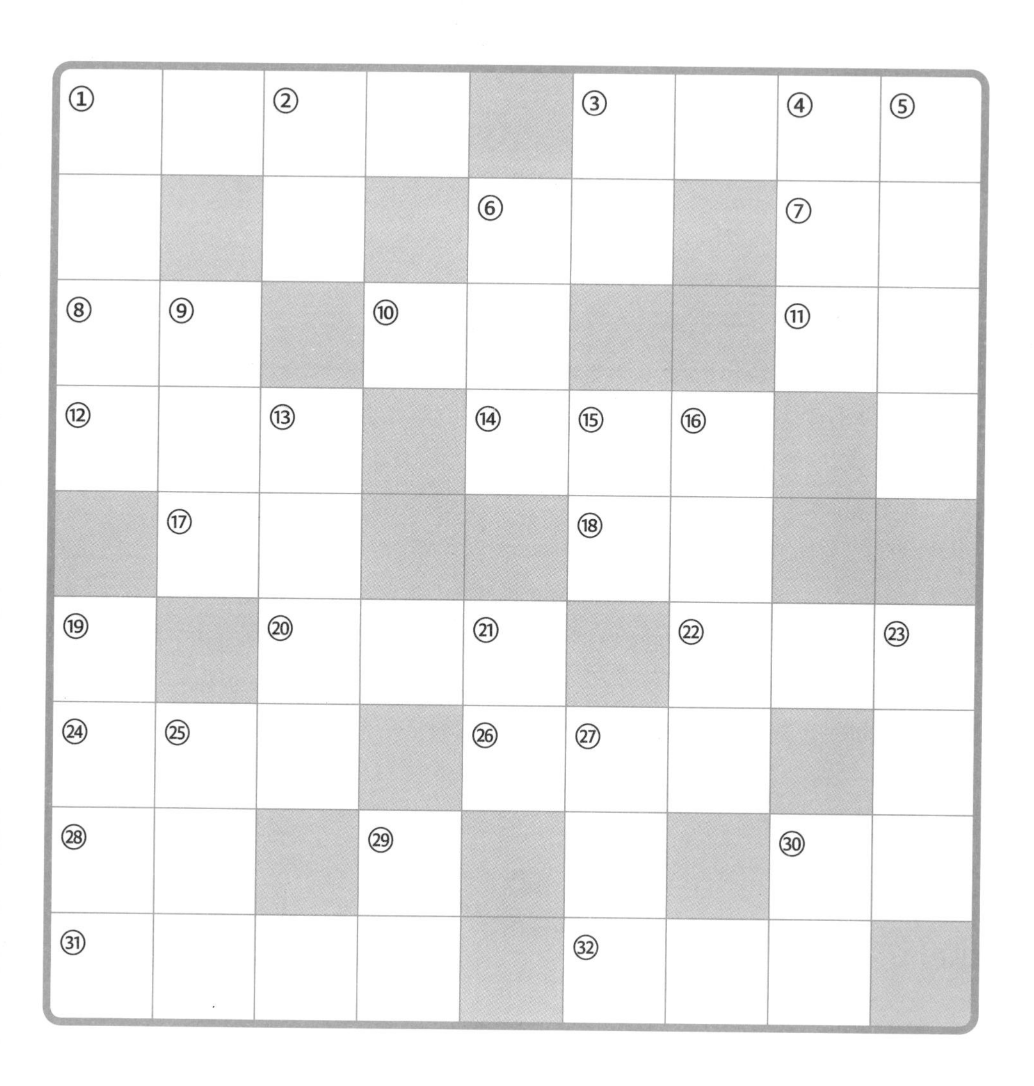

지 못할 것을 가리킴.

⑮ 정오부터 해질 때까지의 시간. 반 오전

⑯ 공자가 구슬을 꿴다. 자기보다 못한 사람에게도 배울 게 있다는 뜻. 비 불치하문 참 "세 사람이 길을 가면 반드시 내 스승이 있다."

⑲ 열 걸음만 걸어도 아름다운 꽃과 풀이 있음. 인재는 도처에 있다는 뜻.

㉑ 공기보다 가벼운 기체를 사용해 공중 높이 띄운 거대한 풍선.

㉓ 꽃이 피기 전 망울진 것.

㉕ 신문이 인쇄된 종이. 예 ○○○를 바닥에 깔고 삼겹살을 굽다.

㉗ 상품 결제, 교통비 결제 때 카드를 넣어 결재하는 기기. 말단 부분의 장치라는 뜻. 예 신용카드 ○○○.

㉙ 물품의 수출입에서 세관을 통과하는 것.

㉚ 총소리를 달리 이르는 말. 예 정보 전쟁, 무역 전쟁은 ○○ 없는 전쟁.

정답은 108쪽

20 년 월 일 요일

가로열쇠

① 산에서도 싸우고 물에서도 싸움. 살면서 온갖 고생과 아픔을 겪었음을 일컫는 말.

③ 권세와 모략과 재주와 꼼수. 목적 달성을 위해 수단, 방법 가리지 않을 때 쓰는 말.
예 ○○○○의 대가.

⑥ 혼례 의식에 쓰이는 화려한 촛불. 결혼식을 "○○을 밝힌다."라고 표현한다.

⑦ 창덕궁 북쪽에 있는 궁중 정원. 창덕궁 후원이라고도 함.

⑨ 취재 기자들이 앉도록 마련한 자리.

⑪ 새도 곤경에 빠지면 사냥꾼의 수레를 엎어버린다. 약자도 살려는 의지만 있으면 괴력을 낼 수 있다는 뜻.

⑭ 최고 통치권자가 국민을 통치하는 권한.
예 ○○에 도전하는 대통령 후보자들.

⑮ 소, 돼지, 양 등 가축을 키우는 직업 또는 사업. 참 낙농업

⑱ 땅에 아스팔트 따위를 깔아 사람이나 자동차가 편하게 다닐 수 있도록 만드는 행위.
예 ○○도로.

⑳ 조직의 대표자나 임원을 뽑는 행위.
예 반장 ○○, 국회의원 ○○.

㉒ 사회 대중의 공통된 의견.
예 ○○ 조사, ○○ 조작.

㉓ 한데 엉켜 치고받으며 싸움. 예 조폭들이 대낮에 도로에서 ○○극을 벌이다.

㉔ 국가나 국제기구에서 공식적으로 사용되는 언어. 예 영어는 세계 ○○○다.

㉕ 좋게 여기는 감정. 반 악감
예 ○○을 주는 인상.

㉖ 햇볕이 구름이나 안개에 가리지 않고 내리쬠.
예 강수량이 집중적으로 많아지는 7월에 ○○량이 가장 낮다.

㉗ 책 중간에 꽂아두는 얇은 판. 종이나 플라스틱 혹은 가죽으로 만든다. 비 북마크

㉘ 곧바로 날아와서 명중한 포탄. 직접적으로 큰 피해를 주는 것을 이르기도 함. 예 아버지의 사업이 IMF 때 ○○○을 맞았다.

세로열쇠

① 대기오염 물질이 섞여 내리는 비. 강한 산성을 띤다.

② 화가 바뀌어 오히려 복이 됨. 좋지 않은 일을 당했을 때 정신을 바짝 차리면 뜻밖의 좋은 결과를 얻을 수 있다는 뜻.

④ 벼의 싹을 못자리에서 논으로 옮겨 심는 일.

⑤ 손에서 책을 놓지 않음. 밤낮 열심히 공부하거나 늘 책을 읽는 책벌레들의 태도를 가리킴.

⑧ 본전을 뜻하는 경제 전문용어. 예 이자는 고사하고 ○○도 돌려받지 못했다.

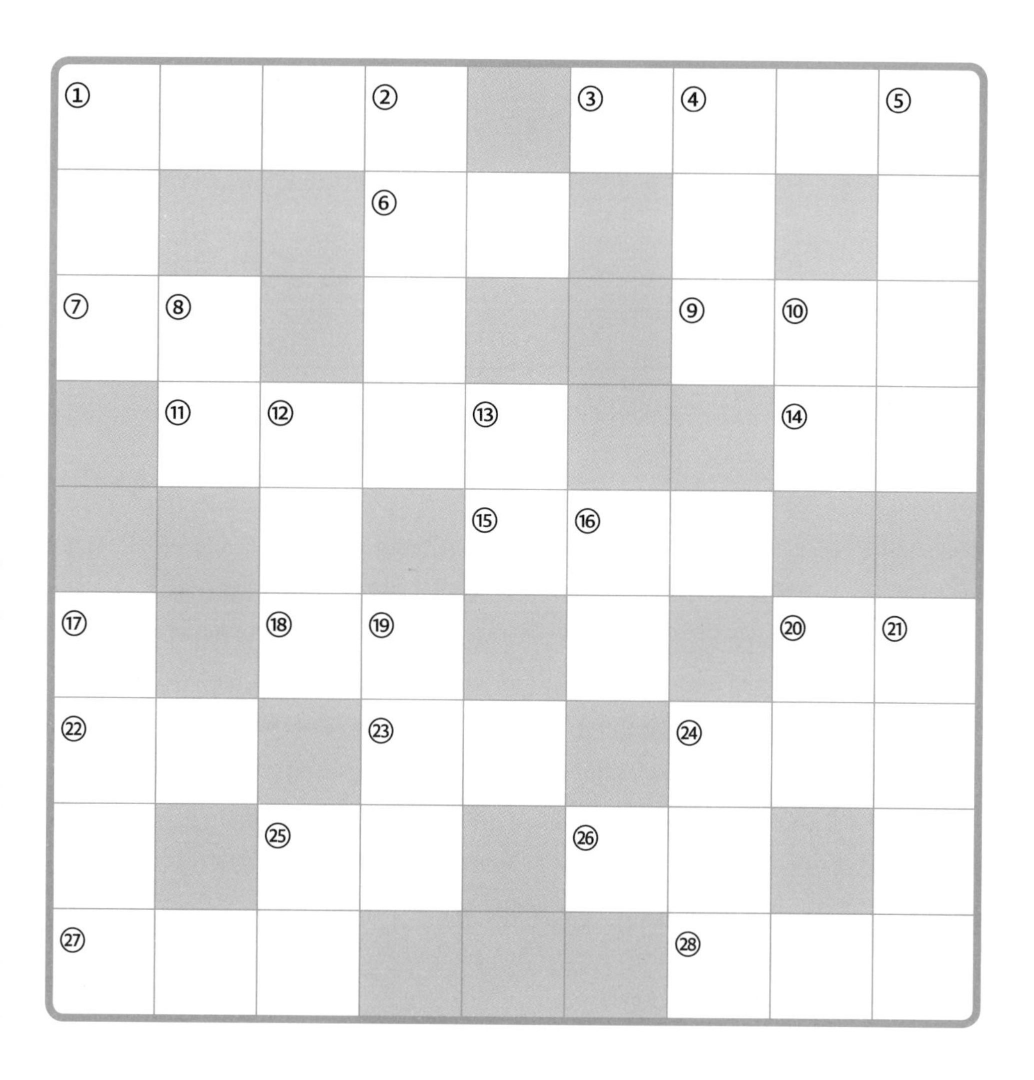

Round 4 문제

⑩ 신병 훈련을 마친 병사가 근무하는 부대.
예 해병대 군악대로 ○○ 배치됨.

⑫ 국왕이 입던 정복. 가슴과 등과 어깨에 용 무늬를 수놓았다.

⑬ 굵고 큰 나무. 큰 인물을 가리키기도 함.
비 거물, 거장. 예 경제계의 큰 ○○이 졌다.

⑯ 축하의 뜻으로 쏘는 공포 사격. 예 개막식 ○○가 터지고 풍선과 비둘기가 날아올랐다.

⑰ 궁한 나머지 짜낸 꾀. 예 ○○○○으로 내놓은 방법일 뿐 근본적인 대책은 될 수 없다.

⑲ 아이들이 가지고 노는 갖가지 놀이 물건.
비 완구 예 ○○○ 병정, ○○○ 자동차.

⑳ 알맞게 또는 좋은 일에 씀. 반 악용 예 노인의 여가 ○○을 위한 문화교실.

㉑ 수레와 고기에 대한 탄식. 사람의 욕심에는 끝이 없다는 뜻.

㉔ 국가나 사회에 관련된 일을 하기 위해 만든 조직. 반 사조직

㉕ 호랑이의 털가죽.
예 ○○ 무늬 원피스, ○○ 무늬 안경테.

정답은 108쪽

20 년 월 일 요일

가로열쇠

① 우레가 치면 천지가 함께 울림. 주관 없이 다수 의견에 이끌려 행동하는 현상. 예 "군자는 화합하지만 ○○○○하지 않는다."

③ 무지하고 이치에 어두움. 비 우불가급

⑥ 요금이 있음. 비 유상 반 무료

⑦ TV 프로그램을 시청하는 사람. 비 청취자

⑩ 목숨이 위태로울 정도의 큰 병.

⑪ 선인장의 열매. 용의 여의주 모양을 닮았다고 해서 붙인 이름. 겉은 울퉁불퉁한 붉은색이며 과육은 보통 흰색에 검은 점들이 있다.

⑫ 반딧불과 눈빛으로 이룬 공. 가난한 가운데 고생고생해서 공부했다는 뜻. 비 주경야독

⑭ 상품의 판매를 목적으로 하는 비즈니스. 예 ○○에 종사하는 사람을 상인이라 한다.

⑱ 이상하고 신비한 이야기. 비 괴담, 미스터리.

⑲ 주식 따위를 증권시장에 올려 증권이 거래되도록 함.

⑳ 결혼식 때 신부가 머리에 쓰는 천.

㉑ 주된 질병으로 생긴 다른 질병. 동시에 생기기도 하고 전후에 생기기도 함. 예 당뇨병 ○○○으로 망막증이 발생했다.

㉓ 출가했던 승려가 다시 일반인으로 돌아옴. 수도자가 속세로 돌아간다는 뜻.

㉕ 지진이나 전쟁 등 비상사태 시 생명과 재산을 지키기 위해 피신하는 곳.

㉗ 진짜 살아있는 꽃. 반 조화

㉘ 정해진 급여 외에 추가로 주어지는 돈. 명절이나 휴가, 혹은 성과에 따라 주어진다. 비 상여금

세로열쇠

① 부녀자의 말은 무조건 옳다고 여김. 여자에 빠져 잘못된 판단을 하는 것을 경계하는 말. 참 "암탉이 울면 집안이 망한다."

② 뇌가 죽은 상태의 사람. 참 식물인간 예 ○○○의 장기를 이식하다.

③ 싸움이나 경기에서 한 번도 패하지 않음.

④ 수면 상태에서 걸어 다니거나 말을 하는 등 비교적 복잡한 신체활동을 하는 장애.

⑤ 사람의 마음을 완전히 사로잡아 호림. 비 매혹 예 한국의 매운맛에 ○○된 외국인들.

⑧ 신선한 과일과 채소를 이르는 말. 예 가락동 ○○○ 시장.

⑨ 예부터 민간에 전해 내려오는 이야기. 비 설화 예 "○○의 고향."

⑩ 제철업, 조선업, 기계 제조업 등 비교적 무거운 물건을 만드는 공업. 반 경공업

⑫ 친형 또는 형뻘 되는 사람의 아내를 부르는 말.

⑬ 종이 위에서 병법을 논함. 어설픈 지식만 늘어

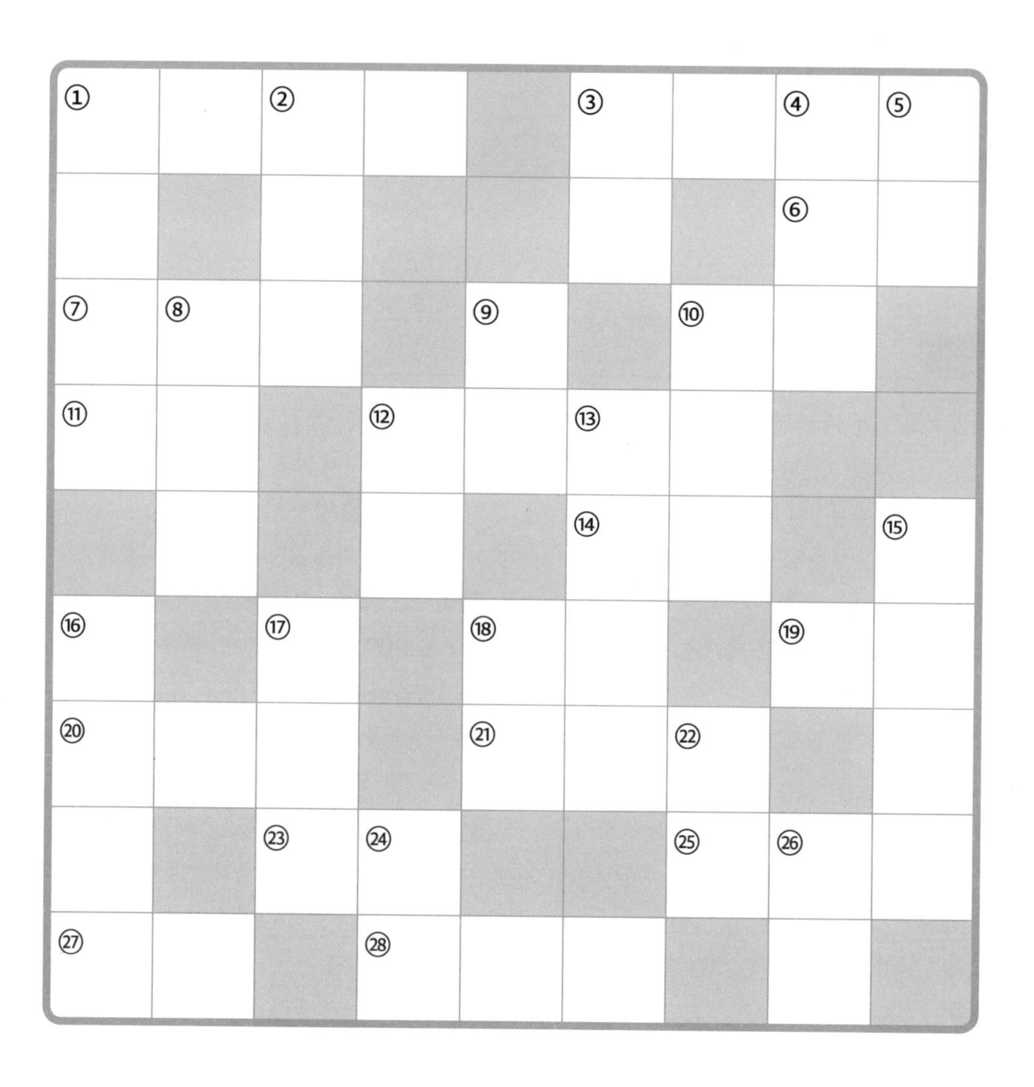

놓는 것을 뜻함. 비 탁상공론

⑮ 손뼉을 치며 크게 웃음. 비 가가대소

⑯ 흰 얼굴에 글만 읽는 사람. 공부만 많이 했지 세상 물정 모르는 사람.

⑰ 원 안에서 포환을 던져 누가 더 멀리 보냈는지로 승부를 보는 육상 경기.

⑱ 뭔가 중요한 일을 하기에 앞서 정신을 집중하려고 내는 소리. "얍!" 따위의 소리를 낸다.
예 태권도 시합에 앞서 선수가 ○○을 넣다.

㉒ 무언가를 늘려서 많게 함.
예 고용 ○○, 생산량 ○○.

㉔ 속속 들어오는 정보.
예 방금 들어온 뉴스 ○○입니다.

㉖ 빙판에서 음악에 맞춰 스케이팅 기술을 선보이는 스포츠. 예 ○○퀸 김연아.

정답은 108쪽

20 년 월 일 요일

가로열쇠

① 학처럼 목을 길게 빼고 간절히 기다림.
예 ○○○○하던 여름휴가.

③ 물과 물고기의 관계. 떼려야 뗄 수 없는 사이.

⑥ 머리카락을 깎음. 보통 남자 머리를 깎을 때 씀.

⑦ 학문에 힘씀. 예 ○○ 분위기 좋은 학원 추천.

⑧ 대한민국 제2도시. 동남부 해안에 위치한 광역시.

⑩ 거문고와 비파. 부부애를 가리킴. 비 금실
예 ○○ 좋은 부부.

⑫ 말이 문장을 이루지 못함. 말이 이치에 맞지 않는다는 뜻. 예 "술은 마셨지만 음주운전은 하지 않았다."라는 말은 ○○○○이다.

⑭ 흰모래가 깔려 있는 곳. 보통 해변의 모래밭을 일컬음.

⑮ 동전, 지폐, 수표 등을 통칭하는 말.
비 돈, 통화.

⑯ 해마다 드리는 제사. 비 기일
예 아버님 ○○를 위해 음식을 장만했다.

⑱ 꼬리 아홉 달린 여우.

⑲ 스스로 움직이지 않고 다른 물체의 작용을 받아 움직임. 반 자동

㉑ 학이 날개를 펴는 모양을 진으로 이용해 만든 진법. 이순신 장군이 임진왜란 때 사용한 전법.

㉓ 구름을 바라보며 느끼는 정. 타향에서 고향에 계신 부모를 그리워하는 마음. 비 백운고비

㉕ 모든 수단을 동원해 광범위하게 펼치는 전쟁.
비 총력전 반 국지전 예 러시아가 우크라이나에 ○○○을 선포했다.

㉖ 앞쪽 엔진룸과 뒤쪽 트렁크가 돌출된 형태의 자동차. 몸매가 앞뒤로 매끈한 모양새다.
참 왜건, 해치백.

㉗ 맛있다고 소문난 음식점.
예 ○○ 투어, ○○ 어플.

㉘ 죄를 용서해 형벌을 면제함.
예 광복절 특별 ○○.

세로열쇠

① 수레바퀴 자국에 고인 물속의 붕어. 당장의 도움이 절실한 다급한 상황을 이름.

② 쓴 술이 담긴 잔. 쓰라린 경험을 비유적으로 이름. 예 이번에도 불합격의 ○○를 마셨다.

③ 거동이 불편한 사람 곁에서 여러 가지 활동을 도움. 비 시중, 바라지. 예 어머니 병 ○○을 들다.

④ 신문, 잡지 따위 글이 인쇄된 면.
예 ○○에 실린 기사와 온라인용 기사.

⑤ 가르침과 배움은 서로를 성장시킴. 스승도 제자에게 배울 것이 있다는 뜻.

⑥ 공기 중 수증기가 작은 물방울이 되어 물체에

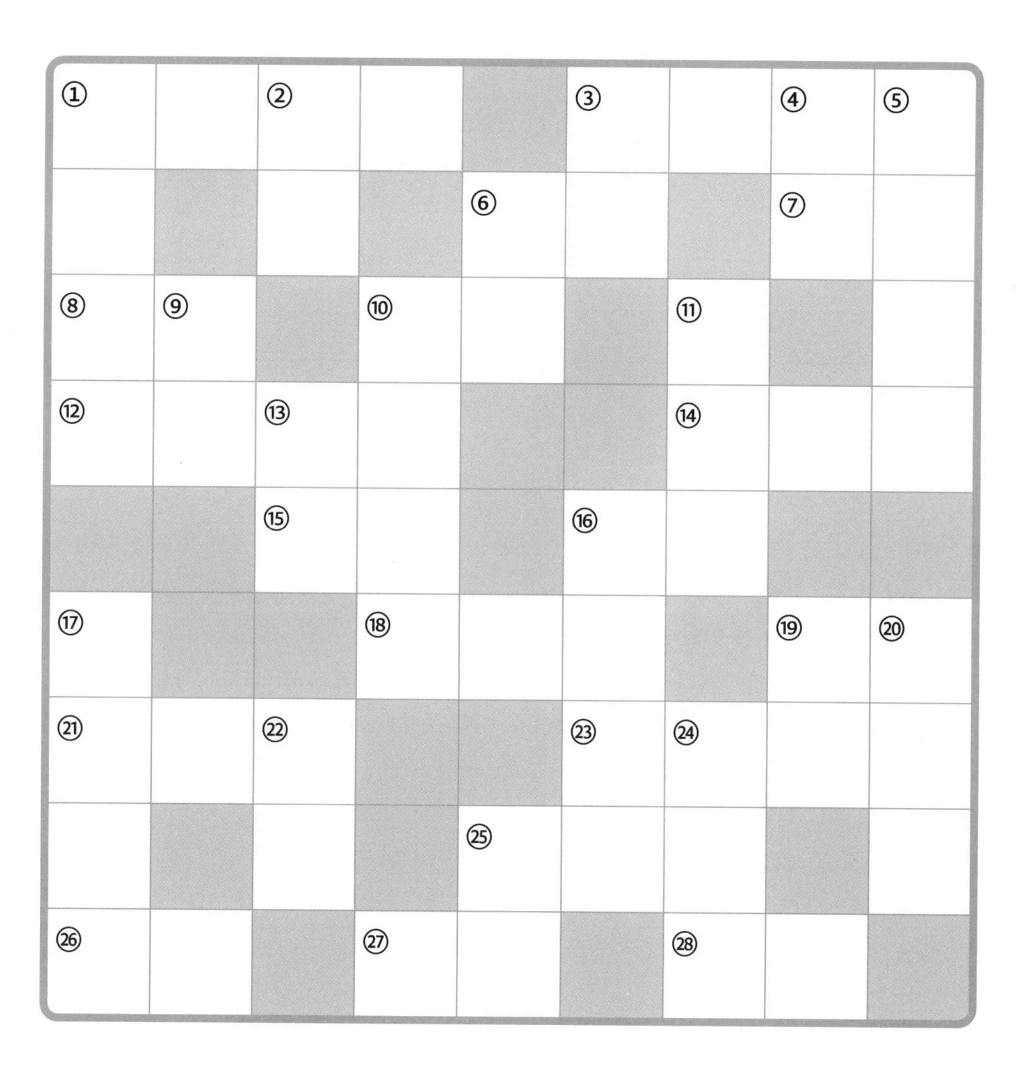

맺힌 것. 예 아침 ○○.

⑨ 산에 난 불. 예 ○○ 조심.

⑩ 쇠로 된 혀가 입을 가림. 입을 굳게 다물고 말하지 않는다는 뜻.

⑪ 후삼국 시대, 한반도 남서쪽 지역에 견훤이 세운 나라.

⑬ 올림픽 개막을 알리며 점화하는 횃불. 그리스 올림피아에서 점화한 것을 올림픽 개최지까지 릴레이로 봉송한다.

⑯ 거의 잊어버린 얼굴.

⑰ 배운 것을 굽혀 세상 속물들에게 아첨함. 출세욕이나 권력욕에 사로잡혀 바른말을 하지 않는 지식인을 비판하는 말.

⑲ 수입과 지출. 거래 관계에서 얻는 이익을 뜻함. 예 ○○ 맞는 장사.

⑳ 선거에서 후보자를 동정해 주는 표.

㉒ 환자의 맥을 짚어 진단하는 의료 행위. 보통 한의사들이 한다.

㉔ 택시, 버스 등 차량 운전을 직업으로 하는 사람.

㉕ 특정 주제의 시리즈 전체를 모은 책.
반 단행본 예 세계 문학 ○○, 세계 위인 ○○.

정답은 109쪽

20 년 월 일 요일

가로열쇠

① 어른과 아이 사이에는 차례가 있음.

③ 사방으로 거칠 것 없이 나아가는 자유로운 모습. 예 뮤지컬에서 드라마로 ○○○○ 활약하고 있다.

⑥ 상점에서 물건을 펼쳐놓고 파는 자리. 예 ○○에 진열된 책, 서가에 꽂힌 책.

⑦ 명예퇴직의 준말. 근로자 스스로 결정해 직장을 그만둠.

⑧ 경력이나 나이가 앞선 사람. 반 후배

⑩ 진한 국물. 거짓 없이 참된 사람을 이르는 말. 예 그와 같은 ○○은 없습니다.

⑪ 비가 그친 뒤 공중에 나타나는 일곱 빛깔 띠.

⑬ 많은 경험을 쌓아 노련하거나, 나이 많은 사람을 높여 이르는 말. 예 백전○○.

⑮ 항해 중인 배에 발생한 재난. 예 해군의 ○○ 구조전대(SSU).

⑯ 선 자세에서 한쪽 다리는 뒤로, 다른 한쪽 다리는 앞으로 뻗은 뒤 앉으면서 각도가 90도 될 때까지 다리만 굽혔다 펴는 운동. 참 스쾃(스쿼트)

⑰ 설정된 시간이 되었을 때 알람을 울리는 기기. 예 주방 요리 ○○○.

⑲ 나무랄 데 없이 훌륭한 것에 있는 사소한 흠. 예 고려시대 드라마인데, 반창고 붙인 손은 ○○○다.

㉑ 생산 과정에서 보조적으로 사용되는 자재. 반 주자재

㉓ 사람이 접근하기 힘든 험한 곳. 비 벽지, 두메산골. 예 아프리카 ○○로 발령을 받았다.

㉔ 도움이 되거나 이로움. 예 ○○하고 재미있는 책.

㉕ 국민이 먹고사는 데 겪는 어려움. 예 고물가, 고금리로 인한 ○○○를 해결하라.

㉖ 적은 무리로 많은 적을 상대할 수 없음.

㉘ 좋아하여 가까이 두고 기르는 개. 비 반려견

㉙ 남보다 먼저 근심하고, 남보다 뒤에 즐기다. 정치가의 덕목을 가리킴.

세로열쇠

① 소매가 길면 춤을 잘 출 수 있음. "○○○○ 다전선고(밑천이 많으면 장사를 잘한다)"의 준말.

② 알에서 나와 아직 자라지 않은 벌레. 비 애벌레 반 성충 예 굼벵이는 매미의 ○○.

③ 세로로 줄을 지어 늘어선 대형. 반 횡대 예 일렬○○로 서라!

④ 이름이 알려지지 않음.

⑤ 나아갈 수도 물러설 수도 없는 난관. 이러지도 저러지도 못하는 어려운 처지를 가리킴.

⑥ 국익에 반하는 행동으로 조국을 배신하는 사람. 예 이완용은 대표적인 ○○○다.

⑨ 옷이나 모자에 부착해 신분을 나타내는 물건.

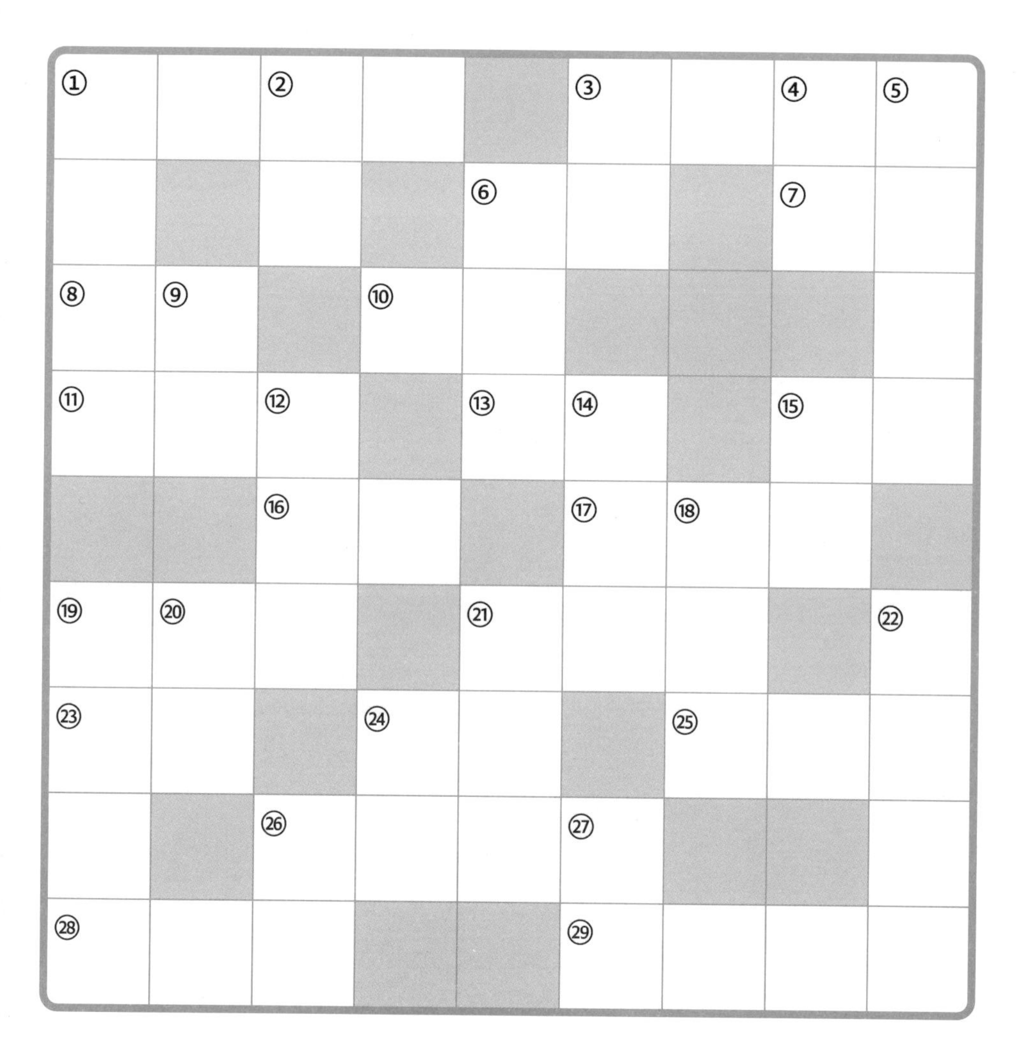

예 국회의원 ○○, 경찰 ○○.

⑫ 배우가 작품에 출연할 때 받는 금액. '보장'을 뜻하는 영어에서 온 외래어.

⑭ 골프나 야구에서 비거리를 많이 내는 자. 야구의 ○○○를 '슬러거'라고도 한다.

⑮ 쇠로 된 대형 망치. 육상 경기 중 ○○던지기 종목이 있다.

⑱ 재해를 입은 사람. 예 홍수 ○○○.

⑲ 지붕 위에 있는 까마귀를 사랑함. 누군가를 사랑하면 그 집 지붕에 있는 까마귀까지 사랑스럽게 보인다는 뜻.

⑳ 스케이트에서 빙판에 접촉하는 금속 날. 패션 감각이 세련되었다는 뜻으로 "○○ 있다."라고 함.

㉑ 부자일수록 더욱 부자가 됨. 반 빈익빈

㉒ 마른 나무를 꺾고 낙엽을 떨어냄. "식은 죽 먹기"처럼 매우 쉬운 일을 뜻함.

㉔ 밀가루나 쌀가루 반죽을 쪄서 말린 뒤 기름에 튀겨내 꿀을 바르고 고명을 입힌 한과.

㉖ 어떤 집단이나 사회에서 가운데 위치에 있는 사람. 예 ○○ 간부, ○○ 기업.

㉗ 선행을 쌓음. 비 자선, 시혜.

정답은 109쪽

Round 4 정답

31회

①교	언	②영	색		③대	우	④탄	⑤금
과		사		⑥창	법		⑦성	의
⑧서	⑨제	막	⑩급		⑪원	⑫단		야
	과		⑬행	낭		⑭역	⑮주	행
⑯채	점	⑰표			⑱동		유	
팅		⑲백	약	⑳지	장		㉑소	㉒동
	㉓공	제		㉔사	군	㉕자		가
㉖엄	수		㉗화	제		전		홍
㉘동	표	서	랑				㉙부	상

33회

①부	창	②부	수		③주	④마	가	⑤편
중		지		⑥갈	근	차		집
⑦생	⑧기	사	⑨귀		깨		⑩할	증
⑪어	구		⑫농	⑬아			부	
	⑭지	단		전		⑮사	금	⑯융
⑰대	업		⑱천	인	⑲공	노		통
재		⑳딸		㉑수	익		㉒홍	
㉓소	나	기			㉔성	㉕경	시	㉖보
용		㉗코	너	킥		보		루

32회

①명	재	②경	각		③표		④독	점
약		매		⑤소	리	장	도	
⑥관	세		⑦졸	장	부			⑧빈
화		⑨잔	업		동		⑩문	자
	⑪증		⑫식	⑬판		⑭발	전	소
⑮일	시	⑯불		문			⑰성	인
벌		가		⑱점	⑲호		시	
⑳백	절	불	㉑굴		㉒봉	㉓창		㉔손
계			㉕뚝	심		㉖제	헌	절

34회

①개	과	②천	선		③등	고	④자	⑤비
문		리		⑥종	가		⑦당	일
⑧읍	참	마	⑨속		⑩죽	⑪인		비
도			⑫사	칭		⑬건	설	재
	⑭전	⑮당	포		⑯소	비		
⑰충		첨		⑱내	분			⑲십
⑳언	행		㉑돈	피		㉒여	왕	벌
역		㉓합	방		㉔결	식		지
㉕이	란	격	석		로		㉖오	목

35회

①개	권	②유	익		③진	금	④부	도
봉		로			수		의	
⑤관	⑥장			⑦가	성	비		⑧투
	⑨중	과	⑩실		찬		⑪전	병
⑫화	보		⑬축	⑭배		⑮부	임	
	⑯옥	⑰탑		⑱심	정	지		⑲지
⑳선		㉑승	㉒무	원		㉓소	가	족
㉔봉	㉕두	구	면		㉖명	운		불
㉗대	목		㉘허	니	문		㉙식	욕

36회

①와	신	②상	담		③명	실	④상	⑤부
부		체		⑥효	험		⑦승	급
⑧뇌	⑨우		⑩이	자			⑪세	종
⑫명	대	⑬사		⑭손	⑮오	⑯공		사
	⑰권	상			⑱후	자		
⑲십		⑳누	더	㉑기		㉒천	왕	㉓봉
㉔보	㉕신	각		㉖구	㉗단	주		오
㉘방	문		㉙통		말		㉚총	리
㉛초	지	일	관		㉜기	라	성	

37회

①산	전	수	②전		③권	④모	술	⑤수
성			⑥화	촉		내		불
⑦비	⑧원		위			⑨기	⑩자	석
	⑪금	⑫곤	복	⑬거			⑭대	권
		룡		⑮목	⑯축	업		
⑰궁		⑱포	⑲장		포		⑳선	㉑거
㉒여	론		㉓난	투		㉔공	용	어
지		㉕호	감		㉖일	조		지
㉗책	갈	피				㉘직	격	탄

38회

①부	화	②뇌	동		③무	지	④몽	⑤매
언		사			패		⑥유	료
⑦시	⑧청	자		⑨전		⑩중	병	
⑪용	과		⑫형	설	⑬지	공		
	물		수		⑭상	업		⑮박
⑯백		⑰투		⑱기	담		⑲상	장
⑳면	사	포		㉑합	병	㉒증		대
서		㉓환	㉔속			㉕대	㉖피	소
㉗생	화		㉘보	너	스		겨	

정답 39-40회

39회

①학	수	②고	대		③수	어	④지	⑤교
철		배		⑥이	발		⑦면	학
⑧부	⑨산		⑩금	슬		⑪후		상
⑫어	불	⑬성	설			⑭백	사	장
		⑮화	폐		⑯기	제		
⑰곡			⑱구	미	호		⑲수	⑳동
㉑학	익	㉒진			㉓망	㉔운	지	정
아		맥		㉕전	면	전		표
㉖세	단		㉗맛	집		㉘사	면	

40회

①장	유	②유	서		③종	횡	④무	⑤진
수		충		⑥매	대		⑦명	퇴
⑧선	⑨배		⑩진	국				양
⑪무	지	⑫개		⑬노	⑭장		⑮해	난
		⑯런	지		⑰타	⑱이	머	
⑲옥	⑳에	티		㉑부	자	재		㉒절
㉓오	지		㉔유	익		㉕민	생	고
지		㉖중	과	부	㉗적			진
㉘애	완	견			㉙선	우	후	락

알수록 재미있는 고사성어

- **금곤복거:** 날짐승 금(禽) 곤할 곤(困) 뒤집힐 복(覆) 수레 거(車)로 이루어진 고사성어. "날짐승도 곤경에 처하면 사냥꾼의 수레를 뒤집어 엎는다."는 뜻으로 아무리 약자라 해도 어마어마한 괴력을 낼 수 있는 잠재력이 있음을 말합니다.

전국 시대 진(秦)나라 상수에게 한(韓)나라 재상이었던 공중치가 한 말이었습니다. 진의 전성기인 소양왕 때 정사를 돕던 상수는 초나라와 손을 잡고 한나라를 치려는 음모를 세우고 있었습니다. 이를 알아챈 한의 공중치가 상수에게 이렇게 말합니다.

"짐승도 궁지에 몰리면 수레를 엎어버립니다. 그대는 초나라와 화해해 한나라를 무너뜨리려고 합니다. 공중치는 사병이라도 거느려 진에 대항하려 합니다." -《전국책 한책편(戰國策 韓策篇)》

"지렁이도 밟으면 꿈틀한다."고 아무리 약자라도 우습게 봐선 안 됩니다. 약자라도 죽기 살기로 덤비면 무서운 괴력을 발휘할 수 있는 법입니다. "금곤복거" 이 고사성어를 기억합시다. 약자라도 매사에 온힘을 기울인다면 이기지 못할 것이 없습니다. 반대로 강자라도 약자를 함부로 보고 교만해선 안 되겠죠.

Round 5 문제

20 년 월 일 요일

가로열쇠

① 까마귀 날자 배가 떨어짐. 그 일과 전혀 무관한 일을 했는데 억울한 누명을 쓰거나 난처하게 되었다는 뜻. 참 "뒤로 자빠져도 코가 깨진다."
③ 마른 나무에서 물이 남. 아무것도 없는 사람에게 무리한 요구를 한다는 뜻.
⑥ 낚시로 낚은 물고기가 1척이 넘음. 큰 물고기라는 뜻으로 매우 운이 좋았을 때 하는 말.
⑦ 거대한 몸집. 예 115kg ○○를 박살낸 70kg 레슬링 선수.
⑧ 성이 같음. 예 ○○동본 결혼은 한때 금지였다.
⑩ 10일의 국화. 국화의 절정을 하루 놓쳤다는 뜻. 시기가 지나 쓸모없게 된 일을 가리킴.
⑫ 어떤 물건이 주로 생산되는 지역. 예 감귤의 ○○○는 제주도.
⑭ 벌레의 출입을 막기 위해 치는 망.
⑯ 아기를 업거나 안을 때 사용하는 침구. 비 강보
⑱ 만 번 (생각해도) 마땅치 않음. 어림없는 일을 뜻하는 말. 예 천부당○○○한 소리.
⑳ 법도 밖으로 간주함. 안중에 두지 않고 무시한다는 뜻. 비 묵살, 외면. 참 등한시
㉒ 순금 덩어리. 비 골드바
㉔ 복사기나 레이저 프린터에서 잉크 역할 하는 것. 얼굴에 바르는 화장수.
㉕ 지방 함유가 매우 높음. 예 아보카도는 건강에 좋은 ○○○ 식품.
㉗ 손자가 조부모에게 자신을 낮춰 표현하는 말. 예 ○○, 할바마마께 문안 드립니다.
㉙ 태어난 달을 상징하는 보석. 예 1월의 ○○○은 석류석.
㉛ 땅을 파다가 금을 얻다. 뜻밖의 횡재를 뜻함.
㉜ 결혼하지 않은 남자. 참 처녀

세로열쇠

① 오나라와 월나라가 한배를 탐. 아무리 적이라도 필요하면 힘을 모은다는 뜻.
② 비행기가 땅에서 하늘로 날아오름. 반 착륙
③ 바다나 강을 막아 물을 빼내 만든 땅. 예 새만금 ○○○.
④ 거두어서 가져감. 예 재활용품 분리 ○○, 음식물 쓰레기 ○○, 헌옷 ○○함.
⑤ 산 입에 거미줄 치지 않음. 아무리 어려워도 먹고살 수는 있다는 뜻.
⑥ 달과 날. 예 '가로세로 낱말퍼즐' 풀 때 ○○을 쓰세요.
⑨ 제주도 서귀포시 성산읍의 옛말. 일출봉이 유명하다.
⑪ 우리나라 국방 및 군사 업무를 관장하는 중앙 행정기관.
⑬ 동일한 지리적 속성이 나타나는 구역.

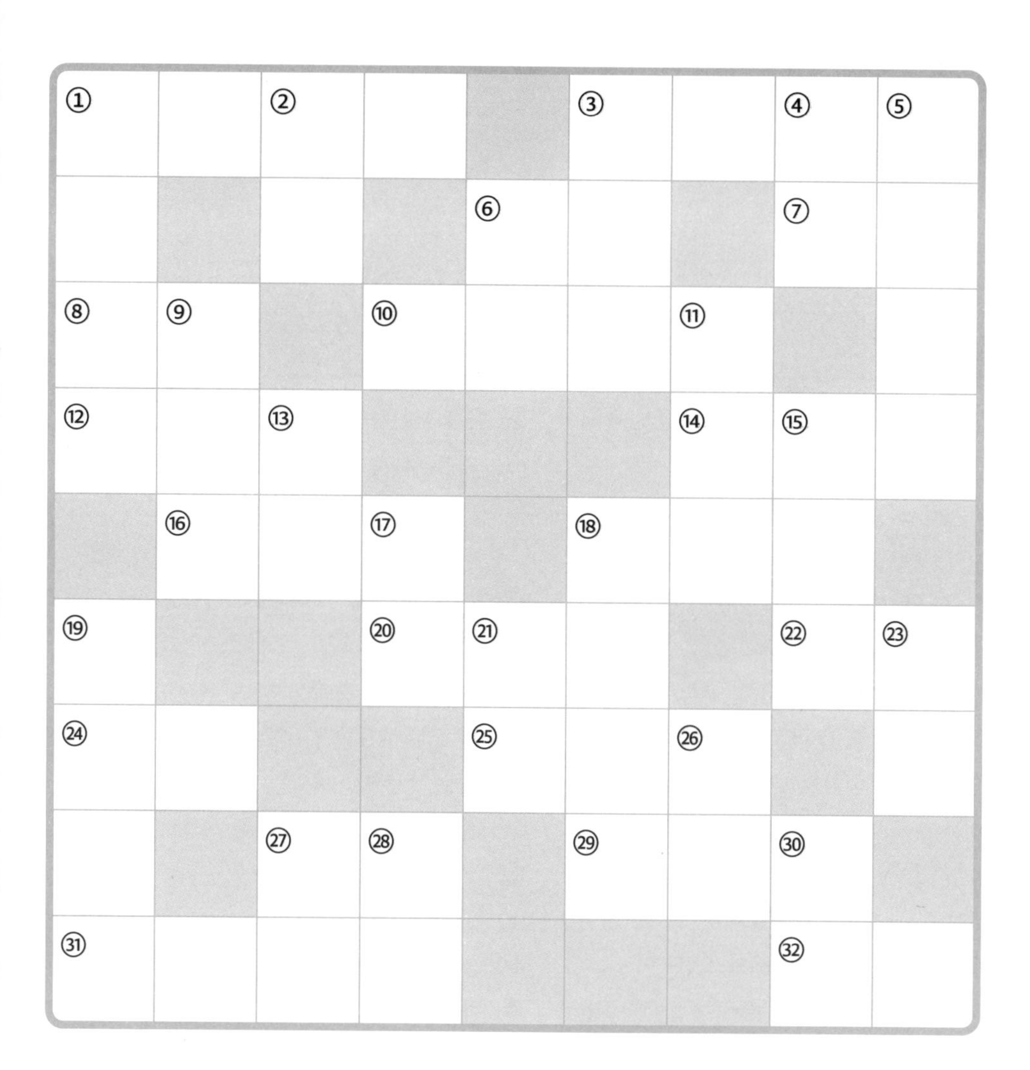

예 평야 ○○, 해안 ○○.

⑮ 건물 등 유형자산의 기능 저하를 방지하기 위해 매년 수선금을 추산해 설정한 금액.

예 아파트 특별 수선 ○○○, 자가보험 ○○○, 대손 ○○○.

⑰ 호흡할 때 공기가 지나가는 길. 콧구멍에서 목구멍으로 이어짐. 예 식사 중 ○○가 막힐 때 하임리히 요법으로 응급 구조.

⑱ 때늦은 한탄. 기회를 놓친 것을 원통해함.

⑲ 교활한 토끼는 세 개의 굴을 판다. 피할 길을 여러 개 마련하는 지혜를 강조.

㉑ 외국어고등학교의 준말.

㉓ 늘 괴상한 짓을 하는 사람. 비 기인

㉖ 물고기나 거북이를 산 채로 놓아줌.

㉗ 어떤 일을 한 대가로 얻는 이익.

예 종합 ○○세, ○○공제.

㉘ 손바닥에 그어진 금. 그 모양을 보고 점을 치기도 함.

㉚ 돌을 쌓아 만든 무덤. 고인돌, 돌무덤 따위.

참 토총

Round 5 문제

정답은 133쪽

20 년 월 일 요일

가로열쇠

① 즐거움은 걱정하는 가운데 나옴. "고생 끝에 낙이 온다."는 뜻.

④ 보통 사람이 할 수 없는 기발하고 엉뚱한 생각. 예 ○○○○한 보이스 피싱 수법들.

⑦ 닭고기나 달걀을 얻기 위해 닭을 기름.

⑧ 정원에 심어 가꾸는 나무.

⑨ 살갗에 그림이나 글씨를 새기는 일.

⑪ 영화를 전문적으로 상영하는 시설을 갖춘 건물.

⑬ 고니를 귀하게 여기고 닭을 천하게 여김. 먼데 있는 것을 귀하게 여기고 곁에 있는 존재는 천대한다는 뜻.

⑮ 창문이나 미닫이문에 가로세로로 가로지른 나뭇조각. 보통 전통 가옥에서 쓰임.

⑯ 상품의 시장 가격. 예 ○○ 폭등, ○○ 상승률.

⑱ 어떤 일이 빨리 이뤄지도록 돕는 물질. 예 성장 ○○○, 분만 ○○○.

㉑ 착각하여 잘못 생각함. 비 오판

㉒ 설거지할 때 그릇의 오염을 닦는 도구.

㉔ 공포를 느끼도록 폭행하거나 윽박지름. '거짓말'을 속되게 이르기도 함. 예 ○○협박죄.

㉕ 도로나 철로를 안전하게 횡단할 수 있도록 공중에 설치한 다리.

㉖ 밥을 짓는 등 음식을 만드는 일. 예 공원이나 산림 지역은 ○○ 금지 구역이다.

㉘ 이미 쓴 글씨를 지우는 도구. 예 고무 ○○○, 칠판 ○○○.

㉙ 배워서 알다. 예 "생이지지, ○○○○, 곤이지지."

㉛ 몸을 치장하기 위한 도구. 비 액세서리

㉜ 비석에 새긴 문장.

세로열쇠

① 낙양의 종이가 귀해짐. 책이 처음엔 주목받지 못하다가 훗날 좋은 평가를 받아 베스트셀러가 되는 현상을 이름.

② 살림을 살아가는 형편 또는 그 방도. 예 ○○가 막막한 저소득층을 위한 ○○지원금.

③ 친구 사이의 정.

④ 그 수명이 영원히 번창하라. 중국 고대국가에서 전승된 전국옥새에 새겨진 말.

⑤ 천체 망원경을 설치해 별자리나 행성 따위를 관측할 수 있는 곳.

⑥ 외국에서 들어온 통신. 예 국내 언론과 ○○ 보도에 따르면 ….

⑩ 개천이 흐르는 곳을 둘러싼 주변 도로. 비 냇가

⑫ 화살 끝에 박은 뾰족한 쇠. 살오징어를 ○○

①	②		③		④		⑤	⑥
⑦			⑧				⑨	
		⑩			⑪	⑫		
⑬	⑭				⑮			
	⑯			⑰		⑱	⑲	⑳
㉑			㉒		㉓		㉔	
		㉕			㉖	㉗		
㉘					㉙		㉚	
		㉛				㉜		

○ 오징어라고도 한다.

⑭ 곡물을 매매하는 상인, 또는 그런 장사.

⑰ 나이의 높임말. 비 춘추
예 ○○가 어떻게 되세요?

⑲ 공기를 비롯해 물질이 비어 있는 상태.
예 ○○ 청소기, ○○ 포장기.

⑳ 제 스스로 가로되 '동지(종2품 벼슬)'라고 함. 품위 없이 나이만 먹어 거들먹거리는 부잣집 늙은이를 조롱하는 표현.

㉑ 까마귀 떼 같은 병졸. 어중이떠중이들로 이루어진 집단을 가리킴.

㉒ 나라와 나라 사이에 교제를 맺음.
예 한미 ○○ 100주년 기념.

㉓ 아직 학교에 들어가지 못함.
예 ○○○ 아동은 대중 교통비 무료.

㉕ 잘게 찢은 소고기와 고사리를 비롯한 채소들을 넣어 고춧가루로 얼큰하게 끓인 장국.

㉗ 같아 보이지만 근본은 다른 것. 진짜인 척하는 가짜. 예 ○○○ 종교.

㉚ 손가락 끝마디 바닥에 있는 곡선 무늬.

정답은 133쪽

20 년 월 일 요일

가로열쇠

① 한 조각 붉은 마음. 변치 않는 마음을 뜻함.
예 "임 향한 ○○○○이야 가실 줄이 있으랴."

③ 가당치 않은 말을 억지로 끌어다 붙임. 어긋난 논리로 억지 주장을 펼치는 행태를 가리킴.

⑥ 여름철 여러 날에 걸쳐 계속 비가 내리는 현상.

⑦ 한계가 있음. 예 인간은 ○○한 존재다.

⑧ 매월 사용료를 지불하고 빌려 쓰는 방.

⑩ 사람들을 정신적, 물질적으로 지도할 만한 위치에 있는 계층. 정치가나 지식인들이 속함.
예 사회 ○○○, ○○○ 인사.

⑪ 오래 생각함. 바둑에서 나온 용어.
예 ○○ 끝에 악수를 둔다.

⑫ 2개 이상의 길이 만나는 지점.

⑬ 군대에서 식사를 담당하는 병사. 공식 용어는 '조리병'.

⑭ 우리나라를 상징하는 꽃.

⑰ 외국어로 대화를 나눔. 예 영어 ○○.

⑱ 상대를 확실히 죽이는 기술.
예 손흥민 선수의 ○○○는 왼발 감아차기.

⑳ 위치가 다른 곳으로 옮겨감.
예 폐암이 뇌로 ○○되었다.

㉑ 나무 표면을 매끄럽게 깎는 데 쓰는 연장.
예 ○○질한 것처럼 잘라서 ○○ 삼겹살.

㉒ '원자력발전소'의 준말.
예 후쿠시마 ○○ 사고.

㉓ 수돗물을 필터로 걸러서 깨끗한 물을 만드는 기기.

㉕ 얼었던 것이 녹아서 풀림.

㉖ 타악기의 하나. 양손에 채를 들고 다양한 크기의 나무토막을 두드려 연주함.

㉗ 모델이 무대에서 걷는 것. 걷기 운동을 일컫기도 함. 예 모델 ○○, ○○ 머신.

세로열쇠

① 날마다 이루고 달마다 나아감. 눈에 띄게 부쩍 성장하고 발전하는 모습을 일컬음.

② 한 칸 넓이의 방. 참 원룸

③ 개나 말 정도의 하찮은 힘. 윗사람에게 자신의 노력을 낮춰서 이르는 겸손한 표현.
예 보잘것없는 능력이지만, ○○○○를 다하겠습니다.

④ 재산이 풍족해 비교적 부유한 계층.

⑤ 뉘우치고 한탄함. 비 후회

⑨ 적의 세력에 고립되었다면 먼저 화합을 취함. 바둑의 십계명 중 하나. 위기에 빠졌다면 빨리 안정하는 길을 찾으라는 뜻.

⑫ 싸움에 이기고 뽐내는 군사는 반드시 패함. 잘난 체하는 사람은 반드시 추락한다는 뜻.

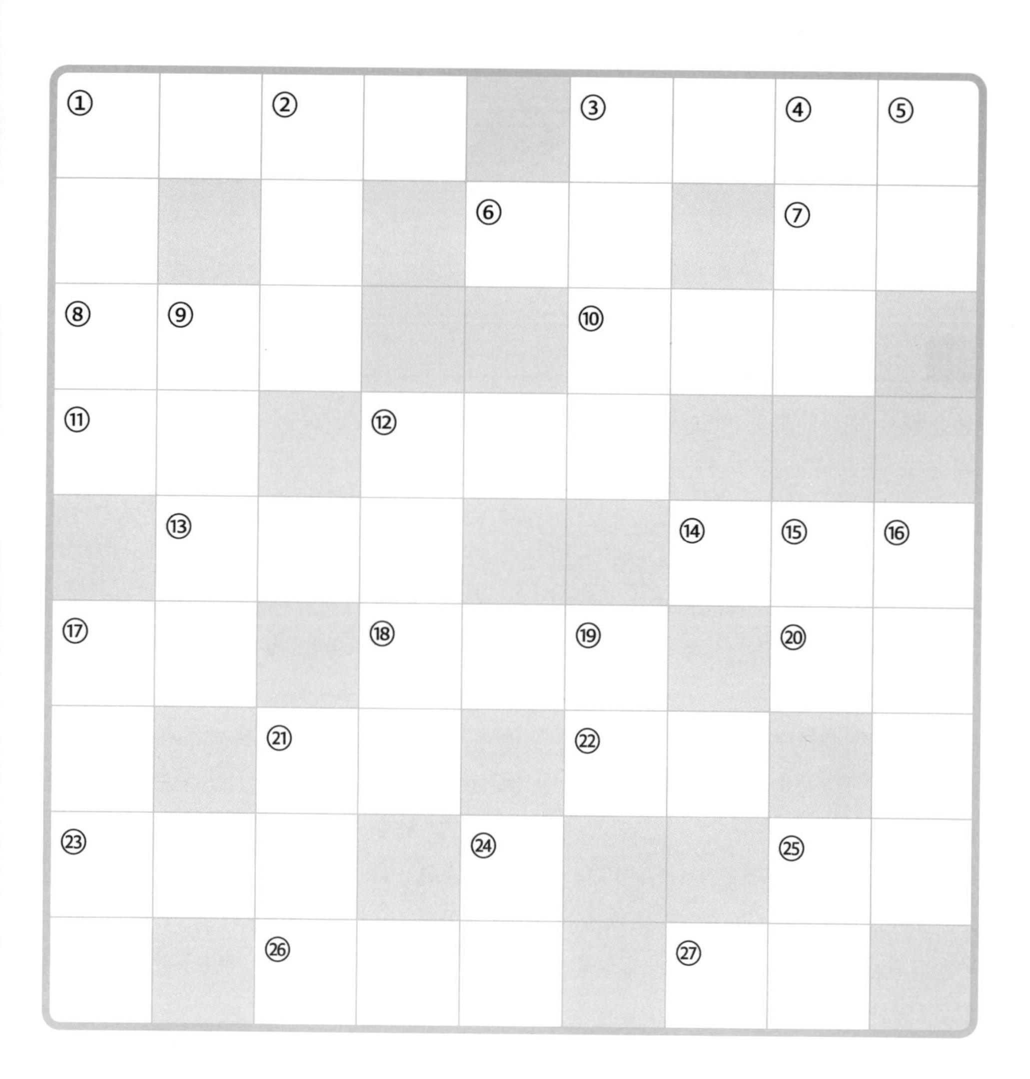

⑮ 임금이 거처하는 집. 비 궁궐

⑯ 화합하되 같아지지는 말라. 군자란 생각이 다른 사람과도 화목하게 지내는 사람이라는 뜻.

⑰ 만난 자는 언젠가 헤어지기 마련. 세상에 영원한 것은 없고 반드시 이별이 있다는 뜻.

⑲ 바둑을 두는 전문 시설.

㉑ 대기하는 사람이 기다리도록 마련한 방.

㉔ 상품을 할인받을 수 있는 우대권. 인쇄물 또는 온라인상에서 발행됨.

예 1,000원 할인 ○○, 무료 ○○.

㉕ 컴퓨터 보안망에 불법 침입해 정보를 빼앗아 가거나 바이러스를 심는 행위.

정답은 133쪽

20 년 월 일 요일

가로열쇠

① 아랫돌을 빼서 윗돌에 굄. 근본적인 대책을 마련하지 않고 임시변통으로 막다가 큰 사고를 친다는 뜻.

④ 손이 묶여 대책을 세울 수 없음.
예 ○○○○으로 당하는 개인정보 유출.

⑦ 일 년 중 비가 가장 많이 오는 시기.
비 장마철 반 건기

⑧ 가로막아서 거치적거리는 물건. 비 걸림돌, 방해물. 예 ○○○을 뛰어넘어 달리는 육상 경기를 '허들'이라고 한다.

⑨ 절하며 올림. 편지글 마지막에 자기 이름 다음에 쓰는 표현. 예 홍길동 ○○.

⑪ 장래 생길 채권의 담보로 저당권을 미리 설정함. 예 부동산 ○○○ 설정.

⑬ 작은 일에서 시작해 큰일을 이룸.
참 "천 리 길도 한 걸음부터!"

⑮ 기계 따위가 지닌 성질이나 기능.
예 ○○이 뛰어난 카메라.

⑯ 근면, 성실을 상징하는 곤충. 잘록한 허리가 특징.
예 ○○ 허리.

⑱ 머리를 덮는 피부. 예 ○○ 마사지.

⑳ 신경이나 근육이 기능을 잃어버림. 감각이 없어지고 힘을 못 씀.
예 안면 신경 ○○, 하반신 ○○.

㉑ 좋은 일이 있을 조짐. 비 청신호, 서광. 반 흉조

㉓ 밤에 잠을 이루지 못한 눈.
예 걱정 때문에 ○○으로 밤을 새웠다.

㉔ 천사의 옷은 꿰맨 자국이 없음. 꾸민 데 없이 자연스럽게 아름답다는 뜻. 대체로 완전무결한 글을 가리킴.

㉖ 돈을 받고 이름을 지어주는 곳.

㉗ 두 사람이 서로 한 손을 내밀어 잡는 행위. 인사 방법 중 하나.

㉘ 회사의 이름. 비 사명

㉙ 글을 읽고 이해하는 능력. 비 독해력

㉚ 이미 어느 정도 사용했거나 오래된 물건.
예 ○○ 자동차, ○○ 노트북.

세로열쇠

① 너무 어리석은 사람은 바뀌지 않음. 그런 사람에겐 가르칠 필요가 없다는 말.

② 돌로 만든 여러 가지 생활 도구. 돌도끼, 돌칼 따위. 참 토기, 청동기. 예 ○○ 시대.

③ 동물 소화계의 최종 과정을 담당하는 부분. 맹장, 결장, 직장으로 분류됨.
비 큰창자 참 위, 소장.

④ 돈이나 명예를 가장 높은 가치로 여기고 눈앞의 이익에만 관심을 가지는 습성. 비 스노비즘

⑤ 이익 배당이 없음. 주식이나 보험에서 주로 사

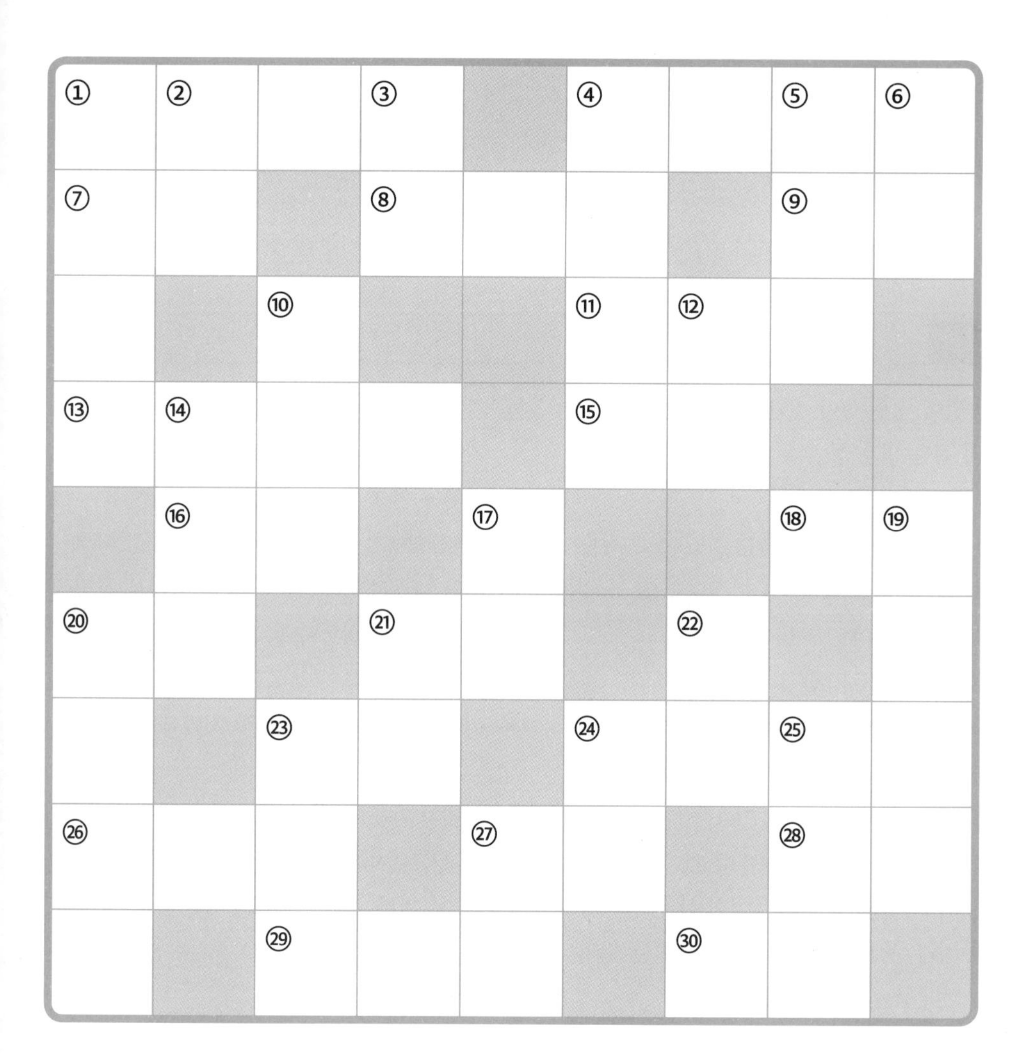

용함. 예 ○○○ 보험, ○○○ 우선주.

⑥ 앉아서 책을 읽거나 글을 쓰는 상. 참 걸상

⑩ 남성만이 풍기는 특유의 아름다움. 참 여성미

⑫ IQ 25~50 정도로 지능지수가 비교적 낮은 상태.

⑭ 소개해준 데 따른 비용.
예 부동산 ○○○, 결혼 상대 ○○○.

⑰ 저녁에 지는 햇빛. 또는 지는 해 주변에 퍼지는 붉은빛. 비 석양

⑲ 노루를 피하다가 호랑이를 만남. 작은 해를 피하려다 도리어 큰 화를 당한다는 뜻.

⑳ 도끼를 갈아 바늘을 만듦. "끝내 이루리라."는 심정으로 노력한다는 뜻.

㉑ 한 번 가본 길을 잘 기억하는 눈썰미.
예 ○○이 어둡다.

㉒ 속옷을 달리 이르는 말. 보통 겨울에 보온용으로 입음.

㉓ 근거 없이 떠도는 소문. 비 낭설, 유언비어.

㉔ 타고난 수명. 평균 수명 이상을 살고 자연사한 경우 "○○를 누렸다."라고 한다.

㉕ 아무런 사고가 없음.
예 자동차 운전 20년 ○○○ 경력.

㉗ 손아귀로 무엇을 쥐는 힘. 비 손힘
예 ○○이 세다.

정답은 133쪽

20 년 월 일 요일

가로열쇠

① 둔한 말이 열흘 동안 수레를 끌다. 둔한 말도 천 리 길을 열흘 동안 달리면 천리마를 따라잡을 수 있음.

④ 털만 보고 말을 사다. 외적인 것만 보고 경솔하게 사람을 뽑는 어리석음을 빗대는 말.

⑦ 비가 오는 가운데. 비 빗속

⑧ 스승을 달리 이르는 말. 비 사범

⑩ 살림살이에 관한 일. 예 주부의 ○○ 노동.

⑪ 혼자서는 장군이 될 수 없음. 고집이 세서 따돌림당하는 외로운 사람을 이름.

⑬ 친구, 가족, 친척 사이의 정을 끊음. 비 절교, 절연. 예 부모와 한때 ○○했던 사연.

⑭ 장롱, 침대, 책상 등 집안 살림에 필요한 비교적 큰 기구를 총칭하는 말.

⑯ 안경이나 망원경 없이 직접 보는 눈. 비 맨눈

⑱ 기수가 말을 타고 달려 빠르기를 겨루는 스포츠.

⑲ 자기 내면세계에 틀어박히는 정신장애. 유아기에 나타남. ○○ 스펙트럼 장애의 하나.

㉑ 액체를 바짝 졸여 진하게 만듦. 걸쭉한 주스나 즙 형태로 됨. 참 원액 예 홍삼 ○○액.

㉒ 뼈를 바꾸고 태를 벗음. 몸이 몰라보게 아름다워지거나 실력이나 인성이 완전히 새롭게 좋아졌다는 뜻.

㉔ 어떤 분야에 대해 전문적 지식이 없는 사람. 비 왕초보, 풋내기.

㉕ 상대의 말을 주의 깊게 듣는 행위.

㉖ 안개가 걷히듯 흩어져 없어짐. 계획했던 일이 흐지부지 취소됨. 비 결렬 반 성사

㉗ 무언가를 기념하는 물품. 여행에서 사오거나 행사장에서 받는다.

㉘ 나무나 가죽, 유리 등 일반 풀로 잘 붙지 않는 것을 붙일 때 쓰는 물질.

세로열쇠

① 늙은 소가 송아지를 핥음. 부모가 자녀를 깊이 사랑하는 마음을 이르는 말.

② 오는 사람을 나가서 맞이함. 반 배웅 예 공항에 ○○을 나갔다.

③ 닭, 소, 말, 돼지 등 집에서 기르는 짐승. 반 야생동물, 들짐승.

④ 이익을 보면 먼저 의로움을 생각함. 비 견득사의

⑤ 사랑하는 사람을 몹시 그리워한 나머지 생긴 마음의 병. 보통 짝사랑인 경우에 해당함.

⑥ 말을 다뤄서 마차를 끄는 사람.

⑨ 남의 말에 덩달아 호응함. 원뜻은 둘이 마주 서서 장구를 침.

⑫ 시뻘겋게 달아오른 뜨거운 가마.

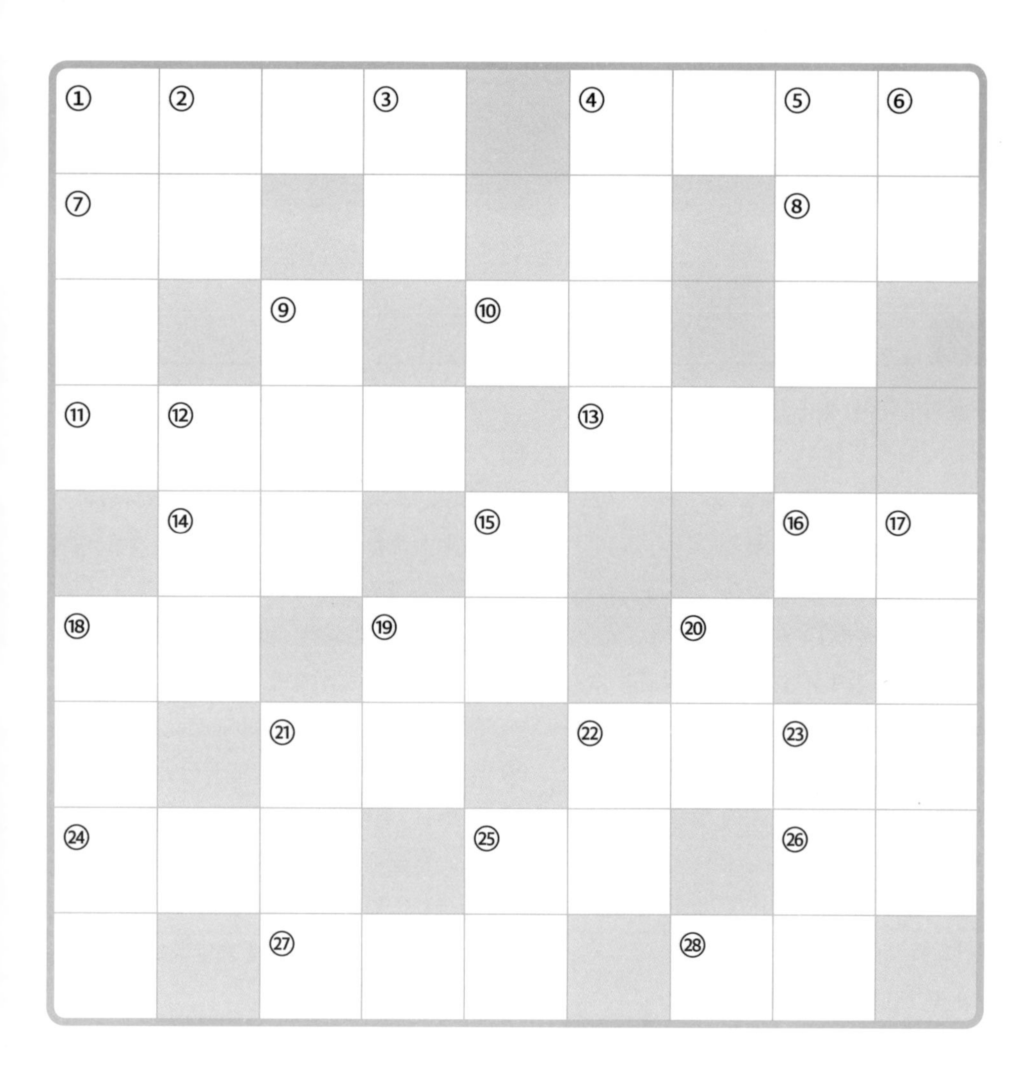

예 ○○○ 사우나, ○○○ 찜질방.

⑮ 문이나 마개를 열고 닫음.

⑰ 편안하기가 태산 같음. 든든하고 믿음직하다는 뜻.

⑱ 농사는 마땅히 노비에게 물어야 함. 모든 일은 전문가와 상의해야 한다는 뜻.

⑲ 자기에게 생긴 일을 스스로 축하함.
예 승진을 ○○해 한턱내겠다.

⑳ 살가죽과 뼈를 통틀어 이르는 말.
예 ○○이 상접할 정도로 몹시 말랐다.

㉑ 농촌에서 농사일이 한가한 시기. 반 농번기

㉒ 실제로는 아무 소리도 나지 않는데 마치 소리가 들리는 것 같은 환각 현상.

㉓ 유대인 랍비들이 유대 사회에 구전되는 율법과 교리 등을 정리한 책. 원뜻은 배움, 학습.

㉕ 추첨 또는 특정 상품 구매 시 무료로 주는 물품. 예 ○○에 당첨되셨습니다!

정답은 134쪽

20 년 월 일 요일

가로열쇠

① 아홉 굽이의 간과 창자. 근심, 걱정에 애가 타는 마음 상태를 뜻함.

④ 토끼 사냥이 끝나면 사냥개를 삶아 먹음. 쓸모없으면 버려지는 신세를 뜻함.

⑦ 맛있는 음식, 또는 그것을 즐김.
예 ○○ 여행이 취미.

⑧ 곡류나 과일을 발효시켜 만든 술. 막걸리, 포도주 등이 속함. 참 양조주

⑨ 기묘하고 이상함. 비 기괴, 괴상.

⑪ 달고 쓰고 시고 맵고 짠 5가지 맛을 내는 과일. 빨간색을 띤다.

⑬ 눈썹을 태울 정도의 위급한 일.
참 "발등에 떨어진 불."

⑯ 슬퍼하고 개탄함. 비 비탄, 개탄.

⑰ 제때 지급하지 못하고 지급을 미룸.
비 체납 예 임금 ○○.

⑲ 서울 종로구 청와대로에 있는 조선 왕조의 법궁. 뒤편에 청와대가 있다.

㉒ 서울과 인천을 잇는 철도. 참 경부선

㉔ 하나도 남김없이 다 팔려 동이 남. 비 완판

㉖ 사람의 죽음에 대해 삼가 슬픈 마음을 나타냄. 비 경조

㉗ 집에서 밖으로 나감. 비 외출

㉙ 음력으로 한 해의 첫째 달.
예 설은 ○○ 초하룻날이다.

㉚ 학교 수업을 마치고 집으로 돌아옴.

㉜ 계절마다 발행하는 잡지. 참 일간지, 월간지.

㉞ 교도소, 군대 등 일반인의 출입이 제한된 곳에서 사람을 만남.

㉟ 맡은 직무에서 물러나게 해달라고 청원하는 서류. 비 사표

㊱ 원곡을 다른 형식으로 편집하는 작업, 또는 그렇게 편집된 곡. 참 작곡

세로열쇠

① 개 꼬리로 담비를 이음. 아무에게나 관직을 마구 줌을 뜻하는 말.

② 사람의 식량이 되는 쌀, 보리, 콩 등.
비 곡물, 곡류.

③ 길게 기른 머리털. 반 단발

④ 토끼가 달리고 까마귀가 난다. 세월이 빠르게 지나감을 뜻하는 말.

⑤ '고지베리'라고도 하는 붉은색 열매. 말린 열매를 달이거나 가루를 내서 차로 마심.

⑥ 끝이 뾰족한 둥그런 나무 몸통에 줄을 감았다 풀면서 회전시키는 한국의 전통 장난감. 채찍으로 치면서 균형을 잡음.

⑩ 두부를 만들고 남은 콩 찌꺼기.
예 김치를 넣은 ○○ 찌개.

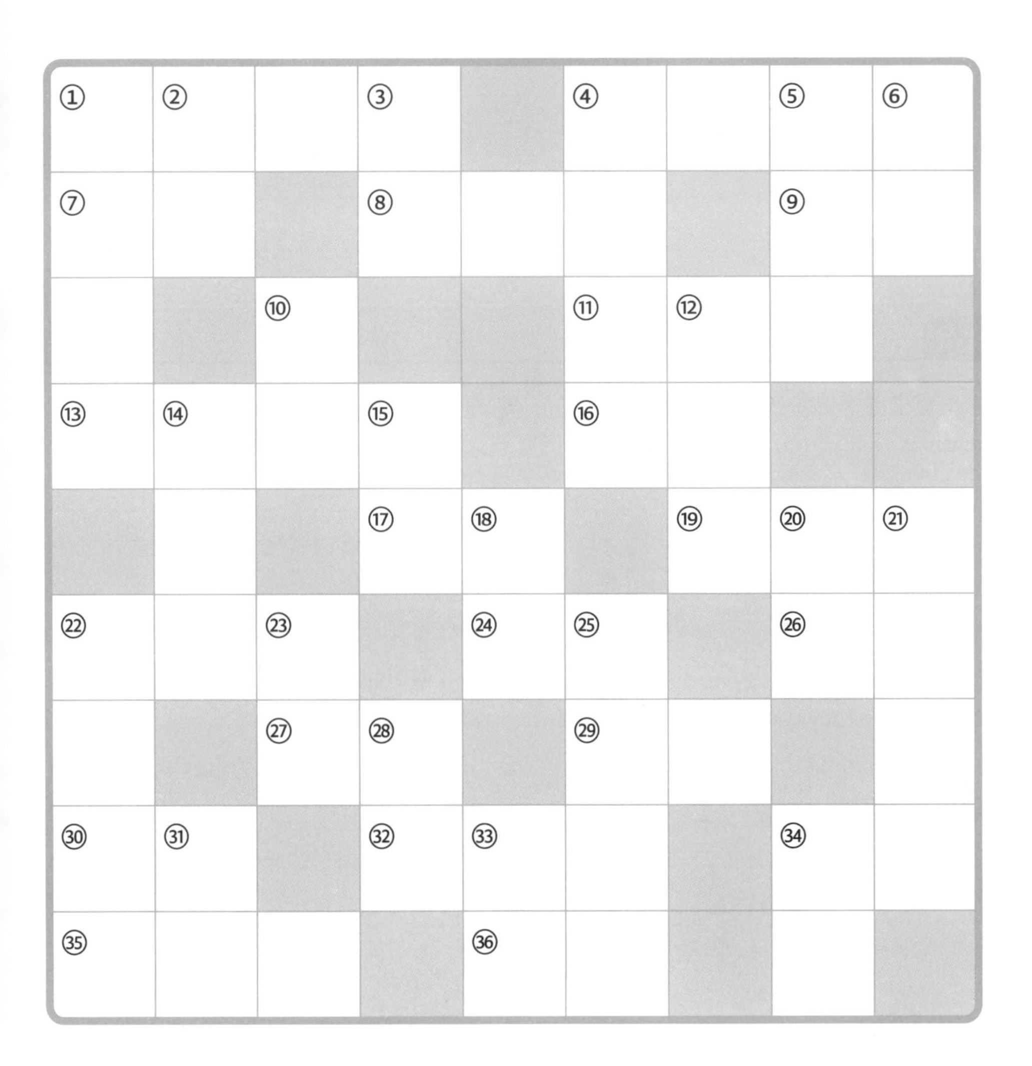

⑫ 아직 개발되지 않은 상태의 경역.

⑭ 남편을 잃어버린 아내. 원뜻은 남편 죽을 때 따라 죽지 못한 사람. 비 과부

⑮ 갑자기 심하게 체함.

⑱ 고의로 특정 상품을 사지 않음.
예 일본 제품 ○○ 운동.

⑳ 복부에 위치한 근육.

㉑ 궁한 새가 사람 품 안으로 들어옴. 사정이 급하면 적에게도 의지한다는 뜻.

㉒ 고래 싸움에 새우 등 터진다. 강자끼리 서로 싸우는 통에 약자가 해를 입는다는 뜻.

㉓ 여럿 가운데서 골라냄. 비 선발

㉕ 진나라 조정에서 곡을 함. 남에게 도움을 요청한다는 뜻.

㉘ 다른 세계. 존경받는 어르신 등 귀한 사람의 죽음을 높여 이르는 말. 비 별세, 서거, 운명.

㉛ 학생을 가르치는 직무. 예 ○○에 종사하다.

㉝ 간단하고 편리함. 반 복잡

㉞ 입학이나 입사 시에 응시자를 직접 만나 인품을 평가함. 비 대면, 인터뷰.

정답은 134쪽

20 년 월 일 요일

가로열쇠

① 도둑이 되레 몽둥이를 든다. 잘못한 사람이 잘한 사람을 나무라는 경우를 이름.

④ 아래 것을 배워 위의 것을 통달함.

⑦ 같은 일이 반복되는 정도의 수.
예 사용 ○○가 낮다.

⑧ 잉크를 채워 가는 촉으로 쓰는 필기도구. 평생 쓰는 펜이라는 뜻.

⑩ 보잘것없는 곳. 자기가 사는 곳을 낮춰 이르는 말. 비 비처, 누지, 비지.

⑫ 임금이 있던 도읍지. 서울을 이르는 옛말.
비 수도

⑬ 설에 웃어른께 세배하고 받는 돈.

⑭ 글을 읽거나 쓸 줄 모름. 비 까막눈

⑯ 활동을 쉬다가 예전 무대에 다시 돌아옴.
비 복귀 예 ○○을 앞두고 있는 걸그룹.

⑱ 밥을 엿기름 물에 풀어 삭힌 뒤 생강이나 꿀을 섞어 차갑게 마시는 전통 음료. 밥알이 둥둥 뜸.

⑲ 영원히 죽지 않는다는 전설의 새. 오뚝이처럼 좀처럼 쓰러지지 않는 사람을 가리키기도 함.
비 피닉스.

㉑ 복부와 엉덩이 사이 잘록한 신체 부위. 상체와 하체가 분리되는 지점.

㉒ 감히 말할 수 있는 자리 또는 그럴 자격. CEO처럼 불편한 말도 거리낌 없이 말할 수 있는 사람을 뜻함.

㉔ 천장처럼 높은 곳에 오르내리도록 발을 디딜 수 있는 도구.

㉕ 된장, 고추장 따위를 담아두는 옹기 항아리.

㉖ 남의 집에 얹혀서 밥을 얻어먹으며 지내는 사람. 비 군식구

㉗ 띠가 같은 사람. 12살 나이 차가 난다.

㉘ 정가에서 깎아줌. 비 에누리 예 ○○ 판매.

세로열쇠

① 가난하기가 마치 물로 씻은 듯함. 아무것도 가진 게 없는 가난함을 뜻함.

② 삼면이 바다로 둘러싸여 있고, 한쪽 면만 육지에 붙은 지형. 한국이 대표적이다.

③ 필요한 것을 마련함. 예 신혼집 살림을 ○○하다.

④ 붓을 내리기만 하면 문장이 이루어짐. 글재주가 아주 뛰어나다는 뜻.

⑤ 병원이나 가정에 항상 준비된 의약품.
비 구급약

⑥ 말을 능숙하고 거침없이 잘함. 비 청산유수

⑨ 일정한 기간 단위로서의 어느 한 해.

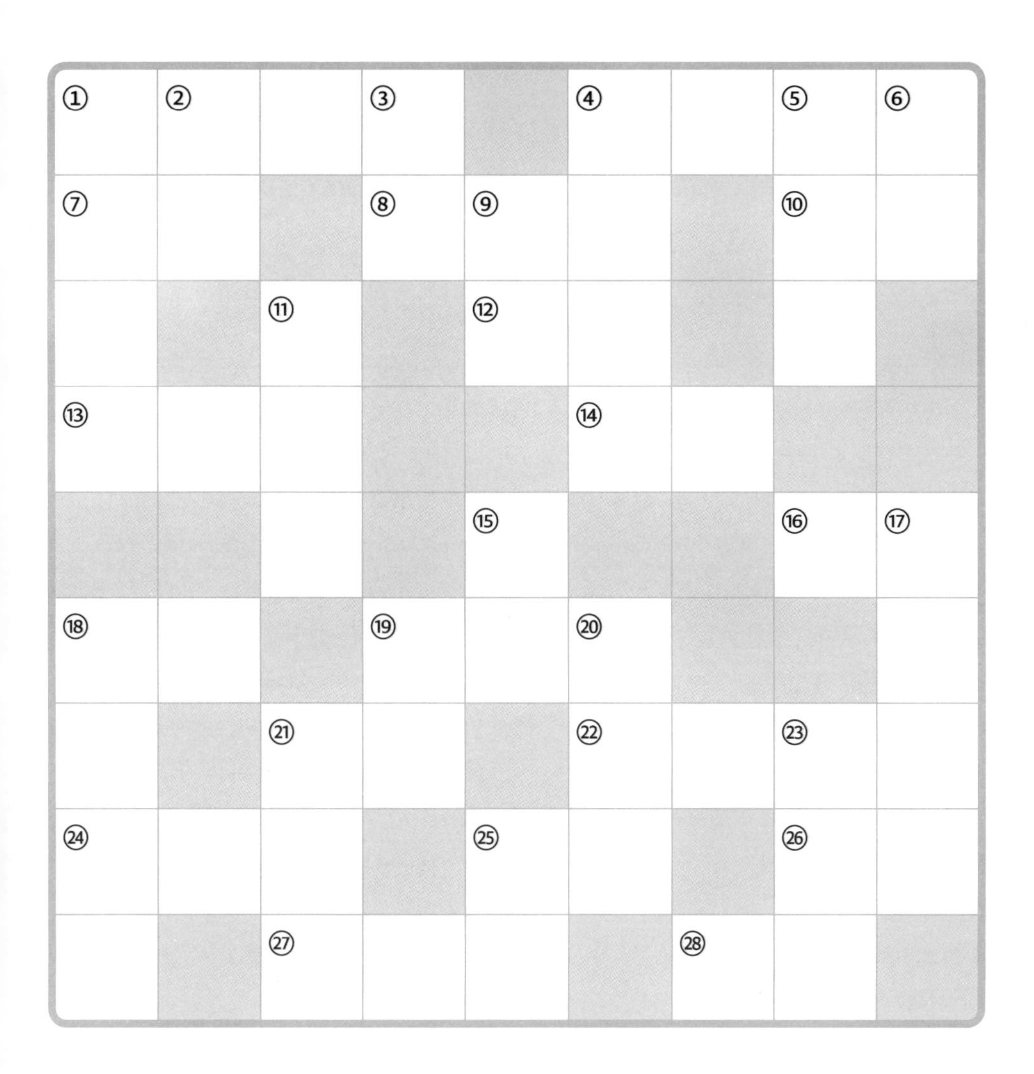

예 몇 ○○ 출생하셨습니까?

⑪ 돼지를 먹여 기른 후 판매하는 사업.

⑮ 바람을 타고 날라오는 미세한 흙먼지. 황토색을 띤다고 해서 붙인 이름. 참 미세먼지

⑰ 영원한 손님. 한평생 어려운 손님이라는 뜻으로 사위를 가리킴.

⑱ 먹는 것은 적고 일은 많음. 몸을 돌보지 않고 바쁘게 일한다는 뜻.

⑲ 이롭지 못함. 반 유리 예 ○○한 조건을 극복하고 정상을 차지하다.

⑳ 영화감독의 보조자로서 연출부의 수장.

㉑ 바지가 흘러내리지 않도록 두르는 띠. 비 혁대

㉓ 어느 정도 지식을 갖추었다고 보는 사람. 교수, 교사, 전문직 따위가 속함.

㉕ 손을 보호하거나 추위를 막기 위해 끼는 싸개.

정답은 134쪽

20 년 월 일 요일

가로열쇠

① 책을 읽다가 양을 잃음. 다른 일로 정신을 팔다가 중요한 일을 놓쳤다는 뜻.

④ 소매 속에 손을 넣고 곁에서 바라봄. 해야 할 일을 하지도 않고 거들지도 않은 채 옆에서 구경만 하는 태도를 가리킴.

⑦ 소설, 영화 따위가 비교적 길고 등장인물이 많은 작품. 반 단편

⑧ 자리를 빌려주는 대가로 받는 돈.
예 해수욕장 ○○○, 노점 ○○○.

⑨ 책 또는 잡지를 발행할 때 본문 끝에 추가로 덧붙이거나 따로 주는 책자.
예 권말 ○○, 별책 ○○.

⑪ 글씨 잘 쓰기로 이름난 사람.
예 한석봉은 조선 최고의 ○○○.

⑫ 교통수단을 이용하거나 유지하는 데 들어가는 비용.

⑭ 남녀 한 쌍이 추는 경쾌한 서양 춤곡. '쿵작작 쿵작작~' 4분의 3박자로 됨.

⑮ 국경일, 일요일을 포함해 공적으로 쉬는 날.

⑰ 자연 및 생활환경의 보전과 오염 방지에 관한 사무를 관장하는 중앙행정기관.

⑱ 재판에서 패함. 반 승소

⑲ 특정 분야에 통달해 남다른 역량을 발휘하는 사람. 비 고수, 대가.
예 공부의 ○○, 장사의 ○○.

⑳ 의학, 물리학, 화학, 문학 등 총 6개 분야에서 매년 세계 최고에게 수여하는 상.

㉑ 고인이 됨. 사람의 죽음을 높여 이르는 말.
비 사망, 별세.

㉓ 몸보신을 위해 먹는 한약의 총칭.

㉔ 공이 있는 사람에겐 상을, 죄가 있는 사람에겐 벌을 줌.

㉕ 남에게 의지하지 않고 스스로 섬.
비 자율, 독립.

세로열쇠

① 한쪽 손바닥만으로는 소리를 낼 수 없음. 손뼉도 마주쳐야 소리가 나듯 서로 뜻이 맞아야 일을 이룰 수 있다는 뜻. 비 고장난명

② 서쪽 편의 준말.

③ 입양에 의해 자식이 된 사람. 비 수양아들

④ 물이 새서 빠져나갈 수 없음. 비밀이 새어 나가지 못하도록 단단히 단속함.

⑤ 변질을 막기 위해 첨가하는 물질. 음식이나 의약품에 넣어 세균이나 곰팡이 번식을 막는다.

⑥ 어떤 일에 경력이 상당히 쌓여 실력과 위엄이 생긴 것을 이름. 비 연륜

⑩ 어떤 일에 대해 옳거니 그르거니 하고 말함.

비 시야비야 예 이 문제에 대해서 더는 ○○○○하지 맙시다.

⑬ 코에 뚫린 두 구멍. 비 콧구멍

⑯ 하나의 맥으로 서로 통함. 생각이나 상태가 서로 통하거나 비슷해진다는 뜻.
예 면역력과 건강은 ○○○○합니다.

⑰ 썩은 부위를 새것으로 바꿈. 예 ○○○○의 각오로 우리 당을 쇄신하겠습니다.

⑱ 경기에 지거나 일에서 실패한 원인.
예 경기 후 ○○을 분석하다.

⑲ 대구의 옛 이름.

⑳ 늙거나 약한 사람.
예 대중교통 ○○○를 위한 좌석.

㉒ 고귀한 인상. 비 우아 반 저속, 천박.

정답은 134쪽

20 년 월 일 요일

가로열쇠

① 가을바람에 떨어지는 잎사귀. 세력이 갑자기 기우는 것을 가리키는 말. 예 정권 교체로 ○○○○ 신세가 되었다.

③ 출세해 세상에 이름을 떨침. 사회적으로 인정받고 유명해지는 것을 가리킴.

⑤ 금속제 창틀. 예 강철 ○○, 알루미늄 ○○.

⑦ 굶주림과 동의어. 예 지구촌 굶주리는 아이들을 위한 ○○ 대책 기구.

⑧ 정부 각 부처에서 제출하는 공식 보고서. 표지가 백색이라는 데서 붙인 이름. 예 경제 ○○, 국방 ○○ 참 청서

⑨ 공중에 떠 있는 누각. 비현실적인 허황된 이야기나 헛된 망상을 뜻함. 비 사상누각

⑪ 멸종된 대형 파충류. 티라노사우르스, 스피노사우르스 등이 있다.

⑫ 총이나 대포를 아무 곳에나 마구 쏘아댐. 예 미 초등교 총기 ○○ 사건.

⑬ 물고기를 잡는 데 쓰는 그물.

⑭ 방송이나 공공장소에서 부를 수 없도록 규정된 노래.

⑮ 사람들의 도움을 많이 받는 복. 비 인덕

⑰ 손의 안. 소유하거나 권력을 행사할 수 있는 범위를 뜻함. 예 ○○에 땡전 한 푼 없다.

⑱ 간첩을 뜻하는 외래어. 비 첩자 예 영국과 러시아를 오가던 이중 ○○○였다.

㉒ 펜싱 종목의 하나. 팔과 머리를 포함 상체만 공격할 수 있고 찌르기, 베기 다 가능함. 참 플뢰레, 에페.

㉔ 실 한 올도 엉키지 않음. 전체가 하나처럼 흐트러짐 없이 움직이는 모습을 가리킴. 예 구조팀이 ○○○○한 움직임으로 조난자를 전원 구출했다.

세로열쇠

① "얼씨구!" "지화자!" 등 판소리의 흥을 돋우는 감탄사.

② 떨어지거나 넘어져서 다침. 또는 그 상처. 예 겨울철 ○○ 사고는 주로 노인에게서 발생한다.

③ 쓸데없는 이야기로 이러쿵저러쿵 혀를 놀림. 예 연예인은 사람들의 ○○○에 오르기 쉽다.

④ 물품이나 금액 내역을 자세히 적은 것. 예 급여 ○○○, 거래 ○○○, 신상 ○○○.

⑥ 토목이나 건축의 공사를 수주받아 시행하는 회사. 보통 건설회사에 해당함. 참 시행사

⑦ 소송에서 원고의 청구를 물리치는 일. 예 구속 영장 청구가 ○○되었다.

⑧ 흰 용이 물고기의 옷을 입다. 신분이 높은 사

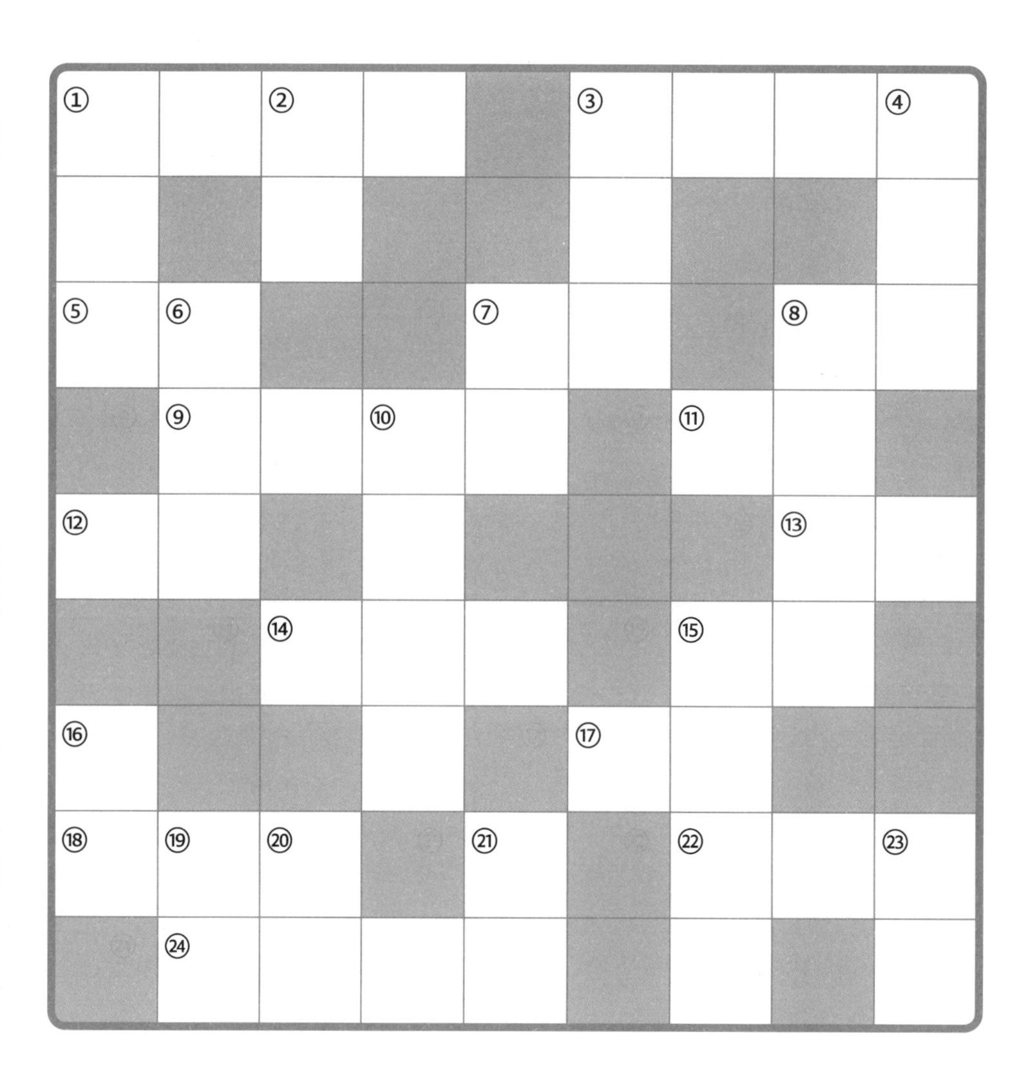

람이 남루한 차림으로 다니다가 위태로운 지경에 빠지게 된다는 뜻.

⑩ 알을 쌓아놓은 것처럼 위태위태한 상황.
비 풍전등화, 명재경각.

⑮ 사람들 가운데 사자의 아들. 평범한 무리 중에서 비범한 사람을 뜻함.

⑯ 탁구, 배구 따위 경기에서 마지막 1점을 남겨두고 동점을 이루는 상황. 잇따라 2점을 얻는 쪽이 이긴다. 참 어드밴티지

⑲ 컴퓨터에서 낱낱의 문서. 혹은 종이로 된 문서들을 묶어둔 것.
예 컴퓨터 ○○명에 날짜를 기입하세요.

⑳ 사는 곳을 다른 데로 옮김.

㉑ 네덜란드의 한자식 이름. 홀란트라는 지역 이름에서 유래함.

㉓ 탐방기사, 보도를 뜻하는 말로 프랑스어에서 비롯된 외래어. 비 기록문학

Round 5 문제

정답은 135쪽

20 년 월 일 요일

가로열쇠

① 천 년에 한 번 만남. 좀처럼 얻기 어려운 좋은 기회를 이르는 말.

③ 화학 비료나 농약 없이 자연적인 재료만으로 경작하는 농업 방식. 예 ○○○ 식품.

⑤ 터무니없는 뜬소문을 뜻하는 외래어.
비 풍문

⑥ 혼자 외로이 앉아 있음.

⑧ 여러 손님 중에 주가 되는 손님.

⑩ 무조건 한쪽 편을 들어줌. 특별히 봐줌.
예 시어머니 ○○만 들어주는 남편이 밉다.

⑪ 풀무치 떼가 농작물을 죄다 먹어 버리는 재해.

⑫ 주민이 행정기관에 무언가를 신청함.
예 전입신고 등 다양한 ○○들을 동사무소에서 처리할 수 있습니다.

⑭ 짧은 시간의 빛과 어둠. 일 분 일 초의 시간도 소중하다는 뜻. 비 촌음

⑯ 이탈리아 베네치아 시내 운하를 운행하는 작은 배. 스키장의 케이블카도 같은 이름이다.

⑱ 사람이 현재 살고 있는 지역. 비 거주지
예 피의자의 ○○○가 불분명해서 구속 수사를 결정했다.

⑳ 흠 없는 구슬. 결함이 하나도 없다는 뜻.
예 김연아 선수는 ○○한 점프를 선보였다.

㉑ 죽은 사람이 남긴 재산. 예 부모 둘 다 돌아가셨을 때 ○○ 상속 1순위.

㉒ 돈이나 물품을 맡겨둠. 비 예금, 예탁 예 만기적금을 은행에 ○○해두었다.

㉓ 다른 사람들 이야기를 끊고 도중에 끼어드는 행위. 예 ○○○하지 말고 끝까지 경청해주세요.

㉔ 영양을 좋게 하는 성분.
예 제철 음식에 ○○○이 풍부하다.

세로열쇠

① 샘과 돌이 고황에 들었다. 자연을 사랑하는 마음이 고질병처럼 깊어서 벼슬길에 나서지 않는다는 뜻.

② 비교적 수익성이 좋고 안정성과 성장성이 뛰어난 주식. 참 테마주

③ 남을 웃기는 말이나 행동을 뜻하는 외래어.
비 위트 예 ○○ 감각이 뛰어난 사람이 연애를 잘하는 것 같아요.

④ 농담처럼 한 말이 진짜가 됨.
참 "말이 씨가 된다."

⑦ 이리저리 부딪치며 갈피를 못 잡음.
예 두 친구의 ○○○○ 세계 일주.

⑨ 도시에서 가난한 사람들이 모여 사는 동네.
비 달동네, 판자촌.

⑬ 멀리 보이는 빛. 비 원경

⑮ 술을 마시면 나타나는 특유의 행동. 비 주벽,

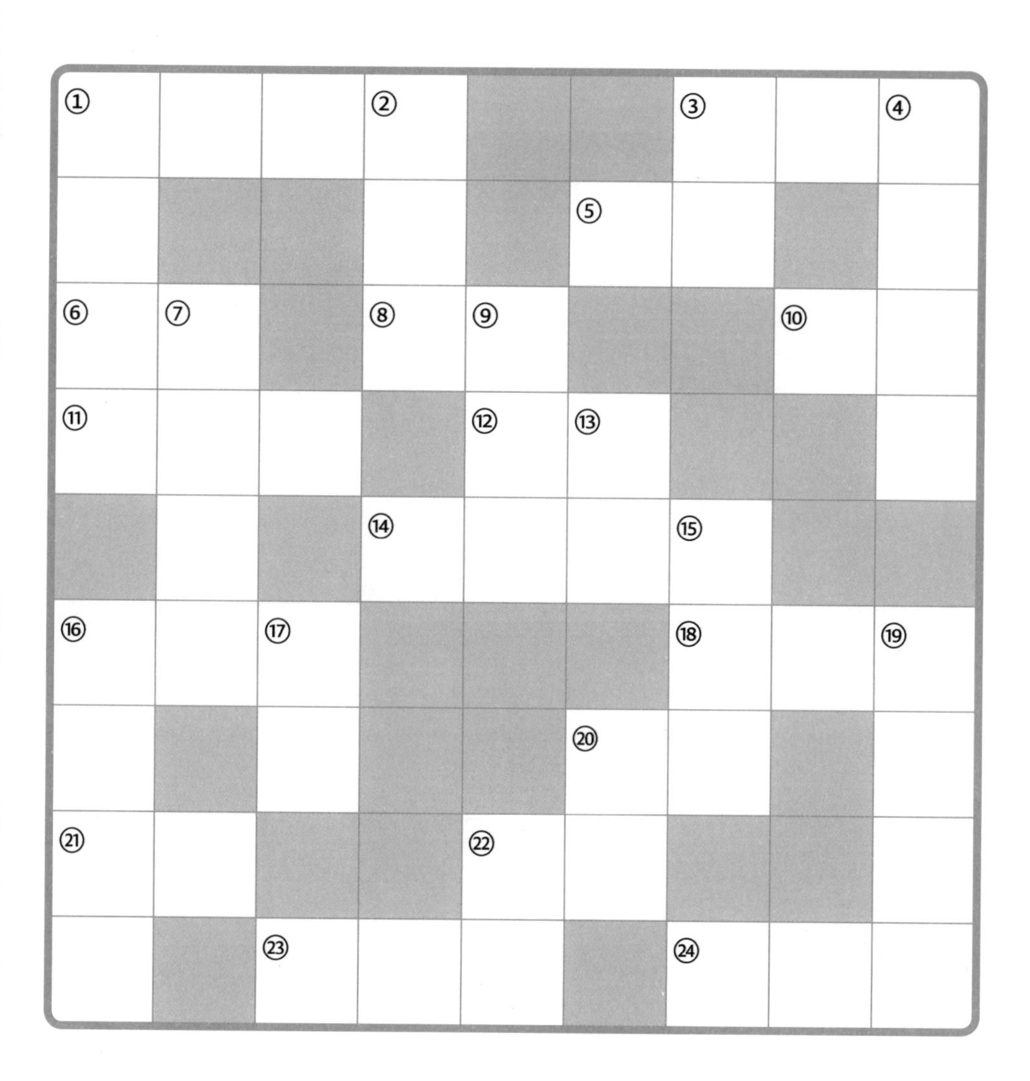

술버릇. 예 술만 마시면 고래고래 소리 지르는 ○○○이 있다.

⑯ 곤경에 빠진 짐승이 오히려 싸우려고 덤빈다. 궁지에 몰릴수록 최후의 발악을 한다는 뜻.

⑰ 테니스, 배드민턴, 탁구에서 공을 치는 채.

⑲ 족함을 알고 자기 분수에 만족함.

⑳ 병이 완전히 나음.
예 드디어 암 ○○ 판정을 받았다.

㉒ 미리 내다봄. 비 예상
예 건물 붕괴사고는 ○○된 참사였다.

Round 5 문제

정답은 135쪽

Round 5 정답

정답 41-44회

41회

①오	비	②이	락		③간	목	④수	⑤생
월		륙		⑥월	척		⑦거	구
⑧동	⑨성		⑩십	일	지	⑪국		불
⑫주	산	⑬지				⑭방	⑮충	망
	⑯포	대	⑰기		⑱만	부	당	
⑲교			⑳도	㉑외	시		㉒금	㉓괴
㉔토	너			㉕고	지	㉖방		짜
삼		㉗소	㉘손		㉙탄	생	㉚석	
㉛굴	지	득	금				㉜총	각

43회

①일	편	②단	심		③견	강	④부	⑤회
취		칸		⑥장	마		⑦유	한
⑧월	⑨세	방			⑩지	도	층	
⑪장	고		⑫교	차	로			
	⑬취	사	병			⑭무	⑮궁	⑯화
⑰회	화		⑱필	살	⑲기		⑳전	이
자		㉑대	패		㉒원	전		부
㉓정	수	기		㉔쿠			㉕해	동
리		㉖실	로	폰		㉗워	킹	

42회

①낙	②생	어	③우		④기	상	⑤천	⑥외
⑦양	계		⑧정	원	수		⑨문	신
지		⑩개			⑪영	⑫화	관	
⑬귀	⑭곡	천	계		⑮창	살		
	⑯물	가		⑰연		⑱촉	⑲진	⑳제
㉑오	상		㉒수	세	㉓미		㉔공	갈
합		㉕육	교		㉖취	㉗사		동
㉘지	우	개			㉙학	이	㉚지	지
졸		㉛장	신	구		㉜비	문	

44회

①하	②석	상	③대		④속	수	⑤무	⑥책
⑦우	기		⑧장	애	물		⑨배	상
불		⑩남			⑪근	⑫저	당	
⑬이	⑭소	성	대		⑮성	능		
	⑯개	미		⑰낙			⑱두	⑲피
⑳마	비		㉑길	조		㉒내		장
부		㉓뜬	눈		㉔천	의	㉕무	봉
㉖작	명	소		㉗악	수		㉘사	호
침		㉙문	해	력		㉚중	고	

45회

①노	②마	십	③가		④견	모	⑤상	⑥마
⑦우	중		축		리		⑧사	부
지		⑨맛		⑩가	사		병	
⑪독	⑫불	장	군		⑬의	절		
	⑭가	구		⑮개			⑯육	⑰안
⑱경	마		⑲자	폐		⑳피		여
당		㉑농	축		㉒환	골	㉓탈	태
㉔문	외	한		㉕경	청		㉖무	산
노		㉗기	념	품		㉘본	드	

46회

①구	②곡	간	③장		④토	사	⑤구	⑥팽
⑦미	식		⑧발	효	주		⑨기	이
속		⑩비			⑪오	⑫미	자	
⑬초	⑭미	지	⑮급		⑯비	개		
	망		⑰체	⑱불		⑲경	⑳복	㉑궁
㉒경	인	㉓선		㉔매	㉕진		㉖근	조
전		㉗출	㉘타		㉙정	월		입
㉚하	㉛교		㉜계	㉝간	지		㉞면	회
㉟사	직	서		㊱편	곡		접	

47회

①적	②반	하	③장		④하	학	⑤상	⑥달
⑦빈	도		⑧만	⑨년	필		⑩비	변
여		⑪양		⑫도	성		약	
⑬세	뱃	돈			⑭문	맹		
		업		⑮황			⑯컴	⑰백
⑱식	혜		⑲불	사	⑳조			년
소		㉑허	리		㉒감	언	㉓지	지
㉔사	다	리		㉕장	독		㉖식	객
번		㉗띠	동	갑		㉘할	인	

48회

①독	②서	망	③양		④수	수	⑤방	⑥관
⑦장	편		⑧자	릿	세		⑨부	록
불		⑩왈			불		제	
⑪명	필	가		⑫교	통	⑬비		
		⑭왈	츠			⑮공	휴	⑯일
⑰환	경	부		⑱패	소			맥
부			⑲달	인		⑳노	벨	상
㉑작	㉒고		구		㉓보	약		통
㉔신	상	필	벌			㉕자	립	

정답 49-50회

49회

①추	풍	②낙	엽		③입	신	양	④명
임		상			방			세
⑤새	⑥시			⑦기	아		⑧백	서
	⑨공	중	⑩누	각		⑪공	룡	
⑫난	사		란				⑬어	망
		⑭금	지	곡		⑮인	복	
⑯듀			위		⑰수	중		
⑱스	⑲파	⑳이		㉑화		㉒사	브	㉓르
	㉔일	사	불	란		자		포

50회

①천	재	일	②우			③유	기	④농
석			량		⑤루	머		가
⑥고	⑦좌		⑧주	⑨빈			⑩역	성
⑪황	충	해		⑫민	⑬원			진
	우		⑭일	촌	광	⑮음		
⑯곤	돌	⑰라				⑱주	거	⑲지
수		켓			⑳완	벽		족
㉑유	산			㉒예	치			안
투		㉓말	참	견		㉔자	양	분

알수록 재미있는 고사성어

- **교토삼굴:** 교활할 교(狡) 토끼 토(兎) 석 삼(三) 동굴 굴(窟)로 이루어진 고사성어. 직역하면 "꾀 많은 토끼가 세 개의 굴을 파다."로 재난이 발생하기 전에 미리 최선책, 차선책, 차차선책까지 마련해두라는 뜻이지요.

《사기(史記)》 '맹상군열전'에 나오는 거지 풍환은 왕족이자 재상인 맹상군의 집에 식객으로 머물게 되었습니다. 무위도식하는 주제에 반찬 타령, 집 타령, 마차 타령을 했지만 마음씨 좋은 맹상군은 그의 청을 다 들어주었습니다.

어느 날 맹상군이 풍환에게 '설'의 주민들에게 빚을 받아오고 그 돈으로 무엇이든 필요한 것을 사오라고 했습니다. 그랬더니 풍환은 설 주민들에게 빚을 모두 탕감해주고 차용증을 모두 불태워버리고는 은혜와 의리가 필요해서 샀다고 말했습니다. 어이가 없었지만 맹상군은 참고 지나갔습니다.

1년 후 맹상군은 관직에서 쫓겨나게 되었고 풍환의 제안에 따라 설에 내려가게 되었는데, 뜻밖에도 그곳 주민들로부터 열화와 같은 환대와 큰 도움을 받았습니다. 그때야 맹상군은 은혜와 의리의 가치를 깨닫게 되었죠. 풍환은 이외에도 두 개의 굴을 더 파주었습니다. 결국, 맹상군은 풍환이 파놓은 세 개의 굴 덕분에 다시 재상에 복직되었고 수십 년간 별다른 화를 입지 않았습니다.

부록

본문에 수록된 368개 사자성어 목록 & 해설
* 한자 풀이, 고사, 출처 첨부

부록 I 본문에 수록된 368개 사자성어 목록 & 해설(가나다 순)

ㄱ

가언선행: 아름다울 가(嘉) 말씀 언(言) 착할 선(善) 갈 행(行). 아름다운 말과 착한 행실

각골난망: 새길 각(刻) 뼈 골(骨) 어려울 난(難) 잊을 망(忘). 남이 베푼 은혜와 친절에 대한 고마움을 마음속 깊숙이 새겨 넣는다는 뜻.

각골통한: 새길 각(刻) 뼈 골(骨) 아플 통(痛) 한할 한(恨). 뼈에 사무칠 만큼 원통하고 한스러운 일을 가리킴.

각주구검: 새길 각(刻) 배 주(舟) 구할 구(求) 칼 검(劍). 배를 타고 강을 건너는 중 칼이 배에서 물에 빠지자, 그 순간 배에 칼자국을 새기고는 "이곳은 내 칼이 빠진 곳이다."라며 그 칼을 찾았다는 고사에서 유래한 말. 어리석고 융통성 없는 사람을 뜻함. -《여씨춘추》'찰금편'

간담상조: 간 간(肝) 쓸개 담(膽) 서로 상(相) 비출 조(照). 간과 쓸개를 서로 비추다. 진심으로 서로를 대하는 태도를 말함.

간목수생: 마를 건(乾) 나무 목(木) 물 수(水) 날 생(生). 마른 나무에서 물이 난다. 아무것도 없는 사람에게 무리한 요구를 하는 것을 가리킴.

간성지재: 방패 간(干) 성 성(城) 갈 지(之) 재목 재(材). 방패와 성에 버금가는 재목. 나라를 지키는 믿음직한 인재를 뜻함.

감언이설: 달 감(甘) 말씀 언(言) 이로울 이(利) 말씀 설(說). 상대방을 현혹시키기 위한 달콤하고 이득이 될 만한 말.

감언지지: 감히 감(敢) 말씀 언(言) 의 지(之) 처지 지(地). 거리낌 없이 말할 만한 처지.

감탄고토: 달 감(甘) 삼킬 탄(呑) 쓸 고(苦) 토할 토(吐). 달면 삼키고 쓰면 뱉음. 이해관계에 맞을 땐 붙었다가 맞지 않으면 돌아서는 행태를 가리킴.

개과천선: 고칠 개(改) 잘못 과(過) 옮길 천(遷) 착할 선(善). 지난날의 잘못을 고쳐 착한 사람이 되었다는 뜻.

개권유익: 펼칠 개(開) 책 권(卷) 있을 유(有) 유익할 익(益). 책을 펼치면 유익하다는 뜻으로 독서의 유익을 강조하는 말.

개문읍도: 열 개(開) 문 문(門) 읍할 읍(揖) 도적 도(盜). 문을 열어 도둑을 들어오게 함. 상황 판단이 안 돼 스스로 화를 불러일으키는 것을 뜻함.

거안사위: 살 거(居) 편안할 안(安) 생각 사(思) 위태할 위(危). 편안할 때도 안심하지 말고 곤란이 닥칠 때를 대비하라는 뜻.

거어지탄: 수레 거(車) 고기 어(魚) 의 지(之) 탄식할 탄(歎). 수레와 고기에 대한 탄식. 사람의 욕심은 끝이 없다는 뜻의 고사성어. 제나라 맹상군의 식객 풍환이 칼을 만지작거리며 밥상에 생선이 없다고 투덜거리고, 외출할 때 수레가 없다고 탄식하며, 자기 노모를 먹여 살릴 수 없다고 한탄했다는 내용. -《사기(史記)》'맹상군열전'

견강부회: 끌 견(牽) 굳셀 강(强) 붙을 부(附) 모을 회(會). 전혀 가당치 않은 말을 억지로 끌어다 붙여 자기 주장을 관철하려 하는 태도.

견리사의: 볼 견(見) 날카로울 리(利) 생각 사(思) 옳을 의(義). 사사로운 이익에 눈멀지 말고 그것이 옳은 것인지를 미리 생각하라는 뜻.

견마지로: 개 견(犬) 말 마(馬) 의 지(之) 힘쓸 로(勞). 개나 말처럼 주인을 위해 최선을 다함. 자신의 노력은 하찮은 미물의 노력에 불과하다는 겸손의 표현.

견모상마: 볼 견(見) 털 모(毛) 서로 상(相) 말 마(馬). 털만 보고 말을 사는 것. 특히 사람을 뽑을 때 겉

만 보고 뽐다가는 낭패를 보기 쉽다는 뜻.

견물생심: 볼 견(見) 물건 물(物) 날 생(生) 마음 심(心). 무엇인가를 보면 사고 싶은 마음이 생긴다는 뜻.

견원지간: 개 견(犬) 원숭이 원(猿) 의 지(之) 사이 간(間). 개와 원숭이처럼 사이가 나쁜 관계.

견토방구: 볼 견(見) 토끼 토(兎) 놓을 방(放) 개 구(狗). 토끼를 본 뒤에 사냥개를 풀어도 늦지 않다. 서두르지 않고 사태를 관망한 후 일에 착수해도 좋을 때가 있다는 뜻.

결자해지: 맺을 결(結) 놈 자(者) 풀 해(解) 갈 지(之). 매듭을 묶은 자가 풀어야 함. 일을 저지른 사람이 해결해야 한다는 뜻.

결효미수: 이지러질 결(缺) 본받을 효(效) 아닐 미(未) 이룰 수(遂). 실행은 끝났으나 결과가 발생하지 않음. 자원을 투입했으나 성과가 없을 때를 가리킴.

경당문노: 밭갈 경(耕) 마땅할 당(當) 물을 문(問) 종 노(奴). 농사일은 당연히 머슴에게 물어야 한다. 모르는 일은 전문가에게 상의하라는 뜻.

경박재자: 가벼울 경(輕) 엷을 박(薄) 재주 재(才) 아들 자(子). 재주는 있으나 경박한 사람.

경전하사: 고래 경(鯨) 싸움 전(戰) 새우 하(蝦) 죽을 사(死). 고래 싸움에 새우 등 터진다. 강한 자끼리 싸우는 통에 전혀 상관 없는 약자가 해를 입는다는 뜻.

고량진미: 기름질 고(膏) 기장 량(粱) 보배 진(珍) 맛 미(味). 기름진 고기와 좋은 곡식으로 만든 맛있는 음식.

고식지계: 시어머니 고(姑) 아이 식(息) 의 지(之) 셈할 계(計). 부녀자나 아이가 꾸미는 계책. 현재의 편한 것만 생각하는 것으로 근본적인 대책이 아니라는 뜻.

고장난명: 외로울 고(孤) 손바닥 장(掌) 어려울 난(難) 울 명(鳴). 손바닥도 마주쳐야 소리가 나듯 혼자서는 일을 이루기 어렵다는 뜻.

고진감래: 쓸 고(苦) 다될 진(盡) 달 감(甘) 올 래(來). 고생 끝에 낙이 온다는 뜻.

곡학아세: 굽을 곡(曲) 학문 학(學) 아첨할 아(阿) 세상 세(世). 학문을 굽혀 세상 사람들에게 아첨한다는 뜻으로 어용학자의 그릇된 태도를 가리킴.

곤수유투: 괴로울 곤(困) 짐승 수(獸) 오히려 유(猶) 싸움 투(鬪). 짐승도 곤경에 빠지면 오히려 발악함. 위급할 때는 아무리 약한 자라도 덤빈다는 뜻.

공자천주: 구멍 공(孔) 아들 자(子) 꿸 천(穿) 구슬 주(珠). 공자가 구슬을 꿴다. 공자가 아홉 구비 굽은 진기한 구슬을 발견하고는 구슬 구멍에 실을 꿰려고 온갖 방법을 시도했으나 결국 실패했고, 뽕잎을 따던 아낙네들에게 물어서 해결했다는 고사에서 유래한 말. 배움에는 위아래가 없다는 뜻.
-《조정사원(祖庭事苑)》

공중누각: 빌 공(空) 가운데 중(中) 다락 누(樓) 문설주 각(閣). 공중에 세워진 누각. 만질 수 없는 신기루처럼 실제 내용이 없는 문장, 현실성 없는 말 또는 일.

과전이하: 오이 과(瓜) 밭 전(田) 자두나무 이(李) 아래 하(下). 오이 밭에서 신발을 고쳐 신지 말고 자두나무 밑에서 갓을 고쳐 쓰지 말라는 뜻으로, 군자는 남에게 의심받을 만한 행동은 하지 않는다는 의미의 고사성어. -《고악부편(古樂府篇)》의 '군자행'에 있는 시(詩).

교각살우: 바로잡을 교(矯) 뿔 각(角) 죽일 살(殺) 소 우(牛). 쇠뿔을 바로잡으려다 소를 죽이다. 잘못된 점을 고치려다가 도리어 일을 그르친다는 뜻.

교병필패: 교만할 교(驕) 군사 병(兵) 반드시 필(必) 패할 패(敗). 강한 군사력만 믿고 교만한 군대는 반드시 패한다는 뜻.

교언영색: 아름다울 교(巧) 말씀 언(言) 좋을 영(令) 얼굴빛 색(色). 교묘한 말과 아첨하는 얼굴로 알랑거리는 태도를 뜻함. 진심 없는 아첨을 경계하는 말. -《논어》'학이편'.

교토삼굴: 교활할 교(狡) 토끼 토(兎) 석 삼(三) 동굴

굴(窟). 꾀 많은 토끼가 세 개의 굴을 파다. 재난이 발생하기 전에 미리 최선책, 차선책, 차차선책까지 마련해두라는 뜻. -《사기(史記)》'맹상군열전'.

교학상장: 가르칠 교(敎) 배울 학(學) 서로 상(相) 성장할 장(長). 가르치고 배우면서 서로 성장한다. 스승과 제자가 모두 서로에게 배울 것이 있다는 뜻. -《예기(禮記)》'학기편'

구곡간장: 아홉 구(九) 굽을 곡(曲) 간 간(肝) 창자 장(腸). 아홉 번 구부러진 간과 창자. 굽이굽이 사무친 마음속을 뜻함.

구국간성: 건질 구(救) 나라 국(國) 방패 간(干) 성 성(城). 나라를 건질 방패와 성. 믿음직한 인재 또는 군인을 가리킴.

구맹주산: 개 구(狗) 사나울 맹(猛) 술 주(酒) 식초 산(酸). 개가 사나우면 술이 시어진다는 뜻으로 임금 곁에 간신배가 있으면 어진 신하가 등용될 수 없다는 뜻. -《한비자》'외저설우편'

구미속초: 개 구(狗) 꼬리 미(尾) 이을 속(續) 담비 초(貂). 개 꼬리로 담비를 대체하다. 훌륭한 것에 보잘것없는 것이 뒤따르는 것을 비유함. 쓸 만한 인재가 없어서 자질이 부족한 사람을 등용함을 이르기도 함.

구사일생: 아홉 구(九) 죽을 사(死) 한 일(一) 살 생(生). 아홉 번 죽을 고비를 넘겼다는 뜻으로 파란만장한 일생을 가리킴.

구상유취: 입 구(口) 오히려 상(尙) 젖 유(乳) 냄새 취(臭). 입에서 젖비린내가 나다. 한나라 왕 유방과 초나라 왕 항우가 싸우던 시절, 한나라의 속국 위나라의 왕 표가 유방을 배신하고 항우 편에 붙었는데, 표의 대장이 백직이라는 소리를 들은 유방이 "그 녀석 젖비린내나는 놈이야."라며 승리를 장담하며 쾌재를 불렀다는 데서 유래하는 말.

구화지문: 입 구(口) 재앙 화(禍) 의 지(之) 문 문(門). 입은 재앙을 부르는 문. 말을 함부로 하다간 화를 입기 쉽다는 뜻.

군계일학: 무리 군(群) 닭 계(鷄) 한 일(一) 학 학(鶴). 닭 떼 가운데 있는 한 마리 학. 좋지 않은 환경, 혹은 평범한 환경에서 홀로 뛰어난 사람을 뜻함.

굴지득금: 파헤칠 굴(掘) 땅 지(地) 얻을 득(得) 쇠 금(金). 땅을 파다가 금을 얻는다. 뜻밖에 재물을 얻음을 이르는 말.

궁여지책: 다할 궁(窮) 남을 여(餘) 의 지(之) 채찍 책(策). 궁한 나머지 생각다 못해 짜낸 꾀. 나쁜 상황에서 겨우겨우 짜낸 계책을 뜻함.
-《삼국지》'오지편'

궁조입회: 다할 궁(窮) 새 조(鳥) 들 입(入) 품을 회(懷). 쫓기던 새가 사람의 품 안으로 들어옴. 목숨이 위태로우면 적에게도 의지한다는 뜻.

권모술수: 권세 권(權) 꾀 모(謨) 재주 술(術) 셈 수(數). 목적을 달성하기 위해 온갖 수단과 방법을 가리지 않고 사용함.

귀곡천계: 귀할 귀(貴) 고니 곡(鵠) 천할 천(賤) 닭 계(鷄). 먼 데 있는 고니는 귀하게 여기면서도 가까이 있는 닭은 천하게 여긴다는 뜻. 가까이 있는 존재를 귀하게 여기지 못하고 늘 잡을 수 없는 것을 좇는 인간의 심리를 가리키는 말.

근묵자흑: 가까울 근(近) 먹 묵(墨) 놈 자(者) 검을 흑(黑). 먹을 가까이하는 자는 검어진다. 사람은 주위 환경에 따라 변할 수 있다는 뜻.

금곤복거: 날짐승 금(禽) 괴로울 곤(困) 뒤집힐 복(覆) 수레 거(車). 짐승도 궁지에 몰리면 사냥꾼의 수레를 엎어버림. 약자도 위급한 상황에선 괴력을 낼 수 있다는 뜻.

금상첨화: 비단 금(錦) 위 상(上) 더할 첨(添) 꽃 화(花). 비단 위에 꽃을 더함. 좋은 것 위에 좋은 것을 더한 최상의 상태를 뜻함.

금석지감: 이제 금(今) 옛날 석(昔) 의 지(之) 느낄 감(感). 지금과 옛날을 비교할 때 차이가 심하다고 느껴지는 감정.

금설폐구: 쇠 금(金) 혀 설(舌) 덮을 폐(蔽) 입 구(口). 황금 같은 말을 할 수 있는 입을 다물다. 아무리 좋은 말도 안 하는 게 좋을 때가 있다는 뜻.

금의야행: 비단 금(錦) 옷 의(衣) 밤 야(夜) 다닐 행(行). 비단옷을 입고 밤길을 다님. 알아주는 사람이 없어서 아무런 보람이 없다는 뜻. 진나라 말기 유방이 진의 도읍인 함양을 함락시켰으나 뒤이어 항우가 들어오자 항우에게 함양을 넘겨주고 떠났다. 항우는 함양을 정복하고 얼마간 그곳의 부를 누리며 호의호식했지만, 이내 그곳을 뜨고 고향으로 돌아가려고 한다. 한생이라는 사람이 항우에게 함양을 도읍으로 삼아야 한다고 주장하자 항우가 "이만큼 성공했는데 고향에 돌아가지 않으면 '비단옷을 입고 밤길을 다니는 것'과 같소. 누가 내 성공을 알아주겠소?"라고 했다는 데서 유래한 말.

-《사기》 '항우본기'

금지옥엽: 쇠 금(金) 가지 지(枝) 구슬 옥(玉) 나뭇잎 엽(葉). 금 가지에 옥 잎사귀. 옛날에는 임금의 자손을 뜻했으나 지금은 귀한 자식을 이르는 말.

기고만장: 기운 기(氣) 높을 고(高) 일만 만(萬) 어른 장(丈). 기운이 만장이나 높다. 기운이 대단하게 뻗쳤다는 뜻으로, 자만에 가득 찬 모습을 가리킴.

기구지업: 키 기(箕) 갖옷 구(裘) 갈 지(之) 사업 업(業). 가죽옷이나 키 만드는 일은 아버지가 하던 가업(대장일, 활 만드는 일)은 아니지만 그와 비슷한 일이어서 하기가 쉽다는 고사에서 유래. 선대에서부터 전해져 내려오는 가업을 뜻함.

-《예기(禮記)》 '학기편'.

기복염거: 천리마 기(驥) 끌 복(服) 소금 염(鹽) 수레 거(車). 천리마가 소금 수레를 끈다. 뛰어난 사람이 재능을 발휘하지 못하고 천한 일에 종사한다는 뜻.

기사회생: 일어날 기(起) 죽을 사(死) 돌아올 회(回) 날 생(生). 죽을 뻔하다가 다시 살아남.

기상천외: 기이할 기(奇) 생각 상(想) 하늘 천(天) 바깥 외(外). 생각하는 게 쉽게 짐작할 수 없을 정도로 기이함.

기수영창: 원래 기(旣) 목숨 수(壽) 오랠 영(永) 창성할 창(昌). 그 수명이 영원히 번창하리라. 《한비자》 '화씨편'에 나오는 희귀한 보석 '화씨지벽'. 조나라를 멸망시켜 통일제국을 이루게 된 진시황의 손에 이 화씨지벽이 들어갔는데, 진시황은 이 보석으로 통일제국의 옥새를 만들게 하고는 그 옥새에 '수명우천(受命于天), 기수영창(旣壽永昌)'이라 새기라고 했다는 데서 유래.

기진맥진: 기운 기(氣) 다될 진(盡) 맥 맥(脈) 다될 진(盡). 기운도 다하고 맥도 다해 힘이 전혀 없는 상태.

기호망면: 거의 기(幾) 어조사 호(乎) 잊을 망(忘) 얼굴 면(面). 거의 잊어버린 얼굴.

ㄴ

낙미지액: 떨어질 낙(落) 눈썹 미(眉) 의 지(之) 재앙 액(厄). 눈썹에 떨어진 재앙. 눈앞에 갑자기 들이닥친 재앙이라는 뜻.

낙생어우: 즐거울 낙(樂) 날 생(生) 어조사 어(於) 근심 우(憂). 즐거움은 근심에서 나온다. 진정한 즐거움은 고생 끝에 맛보는 것이라는 뜻.

-《명심보감》

낙양지귀: 서울 이름 낙(洛) 볕 양(陽) 종이 지(紙) 귀할 귀(貴). 낙양의 종이값이 비싸짐. 책이 베스트셀러가 된 경우를 가리키는 말. 진나라 좌사라는 시인은 10년에 걸쳐 '삼도부(三都賦)'라는 시를 썼지만, 작품의 진가를 알아주는 사람이 아무도 없었다. 그러던 어느 날 우연히 그 시를 읽게 된 유명한 시인 장화가 크게 칭찬한 뒤 좌사의 '삼도부'가 뒤늦게 유명해졌다. 마침 좌사가 낙양으로 이사한 터라 낙양의 종이가 바닥날 정도로 그의 시는 잘 팔리게 되었다는 고사에서 유래.

-《진서(晉書)》 '좌사전'.

낭중지추: 주머니 낭(囊) 가운데 중(中) 갈 지(之) 송곳 추(錐). 주머니 속의 송곳은 반드시 튀어나오는 것처럼, 능력이 출중한 사람 또한 반드시 세상에 알려지게 된다는 뜻.

노기충천: 분노할 노(怒) 기운 기(氣) 찌를 충(衝) 하늘 천(天). 화가 머리끝까지 났다는 뜻.

노당익장: 늙을 노(老) 마땅할 당(當) 더할 익(益) 씩씩할 장(壯). 나이가 들어도 오히려 젊은이보다 더욱 패기가 넘친다는 뜻.

노마십가: 둔한 노(駑) 말 마(馬) 열 십(十) 멍에 가(駕). 둔한 말도 준마의 하룻길을 열흘에는 갈 수 있다는 뜻으로 재능이 모자라도 열심히 하면 훌륭한 사람이 될 수 있다는 뜻. -《순자》'수신편'.

노마지지: 늙을 노(老) 말 마(馬) 의 지(之) 지혜 지(智). 늙은 말의 지혜. 연륜에서 나오는 지혜를 뜻하며 아무리 하찮아 보여도 장점이 있다는 뜻.

노우지독: 늙을 노(老) 소 우(牛) 핥을 지(舐) 송아지 독(犢). 늙은 소가 송아지를 핥다. 부모가 자녀를 깊이 사랑하는 마음을 뜻함.

노이불사: 늙을 노(老) 그러나 이(而) 아니 불(不) 죽을 사(死). 늙었으나 죽지 못함. 늙은 나이에 자꾸 꼴사나운 일을 겪을 때 쓰는 말.

농가성진: 희롱할 농(弄) 거짓 가(假) 이룰 성(成) 참 진(眞). 농담 삼아 한 말이 진짜 이루어질 때 하는 말.

누란지위: 포갤 누(累) 알 란(卵) 의 지(之) 위태할 위(危). 여러 개의 달걀을 층층이 쌓아놓은 것처럼 몹시 아슬아슬한 형편을 가리킴.

능소능대: 능할 능(能) 작을 소(小) 능할 능(能) 큰 대(大). 작은 일도 큰일도 두루두루 잘함. 사람의 마음은 하늘보다 높고 바다보다 넓기도 하지만, 바늘구멍처럼 옹졸하기도 하다는 뜻으로도 쓰임.

ㄷ

담하용이: 이야기할 담(談) 어찌 하(何) 쉬울 용(容) 쉬울 이(易). 말하기는 쉽지만 행동으로 옮기기는 어렵다. 혹은 아무리 좋은 말도 쉽게 하지 말라는 뜻. 전한 때 무제(武帝)의 사랑을 받은 동방삭의 작품 '비유선생지론(非有先生之論)'에 나오는 말. 비유 선생이 3년간 자기 의견을 말하지 않자 제자 오왕이 하도 답답해서 무슨 말이든 해보시오라고 간청하자 비유가 드디어 말을 했는데, 입을 여는 것은 간단한 일이나 임금을 간하다가 죽은 충신이 이토록 많음을 열거한 뒤 "입을 열기가 어찌 그리 쉬운 일이겠습니까?"라고 말했다는 대목에서 유래. -《한서(漢書)》'동방삭편'

대기만성: 큰 대(大) 그릇 기(器) 저물 만(晩) 이룰 성(成). 큰 그릇을 만들려면 오랜 시간이 걸림. 큰 인물이 되려면 많은 시간과 노력이 필요하다는 뜻.

대동소이: 큰 대(大) 같을 동(同) 작을 소(小) 다를 이(異). 거의 같고 조금 다르다는 뜻으로 비교하는 대상이 거의 같을 때를 이름.

대우탄금: 대할 대(對) 소 우(牛) 퉁길 탄(彈) 거문고 금(琴). 소에게 거문고를 연주해주다. 어리석은 사람에게는 참된 도리를 말해줘도 소용없다는 뜻.

대재소용: 큰 대(大) 재목 재(在) 작을 소(小) 쓸 용(用). 큰 인재가 작게 쓰이고 있음. 재능을 발휘할 수 있는 조건이 아니라는 뜻.

도천지수: 도둑 도(盜) 샘 천(泉) 의 지(之) 물 수(水). 도둑이라는 글자가 들어있는 샘의 물. 아무리 목이 마르고 형편이 궁하더라도 결코 부정한 짓은 할 수 없다는 뜻. '갈불음도천수(渴不飮盜泉水)'의 준말.

도행역시: 거꾸로 도(倒) 행할 행(行) 거스를 역(逆) 베풀 시(施). 급한 마음에 순리와 정도를 벗어나 억지로 강행하는 행태를 가리킴.

독불장군: 홀로 독(獨) 아닐 불(不) 장수 장(將) 군사 군(軍). 혼자서는 장군이 될 수 없음. 뭐든 혼자서만 하려는 사람을 가리키는 말.

독서망양: 읽을 독(讀) 글 서(書) 잊을 망(亡) 양 양(羊). 글을 읽다가 양을 잃어버림. 다른 일에 정신이 팔려 중요한 일을 그르친다는 뜻.

독수공방: 홀로 독(獨) 지킬 수(守) 빌 공(空) 방 방(房). 홀로 빈방을 지킴. 부부가 서로 별거하거나

여자가 남편 없이 혼자 지냄을 일컬음.

독야청청: 홀로 독(獨) 조사 야(也) 푸를 청(靑) 푸를 청(靑). 홀로 푸르게 서 있는 모습. 다른 모든 사람이 변해도 변함없이 자신을 지키는 사람.

독양불생: 홀로 독(獨) 볕 양(陽) 아닐 부(不) 날 생(生). 양만으로는 생육이 안 됨. 모든 생물은 양과 음의 조화가 있어야 하듯 인간은 홀로 존재할 수 없다는 뜻. -《춘추곡량전(春秋穀梁傳)》

독장불명: 홀로 독(獨) 손바닥 장(掌) 아닐 불(不) 울 명(鳴). 한 손바닥으로는 소리를 낼 수 없음. 혼자서는 일하기 어렵고 협력이 필수라는 뜻.

동가지구: 동녘 동(東) 집 가(家) 의 지(之) 언덕 구(丘). 동쪽 이웃집에 사는 공자. 여기서 구는 공자를 가리킴. 공자의 이웃집에 사는 사람이 공자가 위대한 성인일 줄 모르고 늘 그를 "동쪽의 구씨"라고 불렀다는 데서 유래함. 다른 사람의 진가를 모르는 것을 이르는 말.

동가홍상: 한가지 동(同) 가격 가(價) 붉을 홍(紅) 치마 상(裳). 같은 값이면 붉은 치마. 이왕이면 더 좋은 쪽을 택한다는 뜻.

동병상련: 한가지 동(同) 병 병(病) 서로 상(相) 불쌍히 여길 련(憐). 같은 병자끼리 서로 불쌍히 여김. 같은 어려움이 있는 사람들이 서로에게 위로가 된다는 뜻.

동표서랑: 동녘 동(東) 떠다닐 표(漂) 서녘 서(西) 물결 랑(浪). 동으로 표류하고 서로 방랑함. 이리저리 정처 없이 떠돌아다님을 일컬음.

등고자비: 오를 등(登) 높을 고(高) 스스로 자(自) 낮을 비(卑). 높은 곳에 오르려면 낮은 데서 출발해야 한다는 뜻. 모든 일은 순리대로 해야 한다는 의미. -《중용(中庸)》

ㅁ

마부작침: 갈 마(磨) 도끼 부(斧) 지을 작(作) 바늘 침(針). 도끼를 갈아 바늘을 만들다. 아무리 어려운 일도 끈기 있게 노력하면 이룰 수 있다는 뜻.

만사무석: 일만 만(萬) 죽을 사(死) 없을 무(無) 아낄 석(惜). 만 번 죽어도 아까울 것이 없음. 지은 죄가 너무 많음을 이실직고하는 말.

만수무강: 일만 만(萬) 목숨 수(壽) 없을 무(無) 지경 강(疆). 수명이 끝이 없다는 뜻으로 무탈하게 아주 오래 사는 삶을 가리킴.

만시지탄: 저물 만(晩) 시간 시(時) 조사 지(之) 탄식할 탄(歎). 시기가 늦었음을 탄식함. 때가 지났을 때야 비로소 한탄해 보지만 소용없다는 뜻.

만첩청산: 일만 만(萬) 겹쳐질 첩(疊) 푸를 청(靑) 뫼 산(山). 봉우리가 만 번 겹쳐진 산. 겹겹이 둘러싸인 푸른 산을 가리킴.

만추가경: 저물 만(晩) 가을 추(秋) 아름다울 가(佳) 볕 경(景). 늦가을의 아름다운 경치. 아름다운 풍경, 또는 늦게 큰 결실을 맺음을 가리킴.

망극지은: 없을 망(罔) 다할 극(極) 의 지(之) 은혜 은(恩). 한없는 은혜. 누군가에게 받은 끝없는 도움과 사랑을 가리킴.

망운지정: 바랄 망(望) 구름 운(雲) 의 지(之) 인정 정(情). 구름을 보며 그리워함. 객지에 나와 고향 땅에 계신 부모를 그리워하는 정을 뜻함.
-《당서(唐書)》'적인걸전'

매검매우: 팔 매(賣) 칼 검(劍) 살 매(買) 소 우(牛). 칼을 팔아서 소를 사다. 전쟁에 사용하는 무기를 팔아 농사에 필요한 소를 살 정도로 나라가 평화롭다는 뜻.

매소헌미: 팔 매(賣) 웃음 소(笑) 바칠 헌(獻) 아첨할 미(媚). 웃음을 팔고 아첨을 바치다. 남의 환심을 사기 위해 웃음을 짓고 아양을 떠는 것을 가리킴.

매점매석: 살 매(買) 점령할 점(占) 팔 매(賣) 아낄 석(惜). 독점을 목적으로 상품을 대량으로 사들였다가 그 상품이 부족해졌을 때 매각해 폭리를 취하는 것.

맹인모상: 눈멀 맹(盲) 사람 인(人) 더듬을 모(摸) 코

끼리 상(象). 장님이 코끼리를 더듬어 만짐. 상황 전체를 알지 못하고 부분만 보고 다 아는 것처럼 하는 행태를 가리킴.

면종복배: 낯 면(面) 좇을 종(從) 배 복(腹) 등 배(背). 겉으로는 따르고 뒤로는 등을 돌림. 속으로 딴마음을 먹었다는 뜻.

명견만리: 밝을 명(明) 볼 견(見) 일만 만(萬) 마을 리(里). 만 리 앞을 내다봄. 판단력, 관찰력이 매우 정확하고 뛰어나다는 뜻.

명모호치: 밝을 명(明) 눈동자 모(眸) 흰 호(皓) 이 치(齒). 밝은 눈동자와 희고 깨끗한 치아. 미인을 가리키는 말. 당나라 말기 시인 두보가 양귀비를 염두에 두고 지은 시의 한 구절.

명불허전: 이름 명(名) 아닐 불(不) 빌 허(虛) 전할 전(傳). 이름이 헛되이 전해지는 게 아님. 이름값을 한다는 뜻.

명실상부: 이름 명(名) 열매 실(實) 서로 상(相) 부호 부(符). 이름과 실상이 서로 꼭 맞는 데가 있음. 이름으로만 그런 게 아니라 실제도 그런 부분이 있다는 뜻.

명약관화: 밝을 명(明) 같을 약(若) 볼 관(觀) 불 화(火). 밝기가 불을 보는 것 같다. 의심할 여지 없이 분명한 사실임을 강조하는 말.

명재경각: 목숨 명(命) 있을 재(在) 기울 경(頃) 시각 각(刻). 목숨이 경각에 달렸음. 여기서 경각은 잠시의 시간을 뜻함. 목숨이 곧 끊어질 수 있는 매우 위급한 상황이라는 뜻.

목불인견: 눈 목(目) 아니 불(不) 참을 인(忍) 볼 견(見). 눈으로 차마 볼 수 없음. 비참하거나 안타까운 상황, 또는 어이없고 아니꼬운 상황을 이르는 말.

목석난부: 나무 목(木) 돌 석(石) 어려울 난(難) 시중들 부(傅). 나무에도 돌에도 붙을 데가 없음. 의지할 데 하나 없는 가난하고 외로운 처지를 이르는 말.

목인석심: 나무 목(木) 사람 인(人) 돌 석(石) 마음 심(心). 나무 같고 돌처럼 굳은 마음. 무뚝뚝한 사람, 혹은 어떤 유혹에도 흔들리지 않는 사람을 뜻함.

목후이관: 머리 감을 목(沐) 원숭이 후(猴) 조사 이(而) 갓 관(冠). 앞에 생략된 '초인(楚人)'을 붙이면 초나라 사람은 갓을 쓴 원숭이라는 뜻. 목후는 원숭이의 일종. 천박한 사람이 아무리 교양 있는 척하나 본성은 바뀌지 않는다는 뜻.

무골호인: 없을 무(無) 뼈 골(骨) 좋을 호(好) 사람 인(人). 뼈가 없이 좋은 사람. 순하고 부드러워서 누구에게나 잘하는 사람을 가리킴.

무병자구: 없을 무(無) 병 병(病) 스스로 자(自) 뜸 구(灸). 병이 없는데 스스로 뜸을 뜸. 쓸데없이 불필요한 일을 한다는 뜻.

무소부지: 없을 무(無) 바 소(所) 아닐 부(不) 알 지(知). 알지 못하는 바가 없음. 알 지(知) 대신 이를 지(至)를 써서 이르지 않는 데가 없다는 뜻으로도 쓰임. 학식이 넓고 아는 것이 많다는 뜻.

무지몽매: 없을 무(無) 알 지(知) 어두울 몽(蒙) 어두울 매(昧). 무지하고 사리 판단에 어두움. 완전히 무식하고 어리석음을 뜻함.

문경지교: 목 벨 문(刎) 목 경(頸) 의 지(之) 사귈 교(交). 목을 베어줄 만큼의 친분. 대신해 죽을 수도 있을 만큼 가까운 사이를 가리킴.

문과식비: 꾸밀 문(文) 허물 과(過) 꾸밀 식(飾) 아닐 비(非). 허물도 꾸미고 잘못도 꾸밈. 잘못을 인정하지 않고 도리어 잘난 체함을 이름.

문전성시: 문 문(門) 앞 전(前) 이룰 성(成) 시장 시(市). 문 앞이 시장바닥처럼 사람들로 북적거린다는 뜻의 고사성어. 방문자가 많은 곳, 장사가 잘되는 가게를 뜻함. -《한서(漢書)》'정숭전(鄭崇傳)'

ㅂ

박리다매: 엷을 박(薄) 이익 리(利) 많을 다(多) 팔 매(賣). 이익을 적게 남기는 대신 많이 판매함.

박이부정: 넓을 박(博) 그러나 이(而) 아니 불(不) 자세할 정(精). 널리 알지만 자세한 지식은 없음. 지식의 수준이 넓지만 얕은 것.

박장대소: 칠 박(拍) 손바닥 장(掌) 큰 대(大) 웃을 소(笑). 손바닥을 치며 크게 웃는 모습을 그린 표현.

반면교사: 거꾸로 반(反) 얼굴 면(面) 가르칠 교(敎) 스승 사(師). 다른 사람의 부정적인 모습을 교훈 삼아 그렇게 하지 말 것을 배우라는 뜻.

반목질시: 돌이킬 반(反) 눈 목(目) 시기할 질(嫉) 볼 시(視). 서로 미워하고 시기하는 눈으로 보다.

반포지효: 돌이킬 반(反) 먹일 포(哺) 의 지(之) 효도 효(孝). 까마귀는 새끼에게 먹이를 물어다 주며 기르는데, 새끼 까마귀는 크면 반대로 어미에게 먹이를 물어다 준다는 고사. 부모에 대한 자식의 효를 일컫는 말.

방약무인: 곁 방(傍) 같을 약(若) 없을 무(無) 사람 인(人). 곁에 사람이 없는 것처럼 행동함. 주위 사람을 의식하지 않고 제멋대로 행동하는 것을 이름.

백년지객: 일백 백(百) 해 년(年) 의 지(之) 손님 객(客). 영원한 손님. 특히 사위를 가리킴.

백년하청: 일백 백(百) 해 년(年) 강 하(河) 맑을 청(淸). 백 년을 기다려도 황허강은 맑아지지 않음. 아무리 기다려도 달라지거나 성사될 가능성이 전혀 없는 일을 바라는 헛된 시도를 이르는 말.

백룡어복: 흰 백(白) 용 룡(龍) 물고기 어(魚) 입을 복(服). 흰 용이 물고기 옷을 입다. 신분이 높은 사람이 서민의 옷차림을 하고 미행하는 것을 이름.

백면서생: 흰 백(白) 얼굴 면(面) 글 서(書) 날 생(生). 글만 읽어 얼굴이 창백함. 공부는 많이 했으나 세상 물정에 어둡고 경험이 부족한 사람을 뜻함.

백배사죄: 일백 백(百) 절 배(拜) 사죄할 사(謝) 허물 죄(罪). 수없이 절을 하며 죄 용서를 구한다는 뜻.

백약지장: 일백 백(百) 약 약(藥) 의 지(之) 길 장(長). 온갖 약 가운데 가장 으뜸. 술을 달리 이르는 말.
-《한서》'식화지'

백절불굴: 일백 백(百) 꺾을 절(折) 아니 불(不) 굽을 굴(屈). 백 번 꺾여도 굽히지 않음. 아무리 실패를 거듭해도 포기하거나 무너지지 않고 뜻을 꺾지 않는 것을 이름.

벌성지부: 칠 벌(伐) 성품 성(性) 의 지(之) 도끼 부(斧). 양심을 끊어버리는 도끼. 여색을 탐하고 요행을 바라는 것은 목숨을 끊는 도끼와 같다는 뜻.
-《여씨춘추》'본성편'

봉두구면: 쑥 봉(蓬) 머리 두(頭) 때 구(垢) 얼굴 면(面). 쑥처럼 산발한 머리와 땟국물이 흐르는 얼굴. 성격이 털털해 외모에 대해 전혀 신경쓰지 않는 사람을 가리킴.

부급종사: 질 부(負) 책 상자 급(笈) 따를 종(從) 스승 사(師). 책 상자를 지고 스승을 따르다. 멀리 유학을 떠난다는 뜻.

부언시용: 아내 부(婦) 말씀 언(言) 옳을 시(是) 쓸 용(用). 아내의 말이 옳다고 여겨 씀. 줏대 없이 여자의 말을 무조건 옳다고 여겼다는 고사에서 유래.
-《서경(書經)》'주서편'

부중생어: 가마솥 부(釜) 가운데 중(中) 날 생(生) 고기 어(魚). 가마솥 안에 물고기가 생김. 오래 밥을 하지 못한 극빈의 상태를 가리킴.

부지기수: 아닐 부(不) 알 지(知) 그 기(其) 셈 수(數). 그 수를 알 수 없을 정도로 매우 많다는 뜻.

부지소운: 아닐 부(不) 알 지(知) 바 소(所) 이를 운(云). 뭐라고 말해야 좋을지 알지 못함. 촉나라 제갈량이 위나라 정벌을 위해 먼길을 떠나며, 유비의 아들이자 어린 황제인 유선에게 출사표를 올리는데, 그 첫머리에 "눈물이 앞을 가려 무슨 말씀을 드려야 할지 모르겠습니다."라고 한 말에서 유래.
-《삼국지연의》'제갈량의 출사표'

부창부수: 남편 부(夫) 노래 창(唱) 아내 부(婦) 따를 수(隨). 남편이 노래하면 아내가 따라 부름. 뜻이 잘 맞는 부부, 또는 행동이 일치하는 부부를 가리킴.

부화뇌동: 붙을 부(附) 화할 화(和) 우레 뇌(雷) 한 가

지 동(同). 우렛소리에 맞춰 함께함. 천둥이 치면 짐승들이 일제히 그 소리 나는 곳을 올려다보듯 남들 하는 대로 우르르 따라 하는 행태를 일컬음.

불문곡직: 아니 불(不) 물을 문(問) 굽을 곡(曲) 곧을 직(直). 굽거나 곧은 것을 묻지 않음. 잘잘못을 따지지 않고 함부로 행동하거나 다짜고짜 들이대는 행태.

불식태산: 아니 불(不) 알 식(識) 클 태(太) 뫼 산(山). 태산을 알지 못함. 큰 인물의 참모습을 알아보지 못한다는 뜻.

불치하문: 아니 불(不) 부끄러워할 치(恥) 아래 하(下) 물을 문(問). 아랫사람에게 묻는 것을 부끄럽게 여기지 않는다는 뜻.

불한이율: 아니 불(不) 차가울 한(寒) 그러나 이(而) 벌벌 떨 율(慄). 춥지도 않은데 몸을 벌벌 떨다. 매우 두려워한다는 뜻으로 가혹한 정치로 인해 백성들이 불안과 공포에 떠는 것을 비유하는 말.

비례물동: 아닐 비(非) 예도 례(禮) 아니할 물(勿) 움직일 동(動). 예의에 맞지 않는 일에는 꼼짝도 하지 말라는 공자의 말씀. 공자가 안연에게 인(仁)에 관해 "예가 아니면 보지도 말고, 예가 아니면 말하지도 말며, 예가 아니면 행동하지도 말라는 것이다."라고 말한 데서 유래. -《논어(論語)》'안연편'

비일비재: 아닐 비(非) 한 일(一) 아닐 비(非) 두 재(再). 한 번도 아니고 두 번도 아닌 많다는 뜻.

빈자소인: 가난할 빈(貧) 놈 자(者) 작을 소(小) 사람 인(人). 가난한 자가 소인. 가난하면 남에게 뜻을 굽힐 일이 많으므로 저절로 소인배가 된다는 뜻.

ㅅ

사고무친: 넉 사(四) 돌아볼 고(顧) 없을 무(無) 친할 친(親). 사방을 돌아보아도 친한 사람이 없음. 도움을 받거나 의지할 데가 전혀 없는 외로운 신세를 가리킴.

사상누각: 모래 사(沙) 위 상(上) 다락 누(樓) 문설주 각(閣). 모래 위에 지은 누각. 기초가 부실해 언제든 무너질 수 있는 상태. 겉은 그럴듯하지만 실상은 속 빈 강정이라는 뜻.

사서삼경: 넉 사(四) 글 서(書) 석 삼(三) 날 경(經). 《대학》《논어》《맹자》《중용》의 사서와 《시경》《서경》《역경(주역)》의 삼경을 가리킴.

사석위호: 쏠 사(射) 돌 석(石) 할 위(爲) 범 호(虎). 돌을 호랑이로 착각하고 쏘았더니 화살이 돌을 관통했다는 고사에서 유래. 정신을 집중하면 초능력도 발휘될 수 있다는 뜻. -《사기》'이광열전'

사이후이: 죽을 사(死) 말 이을 이(而) 뒤 후(後) 이미 이(已). 죽은 뒤에야 일을 그만둠. 제갈량이 위나라 정벌을 위해 떠나기에 앞서 어린 황제 유선에게 올린 출사표의 한 구절. "죽고 나서야 그만둔다는 각오로 출정합니다."라는 말에서 유래.
-《삼국지연의》'제갈량의 출사표'

사필귀정: 일 사(事) 반드시 필(必) 돌아갈 귀(歸) 바를 정(正). 모든 일은 옳은 이치대로 돌아간다. 편법이나 부정으로 잘되는 사람을 보고 부러울 수도 있으나 그런 태도로는 결코 좋은 결말에 이를 수 없고, 정직하고 부지런히 자기 할 일을 하면 모든 일이 잘 이루어진다는 뜻.

산궁수진: 뫼 산(山) 막힐 궁(窮) 물 수(水) 다될 진(盡). 산이 막히고 물이 끊어져 더 갈 길이 없음. 막다른 경우에 이르렀다는 뜻.

산전수전: 뫼 산(山) 싸울 전(戰) 물 수(水) 싸울 전(戰). 산에서도 싸우고 물에서도 싸움. 세상의 온갖 고생과 어려움을 다 겪었다는 뜻.

상산구어: 위 상(上) 뫼 산(山) 구할 구(求) 고기 어(魚). 산 위에서 물고기를 구함. 당치도 않은 일을 무리하게 시도할 때 쓰는 말.

상수여수: 위 상(上) 목숨 수(壽) 같을 여(如) 물 수(水). 상수, 즉 건강한 장수는 흐르는 물과 같다. 흐르는 물처럼 순리를 따르고 낮은 곳에서 겸손히 사는 것이 건강 장수의 비결이라는 뜻.

상전벽해: 뽕나무 상(桑) 밭 전(田) 푸를 벽(碧) 바다 해(海). 뽕나무밭이 푸른 바다가 되었다. 세상이 엄청나게 달라졌음을 뜻함.

생구불망: 날 생(生) 입 구(口) 아니 불(不) 그물 망(網). 산 입에 거미줄 치랴? 아무리 어려워도 먹고 살 것은 생기기 마련이라는 뜻.

생기사귀: 날 생(生) 부칠 기(寄) 죽을 사(死) 돌아갈 귀(歸). 사람이 세상에 사는 것은 잠깐이고 죽음은 원래의 집으로 돌아가는 것.

생면부지: 날 생(生) 얼굴 면(面) 아닐 부(不) 알 지(知). 한 번도 보지 못해 전혀 모르는 사람. 처음 대하는 사람, 전혀 만난 적 없는 사람.

서제막급: 씹을 서(噬) 배꼽 제(臍) 없을 막(莫) 미칠 급(及). 배꼽을 물려고 해도 입이 닿지 않음. 이미 잘못을 저지른 뒤에는 후회해도 소용이 없다는 뜻. 사향노루가 사람에게 잡힌 뒤에 배꼽의 향기 때문이라고 생각하고는 배꼽을 물어뜯었다는 데서 유래.

선우후락: 먼저 선(先) 근심 우(憂) 뒤 후(後) 즐거울 락(樂). 근심할 일은 남보다 먼저 하고 즐거워할 일은 남보다 나중에 하라. 특히 어진 정치가의 덕목을 뜻하는 말. -《악양루기》,《명신언행록》

선유자익: 착할 선(善) 헤엄칠 유(游) 놈 자(者) 익사할 익(溺). 헤엄을 잘 치는 자가 빠져 죽는다. 실력이 출중한 자가 자신을 과신할 때 위험을 자초한다는 뜻.

설상가상: 눈 설(雪) 위 상(上) 더할 가(加) 서리 상(霜). 눈 위에 서리가 쌓임. 좋지 않은 일이 연달아 일어난다는 뜻.

성경시보: 정성 성(誠) 공경할 경(敬) 옳을 시(是) 보배 보(寶). 성실과 공경 이것이 보배다.

성동격서: 소리 성(聲) 동녘 동(東) 칠 격(擊) 서녘 서(西). 동쪽에서 소리를 내고 서쪽에서 습격한다. 병법 '삼십육계' 중 제6계. 적의 주의를 빼앗아 예상치 못한 곳을 공격하는 방법을 가리킴.
-《한비자》'설림상편'

성인지미: 이룰 성(成) 사람 인(人) 의 지(之) 아름다울 미(美). 앞에 생략된 '군자'를 추가하면 "군자는 남의 아름다운 점을 도와 이루게 한다."라는 공자의 말씀. 즉 상대방의 장점을 발견하고 그것을 잘 발휘할 수 있도록 도와주는 것이 군자라는 뜻.

성자필쇠: 성할 성(盛) 놈 자(者) 반드시 필(必) 쇠할 쇠(衰). 번성할 때가 있으면 반드시 쇠할 때도 있다. 한번 성공했다고 자만하지 말고 실패할 때를 생각해 겸손하라는 뜻.

세강속말: 세상 세(世) 내릴 강(降) 풍속 속(俗) 끝 말(末). 세상이 그릇되어 풍속이 말세에 이름.

세고취화: 형세 세(勢) 외로울 고(孤) 취할 취(取) 화할 화(和). 세력에 고립되어 있으면 빨리 안정의 길을 취하라. 바둑의 격언인 위기십결 중 하나. 적의 세력에 포위된 상태라면 싸우지 말고 타협해 생명을 도모하는 것이 우선이라는 뜻.

세한송백: 해 세(歲) 차가울 한(寒) 소나무 송(松) 나무 이름 백(栢). 추운 겨울의 소나무와 잣나무. 아무리 힘든 일을 겪어도 지조를 굽히지 않는 사람을 가리킴.

소국과민: 작을 소(小) 나라 국(國) 적을 과(寡) 백성 민(民). 작은 나라 적은 백성. 노자가 생각하는 이상적인 나라. 욕심 없이 순리대로 살아가는 나라를 뜻함.

소리장도: 웃음 소(笑) 속 리(裏) 감출 장(藏) 칼 도(刀). 웃음 속에 칼을 감추다. 병법 '삼십육계' 중 하나. 적을 방심하게 해놓고 친다는 뜻. 상대의 환심을 산 뒤 뒤통수치는 경우를 가리킴.

소탐대실: 작을 소(小) 탐할 탐(貪) 큰 대(大) 잃을 실(失). 작은 욕심 때문에 큰 것을 잃음. 전국 시대 촉나라 군주가 진나라 혜왕이 주는 보물에 눈이 멀어 나라를 잃었다는 고사에서 유래.

속물근성: 풍속 속(俗) 물건 물(物) 뿌리 근(根) 품성 성(性). 돈과 물질만 숭배하는 '속물'의 뿌리 깊은 성질. 눈앞의 돈과 명예만 중시하고 보이지 않는 도덕은 무시하는 습성.

속수무책: 묶을 속(束) 손 수(手) 없을 무(無) 계책 책(策). 손이 묶여 계책을 세울 수 없음. 아무런 해결 방안이 없어서 답답한 상황을 이르는 말.

수구초심: 머리 수(首) 언덕 구(丘) 처음 초(初) 마음 심(心). 언덕을 향해 머리를 두는 첫 마음. 여우는 죽을 때 언덕을 향해 머리를 두고 초심으로 돌아간다는 고사. 자신의 뿌리를 기억하고 초심을 잃지 말라는 뜻. -《예기(禮記)》'단궁상편'

수불석권: 손 수(手) 아니 불(不) 풀 석(釋) 책 권(卷). 손에서 책을 놓지 않음. 늘 책을 읽고 열심히 공부하는 사람. 한나라 광무제는 군대를 이끌고 다니면서도 항상 손에서 책을 놓지 않았다는 말에서 유래. -《삼국지》'여몽전'

수성지주: 지킬 수(守) 이룰 성(成) 의 지(之) 임금 주(主). 창업자의 뒤를 이어 기초를 굳게 지키는 군주.

수세불통: 물 수(水) 샐 설(泄) 아니 불(不) 통할 통(通). 물 샐 틈이 없음. 한자로 '설'이라 쓰고 '세'라 읽음. 보안이 철통같이 이뤄져 비밀이 새어 나가지 못하는 상황을 가리킴.

수수방관: 소매 수(袖) 손 수(手) 곁 방(傍) 볼 관(觀). 소매 속에 손을 넣고 바라만 본다. 가까운 곳에서 큰일이 벌어졌으나 해결하려고 하지 않고 그저 바라만 본다는 뜻.

수어지교: 물 수(水) 고기 어(魚) 의 지(之) 사귈 교(交). 물과 물고기 같은 사이. 불가분의 관계를 가리키는 말로 유비가 제갈량을 얻은 것을 "물고기가 물을 만난 것 같다."라고 표현한 데서 유래됨. -《삼국지연의》

수오지심: 바칠 수(羞) 미워할 오(惡) 의 지(之) 마음 심(心). 의롭지 못함을 부끄러워 하고, 착하지 못함을 미워하는 마음. 인(仁) 의(義) 예(禮) 지(知) 사단(四端) 중 '의'에 관한 맹자의 말씀. -《맹자》

수원수구: 누구 수(誰) 원망할 원(怨) 누구 수(誰) 허물 구(咎). 누구를 원망하고 누구를 탓하랴? 남 탓할 것 없고 모든 게 자기 탓이라는 뜻.

수주대토: 지킬 수(守) 그루터기 주(株) 기다릴 대(待) 토끼 토(兎). 나무 그루터기에서 토끼를 기다림. 마치 감나무에서 배 떨어지길 기다리듯, 토끼 한 마리가 우연히 그루터기에 부딪혀 죽자 다른 일은 그만두고 그루터기에 토끼가 와서 부딪쳐 죽기만을 기다렸다는 고사에서 유래. 힘들이지 않고 요행수를 바라는 심리를 가리킴. -《한비자》

순망치한: 입술 순(脣) 망할 망(亡) 이 치(齒) 차가울 한(寒). 입술이 없으면 이가 시림. 밀접한 관계에 있는 둘을 가리키며, 둘 중 하나가 망하면 나머지도 망함을 경계하는 말.

순모첨동: 물을 순(詢) 꾀할 모(謨) 다 첨(僉) 같을 동(同). 여러 사람에게 물었으나 다 같은 답을 함.

시기상조: 때 시(時) 베틀 기(機) 오히려 상(尙) 이를 조(早). 시기가 미처 무르익지 않았음.

시위소찬: 주검 시(尸) 자리 위(位) 흴 소(素) 먹을 찬(餐). 높은 자리에 앉아 녹만 받음. 여기서 '시위'란 제사를 지낼 때 어린아이가 앉아있는 자리를 뜻함. 소찬은 공짜로 먹는다는 뜻. 직책에 맞는 밥값을 하지 않는다는 의미. -《한서》'주운전'

시행착오: 시험할 시(試) 다닐 행(行) 섞일 착(錯) 그르칠 오(誤). 어떤 일을 할 때 시험과 실패를 거듭하는 것을 말함. 목표 달성을 위해 이렇게도 해보고 저렇게도 해보는 과정.

식소사번: 먹을 식(食) 적을 소(少) 일 사(事) 번거로울 번(煩). 먹는 것은 적고 일은 번거로움. 위나라 사마의가 제갈량이 보낸 사신에게 제갈량을 평해 "먹는 것은 적고 일은 번거로우니 어디 오래 살 수 있겠소."라고 한 말에서 유래.
-《삼국지》'사마의의 말'

식우지기: 먹을 식(食) 소 우(牛) 의 지(之) 기운 기(氣). 소를 잡아먹을 만한 기운. 씩씩한 기상이 넘쳐흐르는 모습, 혹은 어려서부터 크게 될 재목을 이르는 말.

식자우환: 알 식(識) 글자 자(字) 근심 우(憂) 근심 환(患). 학식 있는 것이 오히려 근심을 사게 됨. 너

무 많이 알아서 쓸데없는 걱정이 많다는 뜻.

심상필벌: 믿을 신(信) 상줄 상(賞) 반드시 필(必) 벌할 벌(罰). 공을 세운 자에겐 상을 주고 잘못한 자에겐 벌을 줌. 상벌이 규정대로 공정하게 이루어져야 질서가 잡히고 인재가 생긴다는 뜻.

심기일전: 마음 심(心) 베틀 기(機) 한 일(一) 변할 전(轉). 마음의 틀이 한 번 뒤집힘. 어떤 계기를 통해 지금까지의 사고방식, 생활방식을 완전히 바꾸고 새로워졌다는 의미.

심산유곡: 깊을 심(深) 뫼 산(山) 그윽할 유(幽) 골짜기 곡(谷). 깊고 고요한 산속 으슥한 골짜기.

심심파적: —— 깨트릴 파(破) 고요할 적(寂). 심심함을 잊기 위해 하는 일. 심심풀이.

십벌지목: 열 십(十) 벨 벌(伐) 의 지(之) 나무 목(木). 열 번 찍어 베는 나무. 열 번 찍어 안 넘어가는 나무 없듯이 꾸준히 시도하면 안 될 것이 없다는 뜻.

십보방초: 열 십(十) 걸음 보(步) 향기 방(芳) 풀 초(草). 열 걸음 걷는 동안에 향기로운 풀이 있음. 인재는 어느 곳에나 있다는 뜻.

십시일반: 열 십(十) 숟가락 시(匙) 한 일(一) 밥 반(飯). 열 사람이 한 숟가락씩 덜어 밥 한 그릇을 만듦. 작은 힘이라도 여럿이 도우면 큰 도움을 줄 수 있다는 뜻.

십일지국: 열 십(十) 날 일(日) 의 지(之) 국화 국(菊). 10일의 국화. 국화는 음력 9월 9일이 가장 아름다운데 다음 날인 10일이 되었으니 이는 소용없게 되었다는 뜻. 때가 지나 소용없게 되었음을 의미함.

십전구도: 열 십(十) 엎드러질 전(顚) 아홉 구(九) 넘어질 도(倒). 열 번 엎어지고 아홉 번 넘어짐. 수많은 실패를 겪거나 온갖 험한 일을 겪었다는 뜻.

ㅇ

아전인수: 나 아(我) 밭 전(田) 끌 인(引) 물 수(水). 내 밭에만 물을 끌어옴. 자기 이익만 생각하는 이기적 행태를 꼬집는 말.

안고수비: 눈 안(眼) 높을 고(高) 손 수(手) 낮을 비(卑). 눈은 높지만 손은 낮다. 보는 수준은 높으나 그것을 이룰 재주가 없다는 뜻.

안여태산: 편안할 안(安) 같을 여(如) 클 태(泰) 뫼 산(山). 편안하기가 태산과 같다. 태산처럼 든든하고 믿음직하다는 뜻.

애석폐고: 슬플 애(哀) 아낄 석(惜) 닳아질 폐(弊) 바지 고(袴). 헌 바지도 남에게 그냥 주기를 아까워함. 아무리 하찮은 물건이라도 공정하게 처리하는 정치가의 덕목을 가리킴.

양포지구: 버들 양(楊) 베 포(布) 의 지(之) 개 구(狗). 양포의 개. 양포라는 사람이 아침에 나갈 때 흰옷을 입었으나 돌아올 때 검정 옷으로 갈아입자 개가 주인을 알아보지 못하고 짖었다는 고사에서 유래. 겉이 달라졌다고 속까지 달라진 것으로 착각하는 사람들의 시선을 가리키는 말.

-《한비자》'설림편'

어로불변: 고기 어(魚) 노둔할 노(魯) 아니 불(不) 분별할 변(辨). '어(魚)' 자와 '노(魯)' 자를 분별하지 못함. 무식한 사람을 가리킴.

어부지리: 고기잡을 어(漁) 지아비 부(夫) 의 지(之) 이로울 리(利). 어부의 이익. 두 사람이 다투는 사이 그들과 전혀 무관한 제삼자가 아무 힘도 들이지 않고 이득을 챙긴다는 뜻.

-《전국책(戰國策)》'연책'

어불성설: 말씀 어(語) 아니 불(不) 이룰 성(成) 말씀 설(說). 하는 말이 앞뒤가 맞지 않아 말이 되지 않음.

엄처시하: 엄할 엄(嚴) 아내 처(妻) 모실 시(侍) 아래 하(下). 엄한 아내를 모시며 사는 남편. 아내에게 잡혀 사는 남편을 이르는 말.

오리무중: 다섯 오(五) 마을 리(里) 안개 무(霧) 가운데 중(中). 5리나 되는 짙은 안개 속. 짙은 안개 속에서는 방향을 분간할 수 없듯이 어떤 문제를 마

주해 갈피를 잡을 수 없는 경우를 이름.

오비삼척: 나 오(吾) 코 비(鼻) 석 삼(三) 자 척(尺). 내 코가 석 자. 내 사정도 감당하기가 벅찬 상황이므로 남의 사정을 돌볼 겨를이 없다는 뜻.

오비이락: 까마귀 오(烏) 날 비(飛) 배나무 이(梨) 떨어질 락(落). 까마귀 날자 배 떨어진다. 인과관계가 전혀 없는 두 일이 공교롭게도 잇달아 발생해 억울한 누명을 쓰게 되었다는 뜻.

오월동주: 오나라 오(吳) 월나라 월(越) 한 가지 동(同) 배 주(舟). 오나라 사람과 월나라 사람이 한 배를 탐. 적대 관계에 있는 사람들이 이해관계 때문에 힘을 합치는 경우를 이름.

오합지졸: 까마귀 오(烏) 모일 합(合) 의 지(之) 군사 졸(卒). 까마귀들이 모인 군사. 전문가가 필요한 집단에 어중이떠중이들이 모인 상황을 이르는 말.

옥오지애: 집 옥(屋) 까마귀 오(烏) 의 지(之) 사랑 애(愛). 집 지붕에 있는 까마귀에 대한 사랑. 누군가를 사랑하면 그의 집 지붕에 사는 까마귀까지 사랑스럽다는 뜻. 우리 속담에 "아내가 예쁘면 처갓집 말뚝 보고도 절을 한다."와 같은 뜻.

와부뇌명: 질그릇 와(瓦) 가마솥 부(釜), 우레 뇌(雷) 울 명(鳴). 흙으로 만든 솥이 우레처럼 울려 퍼짐. 실력 없는 사람이 높은 자리를 차지해 기세등등한 모습을 가리킴. - 굴원의 《초사(楚辭)》 '복거'

와신상담: 누울 와(臥) 땔나무 신(薪) 맛볼 상(嘗) 쓸개 담(膽). 땔나무 위에 누워 쓸개를 맛봄. 오나라 왕 합려의 아들 부차가 아버지를 죽인 원수 월나라 구천에 대한 복수심을 상기하려고, 가시 많은 땔나무 위에 누워 자며 쓰디쓴 쓸개를 먹었다는 고사에서 유래. - 《사기(史記)》 '월세가'

왈가왈부: 가로 왈(曰) 옳을 가(可) 가로 왈(曰) 부정할 부(否). 옳고 그름을 말하지 않음.

외유내강: 바깥 외(外) 부드러울 유(柔) 안 내(內) 굳셀 강(剛). 겉은 부드러우나 속은 강함. 심지가 굳고 흔들림이 없으나 드세지 않으며 부드러운 사람을 가리킴.

욕사무지: 하고자 할 욕(欲) 죽을 사(死) 없을 무(無) 땅 지(地). 죽고자 하나 죽을 만한 땅이 없음. 너무나 분하고 원통한 일을 가리킴.

우공이산: 어리석을 우(愚) 공적 공(公) 옮길 이(移) 뫼 산(山). 어리석은 사람이 산을 옮김. 우공이라는 노인이 집 앞을 가로막는 두 산을 옮기려고 흙을 지게에 지고 바다에 버리는 일을 1년이나 하자, 두 산을 지키던 산신이 이를 큰일로 여겨 결국 두 산을 멀리 옮기도록 했다는 고사에서 유래함. 우직하게 한 우물을 파는 사람이 결국 큰일을 해낸다는 뜻.

우문현답: 어리석을 우(愚) 물을 문(問) 어질 현(賢) 답할 답(答). 어리석은 물음에 현명한 대답. 문제의 본질을 짚어내지 못한 질문에 본질을 짚어낸 답을 한다는 뜻.

우유부단: 넉넉할 우(優) 부드러울 유(柔) 아닐 부(不) 끊을 단(斷). 결정해야 할 상황에 망설이기만 할 뿐 결단을 내리지 못함.

우이독경: 소 우(牛) 귀 이(耳) 읽을 독(讀) 경서 경(經). 소 귀에 경 읽기. 어리석은 사람에게는 아무리 좋은 소리를 해줘도 이해하지 못하므로 보람이 없다는 뜻.

월장성구: 달 월(月) 글 장(章) 별 성(星) 글귀 구(句). 달 같은 문장 별 같은 구절. 매우 아름다운 문장을 칭찬하는 말.

유유자적: 멀 유(悠) 멀 유(悠) 스스로 자(自) 도달할 적(適). 여유롭고 한가로워서 속세에 얽매이지 않음. 걱정 없이 자유롭고 편안하게 살아감.

읍참마속: 울 읍(泣) 벨 참(斬) 말 마(馬) 일어날 속(謖). 울면서 마속의 머리를 베다. 제갈량이 아끼는 부하 마속을 죽였다는 고사. 법과 원칙은 예외 없이 적용되어야 함을 일깨워주는 말.
- 《촉서》 '마량전'

이구동성: 다를 이(異) 입 구(口) 한 가지 동(同) 소리 성(聲). 입은 다르나 목소리는 같다. 여러 사람이 한결같은 이야기를 한다는 뜻.

이란격석: ~로써 이(以) 알 란(卵) 칠 격(擊) 돌 석(石). 달걀로 바위 치기. 전혀 상대가 안 되는 강한 것에 대항하는 어리석음을 가리킴.

이모취인: ~로써 이(以) 얼굴 모(貌) 취할 취(取) 사람 인(人). 얼굴만 보고 사람을 취함. 스펙이나 인상, 옷차림 따위 외모만 보고 사람을 평가하는 행태를 가리킴.

이소성대: ~로써 이(以) 작을 소(小) 이룰 성(成) 큰 대(大). 작은 것으로 큰 것을 이룸. 티끌 모아 태산과 비슷한 말.

이실직고: ~로써 이(以) 열매 실(實) 곧을 직(直) 알릴 고(告). 사실 그대로 고함. 특히 자신이 잘못한 것을 다 털어놓는다는 뜻.

인과응보: 인할 인(因) 실과 과(果) 응할 응(應) 갚을 보(報). 원인과 결과는 서로 맞물림. 좋은 일에는 좋은 결과가, 나쁜 일에는 나쁜 결과가 따른다는 뜻.

인구회자: 사람 인(人) 입 구(口) 날고기 회(膾) 고기 구울 자(炙). 사람들의 입에 맞는 날고기와 구운 고기. 사람들의 입에 자주 오르내리는 말을 뜻함.

인산인해: 사람 인(人) 뫼 산(山) 사람 인(人) 바다 해(海). 사람이 산과 바다 같음. 헤아릴 수 없이 수많은 사람이 모인 것을 가리키는 표현.

인생재근: 사람 인(人) 날 생(生) 있을 재(在) 부지런할 근(勤). 사람의 근본은 부지런함에 있다는 뜻으로 인생은 노력하는 데 의의가 있다는 뜻.

인자요산: 어질 인(仁) 놈 자(者) 좋아할 요(樂) 뫼 산(山). 어진 사람은 산을 좋아한다. 생략된 문장을 추가하면 "지혜로운 사람은 물을 좋아하고 어진 사람은 산을 좋아한다."는 공자의 말씀. 어진 사람은 마치 산처럼 행동거지가 진중하다는 뜻.
-《논어》'옹야편'

인중사자: 사람 인(人) 가운데 중(中) 사자 사(獅) 아들 자(子). 뭇사람 중 사자 같은 사람. 다른 사람들보다 특출나게 뛰어난 사람을 가리킴.

일구월심: 날 일(日) 오랠 구(久) 달 월(月) 깊을 심(深). 날이 오래 가고 달이 깊음. 세월이 아무리 흘러도 오직 한 가지를 간절히 바란다는 뜻.

일망타진: 한 일(一) 그물 망(網) 칠 타(打) 다될 진(盡). 한 번의 그물질로 물고기를 다 잡음. 한 번 시도로 여러 가지 목표를 한꺼번에 달성한다는 뜻. -《송사(宋史)》'인종기'

일맥상통: 한 일(一) 맥 맥(脈) 서로 상(相) 통할 통(通). 생각이나 상태가 하나의 맥으로 서로 통함. 두 문장의 의미, 혹은 두 가지 논리가 앞뒤가 서로 통할 때 쓰는 표현.

일벌백계: 한 일(一) 벌할 벌(罰) 일백 백(百) 경계할 계(戒). 한 명을 벌해 백 명을 경계함. 한 사람을 본보기로 엄중히 처벌해 경각심을 일으키는 것을 뜻함.

일사불란: 한 일(一) 실 사(絲) 아니 불(不) 어지러울 란(亂). 한 가닥 실도 엉키지 않음. 실이 엉키거나 풀려나오지 않는 것처럼 전체가 하나처럼 질서정연하게 행동한다는 뜻.

일어탁수: 한 일(一) 고기 어(魚) 흐릴 탁(濁) 물 수(水). 물고기 한 마리가 물을 흐린다. 한 사람의 잘못으로 조직의 여러 사람이 피해를 본다는 뜻.

일촌광음: 한 일(一) 마디 촌(寸) 빛 광(光) 그늘 음(陰). 한 치 길이의 빛과 그늘. 아주 짧은 시간을 뜻함. 뒤에 '불가경(不可輕)'을 덧붙여 한 치의 시간도 가벼이 여길 수 없다는 뜻으로 씀.

일취월장: 날 일(日) 이룰 취(就) 달 월(月) 나아갈 장(將). 날마다 이루고 달마다 달성한다. 하루하루 다달이 발전하고 성장한다는 뜻.

일편단심: 한 일(一) 조각 편(片) 붉을 단(丹) 마음 심(心). 한 조각 붉은 마음. 변치 않는 충성심이라는 뜻으로 고려의 정몽주가 조선 태조 이방원을 향해 읊은 '단심가'의 한 구절.

입신양명: 세울 입(立) 몸 신(身) 떨칠 양(揚) 이름 명(名). 몸을 세워 이름을 떨침. 출세해 세상에 이름을 알린다는 뜻.

ㅈ

자가당착: 스스로 자(自) 집 가(家) 부딪칠 당(撞) 붙을 착(着). 스스로 부딪치기도 하고 붙기도 함. 한 사람의 말과 행동이 앞뒤가 맞지 않고 모순됨.

자강불식: 스스로 자(自) 굳셀 강(强) 아니 불(不) 쉴 식(息). 스스로 마음을 굳세게 해 쉬지 않음. 목표를 향해 쉬지 않고 끝없이 노력한다는 뜻.

자격지심: 스스로 자(自) 물결 부딪힐 격(激) 의 지(之) 마음 심(心). 스스로 부딪치는 마음. 자신이 한 일을 미흡하게 여겨 자기 자신을 괴롭힌다는 뜻.

자로부미: 아들 자(子) 길 로(路) 질 부(負) 쌀 미(米). 자로(공자의 제자)가 쌀을 짐. 가난했던 자로는 부모를 봉양하기 위해 매일 쌀을 백 리 밖까지 져다 주는 일을 해 품삯을 받았다는 고사에서 유래함.
-《공자가어(孔子家語)》

자부월족: 스스로 자(自) 도끼 부(斧) 발꿈치 자를 월(刖) 발 족(足). 자기 도끼에 자기 발등 찍힌다. 잘 안다고 자만하다가 큰 실수를 범할 수 있다는 말.

자승자박: 스스로 자(自) 새끼줄 승(繩) 스스로 자(自) 묶을 박(縛). 자신이 만든 줄로 제 몸을 묶음. 자기가 한 말이나 행동 때문에 어려움을 겪게 됨을 이르는 말.

자초지종: 스스로 자(自) 처음 초(初) 이를 지(至) 끝날 종(終). 처음부터 끝까지 전체 과정을 가리킴.

장두은미: 감출 장(藏) 머리 두(頭) 숨길 은(隱) 꼬리 미(尾). 머리를 감추고 꼬리를 숨긴다. 일의 전말을 사실대로 밝히지 않음을 뜻하는 말.

장수선무: 길 장(長) 소매 수(袖) 착할 선(善) 춤출 무(舞). 소매가 길면 춤을 잘 추고, 돈이 많으면 장사를 잘한다는 중국 속담. 조건이 나은 사람이 큰 성과를 얻는다는 의미의 고사에서 유래.
-《한비자》'오두편'

장유유서: 어른 장(長) 아이 유(幼) 있을 유(有) 차례 서(序). 어른과 아이 사이에 순서가 있음. 유교의 삼강오륜 중 하나. 장성한 어른과 어린 사람 사이에는 사회적인 순서가 있고 이걸 지켜야 사회 질서가 잡힌다는 뜻. 나이와 상관없이 유교의 예법에 따라 항렬이 높은 사람에겐 존대하고 예의를 지키라는 뜻인데 상명하복, 연령 차별을 정당화하는 말로 왜곡되는 경향이 있음.

장중보옥: 손바닥 장(掌) 가운데 중(中) 보배 보(寶) 구슬 옥(玉). 손에 쥔 보석. 귀하고 보배로운 존재를 뜻함.

재승박덕: 재주 재(才) 이길 승(勝) 엷을 박(薄) 덕 덕(德). 재주는 많으나 덕이 부족함. 능력은 뛰어나지만 미성숙한 인품을 지닌 사람을 가리키는 말.

적반하장: 도둑 적(賊) 뒤집을 반(反) 규탄할 하(荷) 지팡이 장(杖). 도둑이 오히려 몽둥이를 휘두름. 잘못한 사람이 잘한 사람을 나무라고, 시민을 위해 봉사해야 할 사람이 시민 위에 군림하는 등 주인과 객이 뒤바뀐 상황을 가리키는 말.

적빈여세: 발가숭이 적(赤) 가난할 빈(貧) 같을 여(如) 씻을 세(洗). 마치 물로 씻은 듯이 아무것도 없이 가난한 상태함.

적수공권: 발가숭이 적(赤) 손 수(手) 빌 공(空) 주먹 권(拳). 빈손과 맨주먹. 가진 것이 아무것도 없다는 뜻.

적우침주: 쌓일 적(積) 깃털 우(羽) 가라앉을 침(沈) 배 주(舟). 가벼운 깃털도 쌓이면 배를 침몰시킴. 아주 작은 힘이라도 쌓이고 쌓이면 큰 힘이 된다는 뜻. "가랑비에 옷 젖는다." "티끌 모아 태산"과 비슷한 뜻.

전광석화: 번개 전(電) 빛 광(光) 돌 석(石) 불 화(火). 번갯불, 부싯돌의 빛처럼 대단히 짧은 순간. 혹은 빛처럼 매우 빠른 동작을 가리킴.

전무후무: 앞 전(前) 없을 무(無) 뒤 후(後) 없을 무(無). 전에도 없었고 앞으로도 없음. 세상에 둘도 없을 대단히 특별하고 귀한 존재를 가리킴.

전호후랑: 앞 전(前) 범 호(虎) 뒤 후(後) 이리 랑(狼).

앞문에서 호랑이를 막으니 뒷문으로 늑대가 들어옴. 어떤 재난에서 겨우 벗어났다고 안심한 순간 또 다른 재난이 터질 때 이르는 말.

전화위복: 구를 전(轉) 재앙 화(禍) 할 위(爲) 복 복(福). 재앙이 복으로 바뀜. 화가 복이 될 수도 있고 복이 화가 될 수도 있는 세상 이치를 뜻하는 말.

절고진락: 꺾을 절(折) 마를 고(槁) 떨칠 진(振) 떨어질 락(落). 마른 나무를 꺾고 떨어진 낙엽을 떤다. "누워서 떡 먹기"처럼 일이 매우 쉽다는 뜻.

절차탁마: 끊을 절(切) 갈 차(磋) 다듬을 탁(琢) 갈 마(磨). 돌을 자르고 갈고 다듬어 빛을 냄. 학문이나 인격을 부단히 갈고닦음을 이르는 말.

절치부심: 끊을 절(切) 이 치(齒) 썩을 부(腐) 마음 심(心). 이를 갈고 마음을 썩임. 복수심에 불타는 사람의 마음처럼 분을 이기지 못해 마음을 썩인다는 뜻.

점입가경: 점차 점(漸) 들 입(入) 아름다울 가(佳) 지경 경(境). 점차 아름다워지는 경치. 어떤 일이나 상황이 시간이 갈수록 흥미롭게 진행되는 뜻. 점점 좋아질 때도 쓰이지만, 반대로 점점 어처구니없을 때도 쓰임.

제갈동지: ——한 가지 동(同) 알 지(知). 제가 스스로 동지라고 함. 동지(同知)란 조선시대 종2품 벼슬. 품위가 없이 나이만 먹어 형편은 넉넉하지만 교만하고 지체가 낮은 사람. 흔히 부잣집 늙은이를 뜻함.

제세지재: 건질 제(濟) 세상 세(世) 의 지(之) 재주 재(才). 세상을 건질 재주 또는 그런 인재.

조령모개: 아침 조(朝) 법 령(令) 저녁 모(暮) 고칠 개(改). 아침에 내린 명령을 저녁에 고친다. 일관성 없이 갈팡질팡하는 행태를 일컫는 고사성어. 전한 문제 때 백성들에게 곡식을 헌납받는 조치에 대해 조조가 올린 상소문에서 유래함. -《사기》'평준서'

조삼모사: 아침 조(朝) 석 삼(三) 저녁 모(暮) 넉 사(四). 송나라에 원숭이를 키우는 저공이 있었는데, 원숭이가 늘어나자 모이인 도토리를 구하기가 어려워졌다. 하루는 원숭이들을 모아 도토리를 아침에 3개 저녁에 4개씩 주겠다고 하자 원숭이들이 모두 반발했다. 그럼 아침에 4개 저녁에 3개 주겠다고 하자 만족해서 돌아갔다는 고사. 얕은꾀로 상대방을 현혹시키는 모습을 일컬음.
-《장자》'제물론편'

종횡무진: 세로 종(縱) 가로 횡(橫) 없을 무(無) 다될 진(盡). 세로와 가로로 끝이 없음. 사방으로 거칠 것 없이 나아가는 자유분방한 모습. 거침없이 맹활약하는 모습을 이르는 말.

좌고우면: 왼 좌(左) 돌아볼 고(顧) 오른 우(右) 애꾸눈 면(眄). 왼쪽을 돌아보고 오른쪽을 곁눈질함. 이쪽저쪽을 돌아보고 앞뒤를 재어봄. 쉽사리 결정을 내리지 못하고 눈치만 살피는 모습.

좌식산공: 앉을 좌(坐) 먹을 식(食) 뫼 산(山) 빌 공(空). 앉아서 먹기만 하면 산도 비게 됨. 아무리 재산이 많아도 놀고먹기만 하면 금세 빈털터리가 된다는 뜻.

좌정관천: 앉을 좌(坐) 우물 정(井) 볼 관(觀) 하늘 천(天). 우물 안에 앉아 하늘을 봄. 시야가 좁고 세상 물정을 모르는 것을 뜻함.

좌충우돌: 왼 좌(左) 찌를 충(衝) 오른 우(右) 갑자기 돌(突). 왼쪽으로 찌르고 오른쪽으로 돌진함. 이리저리 닥치는 대로 부딪힘. 정신없이 이리저리 돌아다니며 잦은 충돌을 겪는 모습을 이르는 말.

주객전도: 주인 주(主) 손 객(客) 엎드러질 전(顚) 넘어질 도(倒). 주인과 손님의 위치가 바뀜. 일의 순서, 사물의 경중이 서로 뒤바뀌었다는 뜻.

주경야독: 낮 주(晝) 밭 갈 경(耕) 밤 야(夜) 읽을 독(讀). 낮에는 밭을 갈고 밤에는 책을 읽는다는 뜻으로 일을 병행하면서 공부하는 것을 이름.

주공삼태: 두루 주(周) 공변될 공(公) 석 삼(三) 매질할 태(笞). 주공의 세 차례 매질. 주공은 주나라를 창업한 주무왕의 동생. 자식들을 엄하게 교육시키는 것을 이르는 말. 백금과 강숙봉이 성왕을 알현하고 주공을 세 차례 만났는데 그때마다 주공에

게 심한 매질을 당했다는 고사에서 유래함.
-《설원(說苑)》'견본편'

주마가편: 달릴 주(走) 말 마(馬) 더할 가(加) 채찍 편(鞭). 달리는 말에 채찍을 가하다. 한창 좋은 컨디션일 때 힘을 더한다는 뜻. 혹은 최선을 다하고 있는데도 더하라고 다그침.

주마간산: 달릴 주(走) 말 마(馬) 볼 간(看) 뫼 산(山). 달리는 말 위에서 산천을 구경하다. 일이 바빠서 사물의 겉만 훑어보고 속을 자세히 들여다보지는 않았다는 뜻.

주주객반: 주인 주(主) 술 주(酒) 손 객(客) 밥 반(飯). 술은 주인이 먼저 먹고 밥은 손님이 먼저 먹는다. 술은 주인이 먼저 맛보고 손님에게 권해야 한다는 뜻.

죽두목설: 대 죽(竹) 머리 두(頭) 나무 목(木) 가루 설(屑). 대나무 조각과 나무 부스러기. 못 쓰는 것을 모아 나중에 재활용하거나, 하찮지만 유용하게 쓰이는 물건을 뜻하는 말.

죽마고우: 대 죽(竹) 말 마(馬) 옛 고(故) 벗 우(友). 대나무 말을 함께 타던 옛 친구.' 어릴 때 친했던 친구를 뜻함.

중과부적: 무리 중(衆) 적을 과(寡) 아닐 부(不) 원수 적(敵). 적은 무리로 많은 무리의 원수를 대적하지 못함. 도저히 승산 없는 싸움도 있다는 뜻.

중상모략: 가운데 중(中) 상처 상(傷) 꾀 모(謨) 다스릴 략(略). 나쁜 꾀로 남을 다치게 함. 중상이란 근거 없는 말로 남을 헐뜯는 것, 모략이란 사실을 왜곡해 남을 해롭게 하는 행위를 뜻함.

지록위마: 손가락 지(指) 사슴 록(鹿) 할 위(爲) 말 마(馬). 사슴을 가리켜 말이라 함. 옳은 것을 거짓으로, 틀린 것을 옳은 것으로 속여 타인을 농락하는 행태를 가리킴. 진시황이 죽자 환관 조고가 조정의 실권을 장악한다. 조고는 어린 태자 호해에게 사슴을 바치며 "좋은 말 한 마리를 바칩니다."라고 거짓말한 데서 유래함. -《사기》'진시황본기'

지상담병: 종이 지(紙) 위 상(上) 말할 담(談) 군사 병(兵). 종이 위에서 병법을 논함. 현실에선 전혀 소용이 없는 탁상공론을 뜻함.

지족불욕: 알 지(知) 족할 족(足) 아니 불(不) 욕보일 욕(辱). 만족할 줄 알면 욕을 먹지 않음. 분수를 지키고 욕심을 내지 말하는 뜻. -《노자》

지족안분: 알 지(知) 족할 족(足) 편안할 안(安) 나눌 분(分). 만족할 줄 알아 자기 분수를 편안히 여김. 지족불욕과 비슷한 뜻.

지피지기: 알 지(知) 저 사람 피(彼) 알 지(知) 자기 기(己). 적을 알고 나를 알라는 뜻. "적을 알고 나를 알면 백 번 싸워도 위태로움이 없다."는 말에서 유래. -《손자병법》

직목선벌: 곧을 직(直) 나무 목(木) 먼저 선(先) 벨 벌(伐). 곧은 나무가 먼저 베어진다. 재능이 뛰어난 사람은 일복이 많아 그만큼 혹사당하기도 쉽다는 뜻.

진금부도: 참 진(眞) 쇠 금(金) 아닐 부(不) 도금할 도(鍍). 진짜 금은 도금하지 않는다. 실력을 갖춘 사람은 겉치레를 할 필요가 없다는 뜻.
- 당나라 시인 이신의 '답장효표(答章孝標)'

진수성찬: 보배 진(珍) 바칠 수(羞) 성할 성(盛) 반찬 찬(饌). 진수는 맛 좋은 음식, 성찬은 풍성하게 차려진 반찬. 잘 차려진 풍성한 식사를 뜻함.

진정지곡: 진나라 진(秦) 뜰 정(庭) 의 지(之) 울 곡(哭). 진나라 조정에서 곡을 하다. 남에게 도움을 요청한다는 뜻으로 춘추 시대의 신포서와 오자서의 고사에서 유래됨. 오자서가 복수심에 불타 초나라를 멸망시키고자 하니 초나라의 신포서가 진나라 왕에게 도움을 청하고자 궁정에 기대 앉아 7일 동안 금식하며 곡을 했다는 고사.
-《좌씨전(左氏傳)》의 '정공 4년'

진퇴양난: 나아갈 진(進) 물러날 퇴(退) 둘 양(兩) 어려울 난(難). 앞으로 나아갈 수도 없고 뒤로 물러설 수도 없는 딱한 상황을 뜻함.

ㅊ

척단촌장: 자 척(尺) 짧을 단(短) 마디 촌(寸) 길 장(長). 한 자의 길이도 짧을 때가 있고 길 때가 있다. 상황과 용도에 따라 장점이 단점이 되기도 하고 단점이 장점이 되기도 한다는 뜻.

천계일봉: 일천 천(千) 닭 계(鷄) 한 일(一) 봉새 봉(鳳). 1천 마리 닭 중에 1마리 봉황. 어중이떠중이 같은 무리여도 그중에 봉황 한 마리가 있으며 그것만으로도 게임 끝이라는 뜻. -《삼국지》

천석고황: 샘 천(泉) 돌 석(石) 살찔 고(膏) 명치 끝 황(肓). 샘과 돌이 고황에 들었다. 자연을 사랑하는 마음이 불치병에 걸린 듯 간절하다는 뜻. 여기서 고황은 명치 끝, 즉 급소를 의미함.

천우신조: 하늘 천(天) 도울 우(佑) 귀신 신(神) 도울 조(助). 하늘과 신의 도움. 우연히 큰 도움을 받았을 때 쓰는 말.

천의무봉: 하늘 천(天) 옷 의(衣) 없을 무(無) 꿰맬 봉(縫). 천사의 옷은 꿰맨 자국이 없다. 꾸민 데 없이 자연스럽고 아름다우며 완벽한 것을 이르는 말. 주로 뛰어난 시나 문장에 쓴다. -《태평광기》

천인공노: 하늘 천(天) 사람 인(人) 함께 공(共) 성낼 노(怒). 하늘과 사람이 함께 분노함. 누가 봐도 심각한 범죄나 패륜을 가리켜 하는 말.

천재일우: 일천 천(千) 실을 재(載) 한 일(一) 만날 우(遇). 천 년에 한 번 만난다. 일생일대 한 번 만날까 말까 하는 엄청난 기회를 뜻함.

청산유수: 푸를 청(靑) 뫼 산(山) 흐를 유(流) 물 수(水). 푸른 산에 흐르는 물. 막힘 없이 술술 이야기를 잘 풀어내는 경우를 가리킴.

청운만리: 푸를 청(靑) 구름 운(雲) 일만 만(萬) 마을 리(里). 1만 리에 걸친 푸른 구름. 예부터 중국에서는 귀한 인물이 될 사람이 있는 곳엔 푸른 구름이 있었다는 데서 유래한 말. 큰 출세와 성공에 대한 야망을 지닌 것을 가리킴.

청출어람: 푸를 청(靑) 날 출(出) 조사 어(於) 쪽 람(藍). 푸른색은 쪽에서 나옴. 쪽이란 한해살이풀로 푸른 빛의 염색 재료로 사용되는데, 염색된 푸른색이 원재료인 쪽보다 더 푸르다는 데서 제자의 실력이 스승을 능가한다는 뜻으로 쓰이는 고사성어. -《순자》'권학편'

초미지급: 그을릴 초(焦) 눈썹 미(眉) 의 지(之) 급할 급(急). 눈썹이 타들어 가는 듯이 위급한 상황. 눈썹에 불이 붙은 듯, 발등에 불이 떨어진 듯 상황이 매우 위급할 때 쓰는 말.

초지일관: 처음 초(初) 뜻 지(志) 한 일(一) 꿸 관(貫). 처음 마음먹은 뜻이 한결같이 지속됨. 자신이 한 약속이나 다짐을 변함없이 지키는 모습을 가리킴.

추풍낙엽: 가을 추(秋) 바람 풍(風) 떨어질 낙(落) 나뭇잎 엽(葉). 가을바람에 떨어지는 나뭇잎. 어떤 기세가 갑자기 꺾여서 세력이 매우 약해지는 형국을 가리킴.

충언역이: 충성 충(忠) 말씀 언(言) 거스를 역(逆) 귀 이(耳). 충성스러운 말은 귀에 거슬림. 아첨하는 말, 기분 좋은 말을 경계하고 쓴소리에 귀를 기울이라는 뜻. -《사기》'회남왕전'

층층시하: 층 층(層) 층 층(層) 모실 시(侍) 아래 하(下). 위로 모셔야 하는 어르신이 많은 경우.

침소봉대: 바늘 침(針) 작을 소(小) 몽둥이 봉(棒) 큰 대(大). 바늘처럼 작은 것을 몽둥이처럼 크게 부풀림. 과장하고 허풍을 떠는 모습을 이르는 말.

ㅋ ㅌ ㅍ

쾌도난마: 쾌할 쾌(快) 칼 도(刀) 어지러울 난(亂) 삼 마(麻). 헝클어진 삼실을 칼로 깨끗이 자름. 복잡하게 꼬인 문제를 깔끔하게 좋은 방향으로 정리하는 것을 뜻함.

토사구팽: 토끼 토(兎) 죽을 사(死) 개 구(狗) 삶을 팽(烹). 토끼가 잡혀서 죽으면 사냥개를 잡아먹음. 쓸모가 없어지면 그동안 데리고 있던 부하나 측근

도 가차 없이 버리는 세태를 꼬집는 말. -《사기》 '월왕구천세가'

토사호비: 토끼 토(兎) 죽을 사(死) 여우 호(狐) 슬플 비(悲). 토끼가 죽으면 여우가 슬퍼한다. 라이벌 혹은 경쟁자라 할지라도 동류의 불행을 슬퍼한다는 뜻.

토주오비: 토끼 토(兎) 달릴 주(走) 까마귀 오(烏) 날 비(飛). 토끼가 달리고 까마귀가 날다. 세월이 빠르게 흘러감을 뜻함.

투과득경: 던질 투(投) 오이 과(瓜) 얻을 득(得) 옥 경(瓊). 오이(모과)를 던져주고 옥을 받다. 사소한 선물을 주었을 뿐인데 너무 과분한 답례를 받았다는 뜻으로 쓰임.

파부침선: 깨뜨릴 파(破) 솥 부(釜) 가라앉을 침(沈) 배 선(船). 가마솥을 깨어버리고 배를 가라앉힌 후 전투에 임함. 살아 돌아오지 않겠다는 결사적 각오를 드러내는 말.

파안대소: 찢어질 파(破) 얼굴 안(顔) 큰 대(大) 웃을 소(笑). 얼굴이 째질 정도로 크게 웃는다는 뜻.

파죽지세: 깨뜨릴 파(破) 대나무 죽(竹) 의 지(之) 기세 세(勢). 대나무를 쪼개는 듯한 맹렬한 기세. 실력이 다른 경쟁자에 비해 두드러지게 출중해서 만나는 상대마다 족족 무너뜨리는 상황에 쓰이는 말.

표리부동: 겉 표(表) 속 리(裏) 아닐 부(不) 같을 동(同). 겉과 속이 다름. 속마음과 달리 행동하는 것을 뜻함.

풍비박산: 바람 풍(風) 날 비(飛) 우박 박(雹) 흩을 산(散). 바람에 날리고 우박에 흩어짐. 천둥 번개를 맞은 것처럼 모든 것이 무너져 초토화된 상황.

풍전등화: 바람 풍(風) 앞 전(前) 등불 등(燈) 불 화(火). 바람 앞의 등불. 언제 꺼질지 모를 촛불처럼 매우 급박한 처지를 뜻함.

피장봉호: 피할 피(避) 노루 장(獐) 만날 봉(逢) 범 호(虎). 노루를 피하다 범을 만나다. 작은 해를 피하려다 오히려 더 큰 봉변을 겪는다는 뜻.

ㅎ

하갈동구: 여름 하(夏) 칡 갈(葛) 겨울 동(冬) 가죽옷 구(裘). 여름의 베옷과 겨울의 가죽옷. 격에 잘 맞는 옷차림, 일이나 행동을 뜻함.

하대명년: 어찌 하(何) 기다릴 대(待) 밝을 명(明) 해 년(年). 어찌 내년을 기다리랴! 손꼽아 기다리는 일이 있을 때 사용. 1년을 기다리기에는 마음이 몹시 초조하거나 상황이 절박하다는 뜻.

하석상대: 아래 하(下) 돌 석(石) 위 상(上) 돈대 대(臺). 아랫돌을 빼서 윗돌을 굄. 임시변통으로 문제를 해결해보려 하지만 전혀 해결되지 않고 오히려 상황이 더 나빠질 수 있다는 뜻.

하우불이: 아래 하(下) 어리석을 우(愚) 아니 불(不) 옮길 이(移). 심한 어리석음은 변하지 않음. 아주 어리석으면 자신이 부족함을 모르므로 배움의 필요성을 모르고 그래서 절대 발전하지 못한다는 뜻.

하필성문: 아래 하(下) 붓 필(筆) 이룰 성(成) 글월 문(文). 붓을 들어 쓰기만 하면 문장이 된다. 글재주가 매우 뛰어난 사람을 가리키는 말.

하학상달: 아래 하(下) 배울 학(學) 위 상(上) 통달할 달(達). 아래를 배워 위에 도달함. 쉬운 것을 배워 깊고 어려운 지식을 깨달음. 일상생활의 이치부터 잘 알아야 하늘의 이치를 깨달을 수 있다는 뜻.

학구소붕: 작은 비둘기 학(鷽) 비둘기 구(鳩) 웃을 소(笑) 붕새 붕(鵬). 조그만 비둘기가 붕새를 비웃음. 소인배는 위인의 깊은 뜻을 이해하지 못하고 도리어 무시하고 조롱한다는 뜻.

학수고대: 학 학(鶴) 머리 수(首) 쓸 고(苦) 기다릴 대(待). 학처럼 머리를 길게 빼고 기다림. 간절히 기다리는 일이 있을 때 쓰는 말.

학이지지: 배울 학(學) 접사 이(而) 알 지(知) 갈 지(之). 배워서 알다. 나면서부터 아는 것(생이지지)은 상급이요, 배워서 아는 것(학이지지)은 그다음이며, 곤경에 처해서 배우는 것(곤이학지)은 그다

음이며 곤경에 처해도 배우지 않는 것(곤이불학)은 하급이라는 공자의 가르침에서 유래.
-《논어》'위정편'

학철부어: 마를 학(涸) 바퀴 자국 철(轍) 붕어 부(鮒) 물고기 어(魚). 수레바퀴 자국에 고인 물속에 빠진 붕어. 수레바퀴 자국에 고인 물은 금세 마르거나 사라질 수 있으므로 이 붕어는 죽기 일보 직전. 그런 붕어는 당장 한 바가지 정도의 물이 필요한 것일 뿐, 몇 달 기다려 큰 강물을 가져다주는 건 의미가 없다. 부질없는 목표를 붙들기보다 때로는 주어진 환경에서 최선을 다하는 것이 중요할 때가 있다는 뜻. -《장자》'외물편'

해어지화: 풀 해(解) 말씀 어(語) 의 지(之) 꽃 화(花). 말이 통하는 꽃. 미인을 가리키는 말.

형설지공: 반딧불 형(螢) 눈 설(雪) 의 지(之) 직무 공(功). 반딧불과 눈의 흰빛에 의지해 공부함. 가난한 사람이 열악한 환경에서 공부했다는 뜻.

호가호위: 여우 호(狐) 빌릴 가(假) 범 호(虎) 위엄 위(威). 여우가 호랑이의 위엄을 빌려 세도를 부림. 남의 힘과 권력이 마치 자기 것인 양 허세를 부린다는 뜻.

호사다마: 좋을 호(好) 일 사(事) 많을 다(多) 마귀 마(魔). 좋은 일에는 마가 많이 낀다. 좋은 일에 방해가 많다는 뜻. 좋은 일을 이루려면 풍파도 많이 겪을 수밖에 없다는 뜻으로도 쓰임.

호연지기: 넓을 호(浩) 그럴 연(然) 의 지(之) 기운 기(氣). 평온하고 너그러운 기운. 호연지기가 도의가 합쳐지면 누구한테도 꿀리지 않는 도덕적 용기가 생긴다는 맹자의 가르침에서 유래.

화룡점정: 그림 화(畵) 용 룡(龍) 점찍을 점(點) 눈동자 정(睛). 용을 그린 다음 마지막으로 눈동자를 찍어 넣다. 가장 핵심적인 부분을 마무리함으로써 마침내 작업을 완성한다는 뜻.

화이부동: 화할 화(和) 그러나 이(而) 아닐 부(不) 같을 동(同). 화합은 하나 같아지지는 않음. 뜻이 다른 사람과도 화합할 줄 알고 그러면서도 자기 뜻을 굽혀 타협하지 않는 것을 뜻함. 군자는 화이부동 소인은 동이불화라는 공자의 가르침에서 유래하는 말.

화조월석: 꽃 화(花) 아침 조(朝) 달 월(月) 저녁 석(夕). 꽃피는 아침 달 밝은 저녁. 봄, 가을처럼 연중 가장 좋은 계절을 뜻함.

화중지병: 그림 화(畵) 가운데 중(中) 조사 지(之) 떡 병(餠). 그림의 떡. 아무리 마음에 들어도 차지할 수 없는 것을 말함.

환골탈태: 바꿀 환(換) 뼈 골(骨) 빼앗을 탈(奪) 모양 태(胎). 뼈를 바꾸고 태를 벗다. 사람의 용모나 인격이 몰라보게 달라져서 아름다워진 상태를 말함.

환부작신: 바꿀 환(換) 썩을 부(腐) 지을 작(作) 새 신(新). 썩은 것을 싱싱한 것으로 바꿈. 부정부패 등 문제의 근본적인 원인을 완전히 도려내 새로움을 도모한다는 뜻.

회자정리: 모일 회(會) 놈 자(者) 정할 정(定) 헤어질 리(離). 한번 만나면 반드시 헤어질 때가 있다는 뜻. 태어나면 죽게 되고, 만남이 있으면 이별도 있다는 삶의 원리를 가리킴.

후안무치: 두꺼울 후(厚) 얼굴 안(顔) 없을 무(無) 부끄러워할 치(恥). 낯가죽이 두꺼워 부끄러움을 모름. 예의도 없고 수치심도 모르는 무례한 사람들을 가리키는 말.

흥망성쇠: 흥할 흥(興) 망할 망(亡) 성할 성(盛) 쇠할 쇠(衰). 흥하고 망함, 번성하고 쇠함. 성공할 때가 있으면 실패할 때도 있고 행복할 때가 있으면 불행할 때도 있는 것이 세상의 원리라는 말.